AF388426

Wenda Focke

BEGEGNUNG

Herta Seidemann

Psychiatrin-Neurologin

1900 - 1984

Ein biografischer Essay

Hartung-Gorre Verlag, Konstanz

Bibliografische Information der Deutschen Nationalbibliothek
Die Deutsche Nationalbibliothek verzeichnet diese Publikation in der Deutschen
Nationalbibliografie; detaillierte bibliografische Daten sind im Internet über
https://dnb.dnb.de abrufbar.

1. Auflage 1986, **2. Auflage 2025**
HARTUNG - GORRE VERLAG
KONSTANZ
ISBN 978-3-89191-073-3

INHALT

Einleitende Bemerkungen   7

I: Teil Begegnungen   13

I.   Breslau - Heidelberg (1900 - 1926)   14
    1. Die Stadt   15
    2. Die Familie   15
    3. Die Schulzeit   19
    4. Das Studium   21
    5. Robert Wollenberg   27
    6. Wollenbergs 'Geheimnis'   29
    7. Das Jahr 1925   30
    8. Heidelberg 1925 – 1926   31
      Frieda Reichmann   31
      Erich Fromm   32
      August Homburger   34
    9. Abermals Wollenberg und Breslau   38

II.   Berlin (1927 - 1933)   40
    1. Die Charité   42
    2. Karl Bonhoeffer   44
    3. Psychoanalyse   47
    4. Die Assistenzzeit   51
    5. Medikamente und Ausrüstung   53
    6. Sauerbruch und Bonhoeffer   54
    7. Das Jahr 1933   55
    8. Einfluss und innere Ähnlichkeiten   57

III.   Zürich (1933 - 1936) und Ascona/Eranos (1948 - 1958)   72
    1. Burghölzli - die Klinik   72
    2. Die Arbeit   72
    3. Die Ausweisung   75
    4. Jungs Ideen und Hertas 'therapeutische Methode'   77
    5. Die Begegnung mit C.G. Jung   83
    6. Die Eranos-Tagungen   91

IV.   New York (1938 – 1984)   97
    1. Drei Wunder   99
    2. Lexington Avenue   102
    3. Montefiore - Kurt Goldstein   103
    4. Karen Horney (1885-1952) - Gemeinsamkeiten und Differenzen   107
    5. Eigene Praxis   115

6. Europa als lockendes Ziel   120
    Briefe Bonhoeffers   123
    Europa-Reisen   149
7. Das Memorial-Hospital   152
8. Einsamkeit und Ende   154

II. Teil Gedanken   160

I.   Alter und Gesellschaft   161

1. Die eigene Altersproblematik   161
    a. Der Verlust der Autonomie   162
    b. Persönliche und gesellschaftliche Isolation   166
    c. Denken über den Tod und Furcht vor dem Ende   169

2. Therapeutische Anmerkungen   174
    a. Hinweise für den alten Menschen   174
    b. Wesentliche Hinweise für den Psychiater   175
    c. Hinweise für den Sozialfürsorgedienst   176

II.   Hoffnung und Humor   178

III.   Wort und Denken   182
    1. Persönlich und intermenschlich   182
    2. Wort und Denken in der Therapie   187

IV.   Über Kunst und Kreativität   192
    1. Dichtung und Sprache   195
    2. Musik   196
    3. Malerei, Bildhauerei   197

V.   Über Politik   199

VI.   Psychologie und Technik   205

VII.   Freundschaft   212

VIII. Astrologie und Psyche   219

III. Teil Appendix   233

Appendix A –   1. Karl Bonhoeffer: Führerpersönlichkeit und   234
                     Massenwahn (1947)
                  2. Aus R. M. Rilkes Tagebuch, 13. 12. 1899,   241
                     übersetzt von Herta Seidemann

Appendix B -   1. Zeittafel   243
                  2. Quellenhinweise   245
                  3. Bibliographie   247

In memoriam Herta Seidemann

Im Nebel

Seltsam, im Nebel zu wandern!
Einsam ist jeder Busch und Stein,
Kein Baum sieht den andern,
Jeder ist allein.

Voll von Freunden war mir die Welt,
Als noch mein Leben licht war;
Nun, da der Nebel fällt,
Ist keiner mehr sichtbar.

Wahrlich, keiner ist weise,
Der nicht das Dunkel kennt,
Das unentrinnbar und leise.
Von allen ihn trennt.

Seltsam, im Nebel zu wandern!
Leben ist Einsamsein.
Kein Mensch kennt den andern,
Jeder ist allein.

Hermann Hesse

Einleitende Bemerkungen

Als Dr. Herta Seidemann und ich Ende des Jahres 1982 den Gedanken aufnahmen, eine biografische Arbeit über ihr Leben und Schaffen gemeinsam zu verwirklichen, hofften wir auf noch genügend Zeit.

Zwar hatte sie - die 1900 in Breslau geboren war, 1933 In die Schweiz emigrieren musste, 1936 zurückverwiesen wurde an Deutschland und von dort 1938 ein zweites, nun definitives Mal flüchtete, nach New York, wo sie im März 1984 verstarb - als 82-jährige zeitweilig kaum mehr die physische Kraft zu einem Briefe. Dennoch wollte sie das Abenteuer dieser abschließenden Lebens/Arbeit wagen. Ihre körperliche Zerbrechlichkeit und Transparenz stand in beinahe schrillem Kontrast zur Stärke und Luzidität ihres Geistes. Bleibt es also einerseits 'eine grosse psychische Leistung, die Gegenwart illusionslos zu akzeptieren, wie sie ist und dabei gleichzeitig die Werte zu erhalten, die einem noch verbleiben' meinte Helene Deutsch[42], so ist es andererseits sehr beeindruckend, wenn ein Mensch nach mehr als einem halben Jahrhundert die Erinnerungen an Personen, Aussprachen und Ereignisse so zu präzisieren weiß, als seien sie ihm gestern geschehen. Ein sicheres Maß an Objektivität gewährleisten dabei unzweifelhaft die langen Lebensjahre ebenso wie sie die Ereignisse durch den Zeitraffer 'Wort' auf Essentielles beschränken.

'You are a fascinating woman, because you had some rare opportunities that most of us would love to have had and can't[3)], komplimentierte der gut vierzig Jahre jüngere Astrologe *) die 83-Jährige, die noch 'for posterity sake' ihre ersten zwei Video-Interviews im Memorial Hospital machte. (Über Astrologen und Astrologie siehe Teil 2 und VIII. Kapitel 'Astrologie und Psyche'.) Sie akzeptierte es, dass ihre Erfahrungen und Gedanken in der 'Cornell-Medical-School' und im 'Memorial-Hospital' in New York sichtbar untergebracht werden sollten.
Denn natürlich - vieles von dem, was sie erlebt hatte, würde mit ihrem Tode unwiderruflich verloren sein. Ihre Begegnung und/oder Zusammenarbeit mit Robert Wollenberg, Karl Bonhoeffer, August Homburger, Frieda Reichmann und Erich Fromm, mit Karen Horney und Hanns Sachs, mit Kurt Goldstein, Carl Gustav Jung und Erich

Neumann sowie mit anderen namhaften Kollegen und Ärzten waren auch ihr mehr als ein 'Privat-Besitz'.

'I felt that Dr. Seidemann's historical view of psychiatry included a very important period. Her experience working with Bonhoeffer and Fromm-Reichmann was important to know about, as well, as her own history.' [14], so begründete Dr. Jimmie C.B. Holland, Direktorin der psychiatrischen Abteilung des Memorial Hospitals ihren Entschluss zu den Video-Aufnahmen hinzu: "You see also, this may not be in your interest, I do want to add upon all the greats where I had the good fortune to work with them then, 12 years all together, some human features ... because nothing is more reality ... than the human features!"[2]

Längst nicht alles konnte festgelegt werden. Der Tod zeichnete seine harten, unerbittlichen Mitteilungen mit der ihm eigenen Geschwindigkeit in ihre Tage.

Und so blieb das nachgelassene Material - Hertas eigene Aussagen, Briefe an Freunde, von Freunden, persönliche und ärztliche Notizen und zahlreiche unbeschriftete Fotos - eine einzige kaleidoskopische Nachricht, aus der in vieler Zusammenschau und durch subtilste Umordnung als eine Art 'inneres Hologramm' der vorliegende Essay entstand.

Er berichtet von Höhen und Tiefen dieses außergewöhnlichen, charakteristischen und zum Teil für ihre Generation seltsam exemplarischen Lebens. Er erzählt von einem Menschen, von dem es außer der Dissertation und der Habilitationsschrift sowie kleinen kalendarischen Aufzeichnungen und etlichen Briefen nichts zu lesen gibt, da seine vielleicht angeborene Skepsis und Zurückhaltung - durch das Besondere der Lebensumstände nur noch verstärkt - 'ihn davon abhielt, sich theoretisch festzulegen und die Vielfalt der Erfahrungen in ein bestimmtes Gedankensystem zu pressen.' [77]a

Denn wie der 'Märchenerzähler aus Marrakesch' verschenkte Herta sich und ihre 'Geschichten' im DIALOG, frei und unabhängig, um aus nie versiegender Intuition heraus stets und stets anders und stets gleich zu 'erzählen'.

Derart lernte ich sie während ihrer letzten Europareise kennen. Wir verbrachten mehrere Wochen zusammen in einem Sanatorium im Südschwarzwald und hatten Zeit zu Wort und Schweigen.

Herta sprach damals aus der inneren Reife, aus der Güte, der Fülle und dem Wissen eines Menschen, der trotz Einsamkeit und menschlichen Leides positiv und 'self-contained' geblieben war und dessen größtes Glück und größte Sorge, dessen essentielle Hoffnung der MENSCH war, der sehende, denkende, sich ins Bewusstsein er/wachsende MENSCH. Das vor allem ist es - :

in einer Zeit wie der unseren, in der das Wort 'human' vielfach dem Begriff 'humanistisch' gleichgestellt und ins vorige Jahrhundert verwiesen wird, bezeugte Herta, dass der humane Mensch immer zeitlos sein wird, er ist der aktive, sich selbst verwirklichende Mensch, dem Bildung mehr ist als intellektuelle Fülle, für den innere Kultur und Noblesse, selbständige Verantwortlichkeit und Freiheit nicht Attribute einer gewissen Kaste oder Elite sind, sondern die eigentlichen menschlichen Wesenszüge darstellen.

> Gewiss - 'es besteht kein Grund, optimistisch zu sein. Aber ich glaube, es besteht ein Grund zu hoffen.' [48)a]

Hertas private Lebensgeschichte bleibt - da sie 'en passant' mitgeteilt wurde - höchst fragmentarisch.

Der 1. Teil des Essays bringt in vier Kapiteln Skizzen der Stationen und Begegnungen in ihrem Leben.

Der 2. Teil umfasst vor allem Erfahrungen und Gedanken Hertas, Reflexionen innerhalb ihrer Zeit und über ihre Zeit hinausreichend. Dabei wurden die Zitate in den Originalsprachen (deutsch oder amerikanisch) beibehalten, im Hinblick auf die ungewollte Zweiteilung von Hertas Leben. Wiewohl sie fast die gleichen Zeitlängen in Deutschland (38 Jahre) und in Amerika (46 Jahre) lebte, hinterließ sie den größten Teil der festgelegten Erinnerungen in amerikanischer Sprache.

Was, zum Schluss, an Herta Seidemann so besonders auffiel, war ihre spirituelle Intellektualität, zu der Lebensdaten und - Stationen immer nur notwendige Formen und Zusammenhalte darzustellen schienen. Wesentlich war ihr warmes, menschlich hochentwickeltes und äußerst verfeinertes Geistesleben.

'Wenn es irgendeinen Ersatz gibt für Liebe, dann das Gedächtnis. Etwas im Gedächtnis zu bewahren bedeutet, Intimität lebendig zu halten.'

(Joseph Brodsky)

Mein Dank an der Mitarbeit und dem Antragen von Material, von Hinweisen, von Vermittlungen, von Briefen, Interviewtexten und Fotokopien sowie für alle Hilfe bei der Realisation des Essays gilt insbesondere:

dem Karl-Abraham-Institut	Berlin BRD
dem Michael-Balint-Institut	Hamburg
dem Institut für Exilliteratur	Hamburg
dem Memorial-Hospital	New York
dem Institut für Zeitgeschichte	München
Frau Gret Baumann-Jung	Feldmeilen, CH
Frau Erna Berkhout-Rechnitz	Bergen NH, NL
Prof. Dr. Eberhard Bethge	Wachtberg-Villiprott, BRD
Prof. Dr. Hans Dieckmann	Berlin, BRD
Frau Susanne Dress-Bonhoeffer	Berlin, BRD
Prof. Dr. Annemarie Dührssen	Berlin, BRD
Dr. Kathleen Foley	New York
Dr. Marie-Louise von Franz	Küsnacht, CH
Frau Valerie Gladstone	New York
Frau Margaret Hedges	Syracuse, NY
Prof. Dr. H. Heimann	Tübingen
Dr. Ludger-Marie Hermanns	Berlin, BRD
Dr. Jimmie C.B. Holland	New York

Frau Aniela Jaffe	Zürich
Herrn Svend Jesse	Hamburg
Frau Dolly Jossmann	Brookline, Mass.
Dr. Lorenz Jung	Wolfhausen, CH
Frau Lotte Kaliski	New York
Dr. Marianne König-Scheller	München
Prof.Dr. Herta Lange	Berlin, BRD
Frau Sabine Leibholz-Bonhoeffer	Göttingen
Frau Regina Lifschütz	Tel Aviv
Herrn Rob Lemaire	Amsterdam
Prof. Dr. C.A. Meier	Zürich
Dr. Arend F.W. van Meurs	Den Haag
Prof. Dr. Manfred Müller-Küppers	Heidelberg
Prof. Dr. K.-J. Neumärker	Berlin, DDR
Prof. Dr. Gerhard Nissen	Würzburg
Dr. Paul Parin	Zürich
Prof. Dr. Uwe-Henrik Peters	Köln
Frau Henny Rückert	München
Herrn Rudolf Ritsema	Ascona, CH
Prof. Dr. Hans Sattes	Würzburg
Herrn Jonathan Schell	New York
Prof. Dr. Gerhard Scheunert	Hamburg
Frau Karin Schönewolf	Hamburg
Herrn Hans Seidemann	New York
Herrn Howard R. Slonim	New York
Prof. Dr. Herbert A. Strauss	Berlin, BRD
Prof. Dr. Reinhard Tolle	Münster
Dr. Ernst von Xylander	München

und denen, die ungenannt bleiben möchten.

Herrn Prof. Dr. Sattes und Dr. A. van Meurs danke ich für die Durchsicht des Manuskriptes wie auch für alle aufbauende Kritik. Meinem Mann, Fre Focke, gilt mein Dank für die sorgsame Korrektur und alle ermunternden Worte bei der Niederschrift. Und zum Schluss noch ein ganz besonderes Wort des Dankes dem jungen holländischen Fotografen und Designer Henk Baltus, der unentgeltlich alles Fotomaterial druckreif gestaltete.

Bergen NH, 1985
wenda focke

I. TEIL

BEGEGNUNGEN

I. BRESLAU UND HE1DELBERG (1900 - 1926)

'Jemand, der beabsichtigt, Psychiater zu
werden und kein Gefühl für Humor hat, der
sollte davon absehen.'

Robert Wollenberg

Breslau 1900 – 1925

I. Die Stadt

Breslau um die Jahrhundertwende war eine wohlhabende, eine reiche Stadt innerhalb eines reichen agrarischen Gebietes, das von schlesischen Großgrund-besitzern verwaltet wurde. Die meisten von ihnen waren katholische Aristokraten, so erzählt es Norbert Ellas, ebenfalls aus Breslau gebürtig (1897). Die Stadt selbst war alt, besaß ein wundervolles, spätgotisches Rathaus und eine alte, sehr schöne barocke Jesuitenuniversität aus dem 18. Jahrhundert. Stilvoll war die Stadtmitte, der Ring, die großen altehrwürdigen Häuser, deren imposante Fassaden dem Stand der Bewohner entsprachen. Ein Breslau-Bild, das es heute nicht mehr gibt. Breslau/Wroclaw heute ist eine 'junge polnische Stadt', bis zu 80 Prozent Wiederaufbau nach dem Krieg 1938 - 1945.

Um 1900 wohnten etwa 500.000 Einwohner in Breslau. Es war damals eine echte deutsche Stadt, ohne irgendein polnisches Element. Die dort lebende jüdische Bevölkerung war erst Mitte und Ende des 19. Jahrhunderts zugewandert. Auch Hertas Großeltern kamen von außerhalb.

Vor dem 1. Weltkrieg besaß Breslau ein reiches kulturelles Leben. Die echte kulturelle Bourgeoisie war, wie Norbert Ellas schreibt, 'good Jewish society' [1)a], die des Winters die Orchester-Konzerte und das Theater besuchte, im Sommer ins Gebirge zog oder an die Ostsee.

2. Die Familie

"I come from an orthodox Jewish family. I was born in South-Eastern Germany, Silesia, now Poland.' [2)]

Am 24. Juni 1900 erblickte Herta als siebentes Kind des Möbelkaufmanns Max Seidemann und seiner Ehefrau Luise, geborene Rosenthal, das Licht der Welt, und zwar in der Karlstrasse 43 zu Breslau.

E 1

Geburtsurkunde

(Standesamt __Breslau I__   Nr. 1658/1900

Hertha S e i d e m a n n ,

ist am __24. Juni 1900__

in __Breslau, Karlstrasse 43__   geboren.

Vater: Kaufmann Max S e i d e m a n n , jüdisch,
wohnhaft in Breslau,

Mutter: Luise S e i d e m a n n , geborene Rosenthal,
jüdisch, wohnhaft in Breslau,

Änderungen der Eintragung:

B r e s l a u , den __5. April__   19 40

(Siegel)

Der Standesbeamte

In Vertretung _Zohna_

Gr

Hertas Geburtsurkunde, ausgestellt in Breslau 1940

Sie war von zierlichem Wuchs, nicht nur als Baby, auch in späteren Jahren, feingliedrig und ebenmäßig, mit lebhaften, dunklen Augen unter einem dunkelbraunen, fast schwarzen Lockenschopf. Doch schon bald trog diese Lebhaftigkeit des Blicks. Das linke Auge war äußerst schwach und bereits in ihrer Jugend erblindete Herta links.

Herta war das letzte Kind; ein Sohn, Herbert, war kurz vor oder nach der Geburt Hertas gestorben.

Der Vater – Max Seidemann (1860-1925)

Hertas Eltern waren weder der reichen noch der sehr wohlhabenden Bürgerei zuzurechnen - wohl eher einer bürgerlich einfachen Mittelklasse. "We were poor. My father was something of a Jewish scholartype. He wasn't interested in conducting any business, but he had to support himself, his wife and six children." [2].

In solchen Umständen steht der Wunsch zu studieren hinter der Realität des Geldverdienens zurück.

Doch wünschte der Vater nichts sehnlicher, als dass eines seiner Kinder, drei Jungen - Arthur (geb. 1891), Hans (geb. 1893). Kurt (geb. 1895) - und drei Mädchen - Betty (geb. 1890), Frieda (geb. 1897) und Herta (geb. 1900) - lernen und studieren möchte, um eine gelehrte Person, vielleicht gar ein Professor zu werden.

"But - the five before me didn't have any interest", berichtete Herta 1983, "so he somehow cultivated the idea in me that I should try, although it would be hard for me as a girl, l should try." [2]

Das war 1910/12. In der Zwischenzelt war die Familie in die Gartenstraße 23 umgezogen, unweit der Schweidnitzer Straße, die der in Amerika aufgewachsene Neffe Hans 'the Fifth Avenue of Breslau' nannte. Es war ein älteres Haus in der Nähe des Konzerthauses und des Liebich-Theaters. Sie bewohnten die gesamte 1. Etage mit etwa zehn Räumen, die groß und ausgedehnt Platz boten dem Geschäfts- und Kontorteil des Vaters sowie der eigentlichen Wohnung. Auch Arthur, der älteste der Söhne, der im Holzhandel sein Geld verdiente, hatte im selben Hause unten sein Büro.

Herta genoss als jüngstes Kind manche Vorteile eines Nesthäkchens; so brauchte sie mit keiner ihrer Schwestern ihr Zimmer zu teilen, sondern hatte ihr eigenes, sehr hübsch möbliertes, kleines Reich.

Andererseits häuften sich auf ihr auch alle bisher nicht eingelösten Erwartungen und Hoffnungen, vor allem die des Vaters: Studieren - Gelehrsamkeit erwerben - dies Ideal musste doch eines der Kinder verwirklichen können.

Hertas Gefühl, einer armen Familie zu entstammen, mag im Übrigen eher im kulturell nicht Reichbegüterten denn im rein Materiellen gelegen haben; wiewohl - Vater hatte das Geld für das Studium wirklich nicht. Und – die Mutter war absolut dagegen. Dass die Tochter Hebräisch lernte, entsprach den religiös orthodoxen Vorstellungen und Forderungen. Doch ein Gymnasium - später gar die Universität?

"It had to be done secretly. Between my father and myself ... no one knew about it." [2]

Man stelle sich vor: ein Kaufmann, der mit Möbelan- und verkauf sein Geld verdient, der Frau und sechs Kinder durchzubringen hatte - und dann die Heimlichkeit, um einen großen Plan auszuführen ohne anderes Kapital als die Intelligenz und das Durchsetzungsvermögen sowie den eisernen Willen eines jungen Kindes, getragen vom Glauben des Vaters an seine jüngste Tochter.

3. Die Schulzeit

Schulausbildung und Studium (Kap.3−4) hat Herta so ausführlich vor allem dem amerikanischen Leser vorführen wollen, der mit dem europäischen Erziehungssystem nicht vertraut ist.

Dass Herta diese Herausforderung annahm, kennzeichnet ihren Grundcharakter, ihre Sicherheit von sich selbst, ohne Überschätzung des eigenen Lernvermögens, doch auch ihre Sicherheit innerhalb der Familie.

In jenen Jahren von 1910/12 gab es keine Co-Education. Jungen und Mädchen gingen getrennt zur Schule, auch ins Gymnasium. Zwei Arten Gymnasium gab es denn auch, eines für Jungen, mit Latein, Griechisch und höherer Mathematik - die echte humanistisch genannte Bildung. Für Mädchen entfiel Griechisch. Sie durften nur Latein und höhere Mathematik als 'schwere Fächer' lernen.

Hertas Eltern im Jahre 1924

Als der Vater nun den Entschluss definitiv gefasst hatte, die jüngste Tochter studieren zu lassen, lag diese (bereits) 3 Zulassungstermine hinter den Gymnasiasten ihres Alters zurück. 3 Jahre Latein, 3 Jabre Mathematik waren nachzuholen.

'So I had to be tutored. We didn't have the money for tutoring. So – my teacher in mathematics was a friend of my oldest sister who didn't know anything and my teacher in Latin was an alcoholic, a roomer of friends of ours.

So - when the time came to pass the entrance, an examination - and it was not a group-examination, one to one - I knew I didn't have, what is the saying? 'The Chance of a prayer', ... but I thought perhaps something miraculous would happen and I might get in. ' [2]

Das Wunder geschah. Denn wiewohl ihre Kenntnisse in Mathematik absolut ungenügend waren, gewann sie den Examinator durch ihre verblüffende, ja geradezu naive Gradlinigkeit und Originalität des Denkens. Folgender Dialog spielte sich in der Aufnahmeprüfung ab: "He asked me: 'What is a point?' - Now I know, what a point is, a mathematic definition: the crossing of two straight lines. But I didn't know then. And I sincerely, genuinely acted very offended: 'How can one ask me what a point is! - May I go to the blackboard? '

'Yes! '

'Do you have a piece of chalk? '

'Yes!'

I took the chalk, I banged it against the wall and I said: 'In case you don't know - that is a point! ' [2]

Der Lehrer war von Ihrem 'temperamentvollen Unterricht' überzeugt. Ihr wurden Nachhilfestunden gewährt. Und sie wurde angenommen. Herta war außergewöhnlich eifrig, sehr still und aufmerksam, dabei höchst wissbegierig.

Der Kontakt mit Klassenkameraden blieb ein sehr loser, äußerlicher und wesentlich sporadischer. 'Herta didn't have many friends, she did not mix well with other children.' [19]

Ihre Zurückgezogenheit verstärkte sich im hohen Alter, verlor sich als Grundhaltung ihres Charakters denn auch niemals ganz.

Sie war, was man ein besonderes, ein sehr begabtes Kind nennen mochte.

Wobei das Besondere in ihrer bereits sehr früh vorgezeichneten Persönlichkeit lag - ihre sprechenden großen Augen bargen einen fast vehementen Ernst.

Ihr Witz, auch in jungen Jahren, war stets scharf und treffend. Herzlich und unbändig konnte sie lachen und strahlte dann eine so große Offenheit aus, dass all ihre Ernsthaftigkeit in Vergessenheit geriet. Für Augenblicke allerdings immer nur, nie für Stunden oder Tage war sie ausgelassen fröhlich. Die Schule hatte ihr größtes Interesse, wie der Musik ihre ganz besondere Vorliebe galt.

Ohne weiteres 'Stolpern' machte sie ihr Abitur. Mit Auszeichnung. Doch nun - da sie diesen begehrten 'Pass' zur Universität erhalten hatte - was würde sie studieren? Es war 1918.

4. Das Studium

"I was most interested in medicine - but at the same time I was interested in philosphy, history, architecture, strangely enough in law and I didn't know.' [2] Um nicht gleich 6 Monate zu verlieren, belegte sie zwei Vorlesungen so allgemeiner Art, dass sie wenigstens die Zulassung zum 1. Semester erhielt. Noch vor der ersten Vorlesung begab sie sich zum Dekan der medizinischen Fakultät Breslau, Professor Pfeiffer, dem Entdecker des Influenza-Bazillus und bat ihn um Rat.

Doch genau in dem Augenblick, da er ihr alles andere empfahl, nur eben nicht Medizin, wusste sie, was ihr zu tun blieb.

"... Wenn Sie für alle Fächer, die Sie erwähnten, Interesse haben,' – so sagte er ihr, 'würde ich vorschlagen, irgendeines dieser zu studieren, doch schlagen Sie sich Medizin aus dem Kopf. Nichts und niemanden wird die Medizin verloren haben, wenn Sie's nicht studieren.' Herta erwiderte: "Mit diesem Hinweis haben Sie soeben die Entscheidung für mich gefällt." Und als er fragte, wieso denn, entgegnete sie: "In dieser Minute habe ich mich für die Medizin entschieden, weil ... und ich werde mein Äußerstes tun, um einen Beitrag zur Medizin zu leisten." [2]

Sie hatte sich in eben dem Augenblick, da der äußere Widerstand am heftigsten war, nämlich NEIN! zu ihrer wirklichen Studienrichtung entschlossen. Eine Art Trotz? Eine Art Hellsichtigkeit durch Gegendruck? Wie dem auch sei, diese

Haltung war eine ihrer stärksten Überlebens'waffen', und selbst im hohen Alter, angesichts schwerer Krankheit, erbat sie sich Rat, nur um das eigene, latent längst gefällte Urteil blitzschnell noch einmal überprüfen und akzeptieren zu können.

Sie begann also an der Breslauer Universität mit dem Medizinstudium. Zunächst machte sie das Physikum, einen dreijährigen, vorklinischen Kurs, "the best translation would be 'pre-medical', which consists in anatomy, physiology, botany, zoology, chemistry and physics." [2]

Den Abschluss bildeten Einzelprüfungen. Bestand man nicht, dann war's vorbei mit der medizinischen Ausbildung. Bestand man die Prüfung, so hatte man einen weiteren Zutritt zum Medizinstudium und zwar dem klinischen.

Stolz erfüllte sie und die Eltern. Arthur, der älteste, half der 'kleinen' Schwester finanziell, soweit sie es benötigte.

"... There were of course universities of different reputations, aged medical faculties. One tried to choose the best. Breslau, my native town, happened to have the oldest university and at the same time the best. Every star in medicine that started out at some time in Breslau." [2]

Wernicke, Bonhoeffer, Liepmann, Gaupp, Wollenberg u.a. hatten an der Breslauer Universität gearbeitet und/oder dort gelehrt und geforscht. Wiederum galt es für Herta drei Jahre Studium, am Medizinischen Institut. Dieses wurde, wie auch der psych.-neurol. Bibliotheksteil, im 2.Weltkrieg völlig zerstört, so ein Brief von Prof. Dr. Marian Wilimowski, med. Fakultät der Universität Wrocław/Breslau, vom 10.4.1986.

"Obligatory was genuine internal medicine, gynaecology, in case you went to a rural practice and surgery, and the fourth quarter was left up to your choice. So I choose psychiatry." [2]

Die Arbeit am psychiatrischen Institut war stark praktisch orientiert. Neben den obligatorischen Vorlesungen gab es Demonstrationen von Patienten. Diese Demonstrationen waren so aufgebaut und gestaffelt, dass man bei genauer Folge das gesamte Gebiet eines Faches vorgeführt bekam: "For instance in psychiatry: if you started out with schizophrenia, you try to get catatonia and have a fugitive paranoid state and the burnt-out-schizophrenic, so that you would cover the whole field. And then you went to another disease ... the depressions: the beginning, the middlestage, the recovery-stage and so on. ... Once or twice during the turn a student was called down on the floor. Absolutely blanc, a patient in front of him, sitting or lying. He had to start with taking the history doing an examination, numerating the symptoms, the syndroms, the possible diagnosis, the prognosis and so on. And of course it was very primitive and full of gaps, but the chief of service asked questions and after the Student had given his version, the other students were entitled to ask questions, which was very very useful and educational. And then there were selective courses ... "[2]

Neben den obligatorischen Vorlesungen gab es Wahlkurse über Theorie, über Kraepelins System, Bleulers Richtung, kurzum, was immer man hinzunehmen wollte. Auch diese Wahlkurse waren Pflicht, insofern als sie als Belege zählten.

Nach drei Jahren medizinischen Trainings "there was a two-week-over-examination, where you really were drilled to the bones, about your knowledge in medicine, your attitude towards the medical profession, your future goals, your motivation, your everything." [2]

Bestand man dieses recht schwere Examen, dann folgte das 'rotating-interimship'-Jahr. "Then you had the license to practise, you were physician, but you were not a medical doctor." [2]

Man hatte also sein Staatsexamen, doch noch keine Promotion gemacht. Dazu war die Dissertation nötig.

Die sechs Studienjahre konnte man in jedem anerkannten Institut absolvieren. Um jedoch zu einer akademischen Ausbildung zugelassen zu werden, "a teaching-institution, which there were, I think, in all of Germany no more than about twenty, you had to be something special, because there were so many applications. It was the elite of the whole system." [2]

Dass sie eine solche akademische Ausbildung in Breslau erhalten konnte, erfüllte nicht nur sie mit Freude und Genugtuung. In jener Zeit war es höchst ungewöhnlich, als Mädchen das Abitur zu machen. Doch anschließend Medizin zu studieren, ein ausgesprochenes Fach der männlichen Domäne, und dann noch insonderheit Psychiatrie, das war nicht nur sehr besonders, das war außergewöhnlich.

"Psychiatry was so in its beginning, so uncertain that women didn't dare to go into a field where they couldn't be sure whether they would have a future or not." [2]

So wählten die Medizinstudentinnen jener Tage denn auch keine allzu ausgefallenen Spezialismen, sondern jene Fachrichtungen, die weibliche Ärzte vertrugen wie etwa Gynäkologie, Obstetrik und/oder Pädiatrie.

"Now, in my fourth quarter when I went to the psychiatric Institute in Breslau - I should say, since there was also only one teaching-institute affiliated within a university, no more! - it was extremely difficult to get admitted even as a volunteer - to work there. Because that was only for stars and student-stars, not for ordinary. They should go to the city-hospitals and all the others. It was an honour and a privilige and a very careful selection." [2]

Ähnliches schrieb H. Scheller über die Auslesemöglichkeiten von wissenschaftlichen Assistentenstellen an der Berliner Charité, die insofern sehr günstig waren, als man nur solche Mitarbeiter in die eigenen Reihen wählte, 'die entweder schon habilitiert oder aber doch schon eine Reihe von Jahren an der Klinik tätig waren." [77)a (S. 304)]

Für Herta bedeutete es eine erneute Herausforderung, die zum Erfolg führte. Man übergab ihr zur Eingangsprüfung einen 'Fall', der bereits seit zehn oder zwölf Jahren im psychiatrischen Institut war.

"A complete catatonic. A woman who hadn't spoken a word for ten years, who didn't do anything, who was no stupefait and did as much as is known Schizophrenie people do ... that was given to me as my first case." [2]

Erstaunt fragte sie den Assistenten, der ihr den Fall übergeben hatte, was sie zu tun habe, da die Frau nicht spräche. Wie solle sie an die Krankheitsgeschichte herankommen? Der Assistent erwiderte kurz, sie sei hierhergekommen, um zu lernen. Ihre Sache sei es, herauszufinden, was zu tun sei.

"And I was debating with myself, what am I going to do. She went up. She went to the window. She looked out. She pricked her ears. She shook her head. She looked very fiercely. She looked at me. I said: 'Listen, I cannot make a diagnosis, I cannot write down: she is listening to voices! Who knows?' " [2]

Jede Behauptung und jede Vermutung hätte als Hypothese ein - wie sehr auch - eingebürgertes Vorurteil gehabt. Die persönliche Psychologie des Geisteskranken aber ist von essentieller Bedeutung, will man den Zutritt zur menschlichen, helfenden Begegnung nicht verfehlen.

Wissen-Wollen, was im Geisteskranken vor sich geht, bedeutet: keine Diagnose an den Anfang stellen.

Wissen wollen - diese psychologische Frage, die auch bei C.G. Jung im Vordergrund des Interesses stand, wurde von Freud, der selber nicht Psychiater, sondern Neurologe war, erstmals aufgeworfen oder besser gesagt: in die Psychiatrie eingebracht.

Indem man erst einmal schauen lernt, hören und hinhören, zuhören, observierend das Tun notiert, es in Relation zur Person des Geisteskranken zu setzen versucht, bietet sich erstmals eine Möglichkeit zu tieferem Verständnis, zu einer besseren, deutlicheren Erkenntnis nicht nur der Psyche überhaupt, sondern der Psyche des individuellen Kranken, der sich da gerade vor einem befindet. Die Psyche dessen, dem das Leben so unerwartet unlösbar scheinende Probleme aufgebürdet hatte. So konnte C.G. Jung aus der Erinnerung heraus über jene ersten Erfahrungen und Eindrücke in der Burghölzli-Klinik schreiben: 'Meine Fachkollegen erschienen mir ebenso interessant wie die Kranken. ' [60] (S. 120)

Herta also entschloss sich spontan, alles, was immer diese stumme Frau tat, zu notieren, jede Geste, jeden Schritt, jede Mimik; sie notierte, ohne eine Diagnose, Prognose oder ein definitives Symptom klinisch zu beschreiben.

"I have to become a Journalist, I have to write down what I observe. And so I wrote down: She is getting up. She is going to the window. She is looking out. I am going to her. I am trying to talk to her. I am telling her: 'Look, what's going on!' - No reaction. She comes to the table. She makes a fist. She is not threatening. She is not violent. She is not dangerous. She goes back and forth and once in a while she will knot her head - and said: 'There are strange things going on in this world.' This was her stereotype. "So I said: 'Listen, the torture is over ...' " [2]

Buchstäblich alles hatte Herta notiert, was sich vor ihren Augen ereignet hatte, an die fünf bis sechs Seiten.

Einen Tag später wurde sie in das Zimmer von Professor Wollenberg gebeten. Er war Direktor des psychiatrischen Institutes und genoss einen großen Ruf unter den deutschen Psychiatern. Er hatte einige sehr wesentliche, vielgelesenen Werke über Chorea und Alkoholpsychosen geschrieben, weiter über Hypochondrie, Melancholie und psychopathologische Grundlagen von Kriegs-neurosen. Mit Binswanger und Siemerling verfasste er um die Jahrhundertwende ein Lehrbuch der Psychiatrie, das um 1904 dasjenige von Griesinger (1845) ablöste.

R. Gaupp schrieb in seinem Nachruf 1942 auf ihn: 'In seiner Wissenschaft war Wollenberg zwar kein Führer zu neuen Wegen, aber ein sorgfältiger Gestalter der eigenen großen Erfahrung, zeigte immer ein feines Verständnis für die wissenschaftlichen Fragen seiner Zeit, blieb unabhängig im Urteil, kritisch in der Verwertung des Neuen, im anatomischen Bereich ein gründlicher und exakter Forscher, in klinischen Fragestellungen (....) vorsichtig abwägend und das Erkannte gediegen formulierend.' [49] (S. 634)

Dieser Robert Wollenberg also ließ sie zu sich bitten, "a man of culture and with a wonderful sense of humor. He said: 'I was asking for a case to present to the next lecture, and someone gave me the chart that you had written. Who told you to do that?'

I said: 'No one told me. I didn't know what to do else.'

He said: 'Do you have any definite plan of what you want to do in medicine?

What do you want to specialize in?" [2]

Hertas Wunsch war die Psychiatrie. Sie erstrebte nicht unbedingt eine experimentell-wissenschaftliche, psychiatrische Laufbahn, sondern sie wollte lernen und helfen, menschliches Leiden zu lindern. Denn bereits in jenen frühen Jahren in Breslau besaß sie ein starkes, intuitives Wissen um Leid und Leiden. Zögernd und ein wenig zweifelnd brachte sie hervor: "I am thinking of psychiatry, but I don't know whether I have the capacity, the endowment to be or become a psychiatrist." [2]

Wollenberg antwortete ihr in überzeugend beruhigendem Tone: "Don't worry. You have it. And never think of doing anything else but psychiatry. But remember, you have to examine yourself. There is a very good joke about what is the difference between a psychiatric patient and the psychiatrist. Do you know that joke?"

Und als sie verneinte, erwiderte er lachend: "What is the difference between a psychiatrist and the psychiatric patient: Only the former has the key. The patient doesn't have the key to the wards. Think whether that is the only difference or you have something else." [2]

Er war es auch, der ihr bei späterer Gelegenheit einmal sagte: "Someone who thinks of becoming a psychiatrist and doesn't have a sense of humor, should forget about it." [2]

5. Robert Wollenberg

Robert Wollenberg (1861 - 1942) lernte in der sogenannten 'Berliner Schule' unter anderen bei Carl Westphal Anatomie und Neurologie. Er war Oberarzt in Halle bei Eduard Hitzig und später in der Hamburger Irrenanstalt Alsterdorf. 1901 übernahm er den psychiatrisch-neurologischen Lehrstuhl in Tübingen in Nachfolge von Ernst Siemerling, wechselte dann 1906 nach Straßburg und wurde durch das Ende des ersten Weltkrieges 1918 gezwungen, die Stadt zu verlassen. Über Marburg ging er nach Breslau, wo er bis zu seiner Emeritierung Leiter der psychiatrischen und neurologischen Klinik war.

Er war wissenschaftlich sehr vielseitig, überaus gebildet und kultiviert, mit einem wunderbaren Sinn für Humor. Ähnlich beschreibt Gaupp ihn in seinem Nachruf 1942: '... gewann durch die Vornehmheit seiner Gesinnung, durch seinen sonnigen Humor und eine große Güte seines Wesens sich überall das Herz derer, die mit ihm zusammen durchs Leben gingen.' [49] (S. 634)

Die letzten Jahre im Ruhestand verbrachte er in Berlin-Steglitz, wo er noch 1939 'mit einer interessanten Studie über Shakespeare' überraschte, 'in der die Weite seiner Bildung und die Gründlichkeit seiner Arbeitsweise in sympathischer Weise zutage trat.' [49] (S. 633)

In jenen frühen zwanziger Jahren war die Psychiatrie, hauptsächlich basierend auf Kraepelin, strikt institutionalisiertes Fach und es wäre einem Psychiater, Inhaber eines Lehrstuhles an einem Institut der Universität, unmöglich gewesen, Interesse für Psychoanalyse zu haben oder zu entwickeln. Herta berichtet über Wollenberg "... if he had shown any interest or knowledge in psychoanalysis, I think, he would have been austere sized and he would have been forced sooner or later to resign. It was a cardinal sin to have any interest, even knowledge ..." [2] obgleich man natürlich Freud kannte, seine Theorien und die Gründung der Psychoanalyse als Lehrfach.

Hertas Interesse war geweckt. Und je mehr sie sich mit Psychiatrie befasste, desto intensiver beschäftigte sie sich auch mit Psychoanalyse und Psychotherapie. Vorerst noch in Gesprächen, in Büchern und in einer täglich observierbaren Praxis, im Umgang mit dem einzelnen Patienten.

R. Wollenberg

6. Wollenbergs 'Geheimnis'

Als Herta 1925 promoviert hatte, und zwar betraf ihre Dissertation die Zusammenstellung von Methoden, Merkfähigkeitsstörungen, bes. Gedächtnisstörungen für jüngste Ereignisse, festzustellen, ließ Wollenberg sie erneut rufen und sagte: "Listen, between you and me, there will be born a deep secret ... !" [2] Hertas Stimme klingt noch nach fast sechzig Jahren verschmitzt, wenn sie diesen Teil ihres Lebens beleuchtet. Wollenberg hatte, wie Herta, wie andere Kollegen in Breslau, stets größeres Interesse an Psychoanalyse entwickelt und bat Herta inständig, dieses Geheimnis, (das 'zweite Geheimnis' ihres Lebens, geteilt mit einem von Ihr verehrten, väterlichen Meister) für sich zu behalten,

"I want to know something about psychoanalysis. I don't know how to learn it. I cannot learn it by reading it ... I cannot write to Freud, I cannot write to any of the original Freud-pupils, because I am finished, if ... " [2]

Es hätte das Ende seiner universitären Laufbahn bedeutet, die Rückgabe des Lehrstuhls. Sie wüsste, dass es sich für ihn nicht schickte, als Wissenschaftler, Forscher und Psychiater sich mit Psychoanalyse einzulassen. Nun, und so wolle er ihr denn die Idee einer langen,schlaflosen Nacht unterbreiten. Womöglich gäbe es dann auch für ihn, den Neugierig-Interessierten, eine Möglichkeit des Lernens und der Teilnahme/ - habe an Psychoanalyse.

"From what I know about you, I think you will keep both feet in psychiatry and you will be able to learn the essentials of psychoanalysis. My plan, provided you go along with it, is this: I shall write to Frieda Reichmann ... I shall ask her, whether she will accept you for training in psychoanalysis, whether, since the hospital couldn't dare paying for the training, whether she would extend the courtesy to me - she should be proud that psychoanalysis becomes known to institutionalised psychiatry! - she has to give you a room and board and let you pay for the training in analysis by taking care of patients in the meno-pauze or ... " [2]

Er schlug Herta also vor, dass sie vom Breslauer Institut aus bei Frieda Reichmann Analyse lerne. Da das Institut aber das Geld hierfür nicht auszugeben wage, solle sie als Gegenleistung in Frieda Reichmanns Klinik arbeiten. Außerdem erwarte sie, Herta, noch eine weitere Aufgabe: "I want you to spend half a day with Homburger ... and I want Erich Fromm to give you some training, some knowledge in the relation as they thought the psychoanalysis saw it, between medical psychoanalysis and sociology and the related social fields and he is the man to do it. If these three conditions are going to be fulfilled, you will go to Heidelberg for one year and we discuss your future, when you come back - and the hospital's future." [2]

Herta schließt ihre Erinnerungen an dieses Gespräch mit einem Lächeln: "... because he had some very wild ideas." [2]

Sie willigte ein - selber höchst neugierig und wissensdurstig, und sehr dankbar für die zweifache Gunst, die Wollenbergs und die Gunst der Stunde überhaupt, denn -

7. Das Jahr 1925

1925 war ein persönlich schweres Jahr für Herta, wiewohl sie nirgends darüber sprach oder schrieb. Ihr Schweigen allerdings auf die Frage des Astrologen fast 60 Jahre später, ob 1925 durch eine Krise in ihrem Leben gekennzeichnet sei, eine, die bis etwa 1927/28 gedauert habe, da er dort extrem dunkle Schatten und Clusters sähe, sprach für sich selbst. Eher verwirrt, wie wenn sie nach so lang-

Die Damen Seidemann um 1925

er Zeit der Geheimhaltung doch noch ertappt wäre, als zornig oder widerstrebend klang ihr 'Hmm! ' Und sie wich in der Antwort später aus auf andere Ereignisse.

Doch zwischen den gesprochenen Interviewzeilen hindurch spürt man die Liebe und Achtung, mit der Herta ihrem Vater immer begegnete; hier zeigt sich scheu die Anhänglichkeit und unaussprechbare Dankbarkeit, die sie für den gütigen, warmherzigen Mann erfüllte, nicht nur während ihrer Kinder-, Schul- und Studienjahre.

Kurz vor ihrer Promotion verstarb der Vater, 1925, im Alter von nur 65 Jahren an einer Blaseninfektion. Dieser allzu frühe Tod war für sie ein emotional so unerwarteter Schlag, dass sie ihn nicht wirklich aufzufangen vermochte. Weg/bergen dieses Schmerzes ins Schweigen war die einzig mögliche Antwort einer überaus sensiblen, jungen Frau. Herta wurde noch etwas stiller, widmete sich völlig der Arbeit. Freundschaften, gesellschaftliches Leben - das alles lag ihr himmelsfern.

In eben diesem sehr divergenten Jahre - einerseits der Tod des Vaters, andererseits- die Approbation zur Ärztin - erlebte sie eine sehr introvertierte Periode, die mehrere Jahre dauerte. Der Gedanke Wollenbergs, sie nach Heidelberg zu schicken, kam daher im unausgesprochen entscheidenden Augenblick. Er gab ihr sozusagen die Möglichkeit zu 'persönlicher Weiterentwicklung' in/aus der Distanz.

8. Heidelberg 1925 - 1926

Diese Periode belegte Herta nur mit den beiden Fromms und A. Homburger. Keine gesellschaftlichen, keine persönlichen Bindungen. Sie wohnte in dem Sanatorium der Frieda Reichmann.

Frieda REICHMANN (1889 - 1957) in Karlsruhe geboren, studierte 1908 - 1913 Medizin in Königsberg, von 1913 bis 1923 Neurologie und Psychiatrie bei Kurt Goldstein in Königsberg, Berlin, Frankfurt und Dresden. 1924 eröffnete sie zusammen mit Erich Fromm, ihrem wohl berühmtesten Analysanden und späteren Ehemann, in Heidelberg ein Sanatorium, das wesentlich nur reichen Leuten zugängig war, die damit die Atmosphäre des Hauses in weiten Zügen bestimmten.

" ... It was a small Jewish orthodox sanatorium, very unsound atmosphere. People who could be out, need not to be in a Sanatorium, they needed their treatnent if they did, and they needed some social setting, but ... there was an enormous expense involved, only the rich people could afford it." [2]

1926 heirateten Erich Fromm und Frieda Reichmann. " ... very mismanage of a marriage, he was a former patient of her's" [2], Herta war nicht die einzige, der diese Problematik auffiel. Auch Karl Landauer wies auf den Altersunterschied und mögliche Schwierigkeiten hin. [71] (S. 182)

Sie trennten sich tatsächlich 1931.

Erich Fromm (1900 - 1980) in Frankfurt geboren, studierte Philosophie in Heidelberg. In München und Berlin dann Medizin und Psychologie. In Berlin war er am psychoanalytischen Institut, von 1923 bis 1924 bei Hanns Sachs ein Jahr in Analyse und lernte ebenfalls in dieser Stadt Karen Horney kennen. Zwar war diese 15 Jahre älter als er, doch verband beide eine lange, wenn auch nicht immer leicht ertragbare Freundschaft, da vor allem beruflicher Ehrgeiz sie beide ebenso sehr irritierte wie herausforderte.

Nach Berlin arbeitete er teils in Heidelberg, teils in Frankfurt, lehrte Psychoanalyse und Soziologie und kann als einer der wichtigsten Vertreter der sogenannten 'Frankfurter Schule' gelten. Mit Horkheimer, Adorno und Marcuse war er in den zwanziger Jahren einer der Gründer des 'Institut für Sozialforschung'. Außerdem war er einer der berühmtesten Hebräisch-Schüler von Gershom Scholem in Frankfurt.

Scholem schrieb über das Heidelberger Sanatorium einmal: 'Das war das von Witzbolden als das Thorapeutikum bezeichnete Sanatorium der streng ortho- doxen Psychoanalytikerin Frieda Reichmann, einer Kusine von Moses Marx und Esther Agnon, in Heidelberg, wo Thora und Therapie auf Freudscher Grundlage gepflegt wurden. ' [79] (S. 197)

Dort allerdings, so bemerkte Gershom Scholem, überzeugter Zionist, ironisch lächelnd, dort wurde ihnen fast allen das orthodoxe Judentum weganalysiert. Fromm selbst war einige Jahre später gar eine Zeitlang Trotzkist.

Frieda Reichmann nun, gerade 36-jährig, war nach Wollenbergs Brief gern bereit, Herta zu Studienzwecken aufzunehmen. Doch um allen möglichen beruflichen wie fiskalen Schwierigkeiten für alle Parteien aus dem Wege zu gehen, überließ sie die Analyse Hertas einem ihrer Assistenten. Wem, das ist nirgendwo belegt.

Tagtäglich fanden Analysestunden statt, fünfmal die Woche. Sie selbst, Frieda Reichmann, setzte sich für die sozialen und gesellschaftlichen Kontakte ein.

"I was invited to their apartment twice a week for dinner or for something, and we talked about everything under the sun." [2]

Sie war in jenen Tagen die einzige Studierende im Sanatorium, denn wer seinen Platz in der Psychiatrie an einer Universität hatte, blieb wo er war. "Listen, no one who wanted to stay in psychiatry and came from a university teaching place could be found anywhere." [2]

Trotz ihrer sehr orthodoxen Analyse, ihrer orthodoxen Lebensauffassung muss Frieda Reichmann eine starke, lebendige Persönlichkeit gewesen sein.

" ... She was a very unusual woman. She came, as all analysts did, I can prove it, from neurology. And she had her training with Freud and then went into a private sanatorium, where she had Fromm as a patient." [2]

In überzeugendem Maße war sie "in spite of her strict orthodox training ... a woman unpretentious, with a great deal of common sense. She once mentioned in one of these social sittings: 'I must tell you something which probably will be surprising: I permit every patient in the house to call me, if they feel they have to talk to me. Not for anything irrelevant or immaterial, but if they feel it is important, I permit them to call me ... "[2]

Eine Haltung, die ganz gewiss von der Kultiviertheit und dem menschlichen Verständnis der Patienten ausging, niveaumäßig auch ausgehen konnte - wie ja überhaupt die Psychoanalyse jahrzehntelang beinahe außchliesslich eine die finanziell und/oder geistig begüterte Klasse betreffende Angelegenheit blieb.

Einem einfachen, armen Menschen waren und sind geistige Nöte und Sorgen wohl kaum je Anlass zu einer Analyse.

Nun, Frieda Reichmann gestattete es ihren Patienten, sie jederzeit zu rufen, wenn sie das unbedingte Empfinden hatten, sie müssten sie unverzüglich sprechen.

Als sie nach Jahren in Amerika auf diesen Umstand zurückkam im Gespräch, fügte sie mit einem gewissen Stolz hinzu: "I have done that for as many years as I had that sanatorium. Shall I tell you something: I never was abused once!

Because patients, no matter how sick, how selfish, how selfcentred they are, they never loose the respect for the privacy of a doctor." [2]

In Amerika hatten beide Frauen nicht viel Kontakte mehr miteinander. Sie hatten sich in verschiedene Richtungen entwickelt und sahen sich kaum. Auch wird ein wirkliches, tiefes Band der Freundschaft zwischen den Fromms und Herta kaum existiert haben, wohl aber das gegenseitiger Hilfe und Zuwendung, wo und wann immer nötig.

Frieda Reichmann erwarb sich einen Namen als Psychoanalytikerin für Schizofreniekranke. Sie arbeitete vor allem im Chest-Nut-Lodge-Sanatorium und veranstaltete Lesungen und Ausbildungskurse in Washington, Chicago, New York und an der Stanford Universität in Kalifornien. Sie verstarb bereits 1957 in Rockville.

Zurück zum Jahre 1925/1926

Persönlich weitaus nachhaltiger gestaltete sich für Herta das Jahr in der Poliklinik der Psychiatrischen Klinik Dr. August Homburgers. Herta sah diese Zeit, in der sie halbtägig dort arbeiten und lernen konnte, als eine der wundervollsten Erfahrungen, denn Homburger war ein feinfühliger, doch höchst kritischer Erzieher, Hertas eigener Art recht ähnlich.

August HOMBURGER (1873 - '930)

Homburger war Forscher, Arzt und Kinderpsychiater, Lehrer und Erzieher in einem, allerdings ohne ins Auge springende akademische Laufbahn. Er studierte in seiner Vaterstadt Frankfurt, doch zwang ihn kurz nach Studiumsende eine Krankheit, die soeben begonnene nervenärztliche Privatpraxis aufzugeben. Er ging nach Heidelberg in ein Sanatorium.

Er gesundete und er blieb.

1907 übertrug ihm der Leiter der Heidelberger Klinik, Nissl, die Leitung der psychiatrischen Poliklinik. Das eigene Leiden hatte den an sich außergewöhnlich sensiblen Arzt noch empfindsamer, aufnahmebereiter für fremdes Leid gemacht. Seine Güte und warme Menschlichkeit waren sein müheloses Kapital im Umgang mit Kindern wie mit Erwachsenen.

Sein wissenschaftliches Werk zeugt von seiner grossen Vielseitigkeit, von seinem 'lebendigen Blick für alle vorliegenden Notstände auf wirtschaftlichem, sozialen, politischem und pädagogischem Gebiet. Er erfährt sie praktisch, er sucht ihre Ursachen wissenschaftlich zu ergründen.' [92] (S. 110)

August Homburger (1873-1930)

So gingen also Praxis und Wissenschaft bei ihm Hand in Hand. In Heidelberg baute er die Fürsorge für verwahrloste und psychopathischeJugendliche auf. Am Wochenende hielt er seine recht berühmten 'Samstagsvorlesungen', denen sich ab 1922 noch eine hei(pädagogische Beratungsstelle anschloss, die immer stark besucht war. Gleichwohl hatte er bereits 1917 die - in Deutschland - erste heilpädagogische Beratungstelle eingerichtet. Hier ging es ihm vor allem um menschliche und soziale Probleme und deren verantwortete Lösungsversuche, nicht um die Organisation als solche.

'Überhaupt steht und fällt der Erfolg aller heilpädagogischen Beratung mit dem persönlichen Eingreifen und mit der Übernahme auch der Verantwortung für ungewöhnliche Maßnahmen und Ratschläge.' [92] (S. 109) Seine wissenschaftlichen Arbeiten gehen denn auch im Wesentlichen von realen neurologischen Problemen aus und betreffen Untersuchungen der Motorik des Normalen und des Schizophrenen und der Psychopathologie des Kindes. Seine 'Vorlesungen über Psychopathologie des Kindesalters' (Berlin, Springer, 1926) zeigen eine sehr persönliche 'faszinierende Einfühlungsfähigkeit in Kinder und junge Menschen, eine Affinität zur Jugend, die von Seiten der jungen Patienten sofort verspürt und kontaktmäßig beantwortet wurde. Es war erstaunlich, wie er die schüchternsten und gehemmtesten seiner kleinen Patienten mit wenigen Worten, in ganz unsentimentaler Näherung aufzuschließen wusste. ' [36] (S. 91)

Als Persönlichkeit gehörte er jener Generation an, zu der auch Herta ein Leben lang im Innern und im Wissen stand, zu der Bonhoeffer, Wollenberg und als einer der letzten Vertreter Hertas Studienfreund und –Kollege Scheller gehört haben, nämlich: Vertreter des Gesamtgebietes Psychiatrie und Neurologie.

Außergewöhnlich ausgeprägt war Homburgers Fähigkeit der Beobachtung, eine Fähigkeit, die wohl kaum lehr- und lernbar ist, wenn man im eigenen Wesen die Anlage zu diesem 'scharfen, sensiblen Blick' nicht hat, diese 'distanzierte und die teilnehmende Beobachtung' in einem, beide sich mühelos vereinend in einer einzigen Bewegung menschlichen Kontaktes, etwas, was 'heute meist als unvereinbar angesehen wird.' [36] (S. 90)

Auf diesem sehr 'innerlichen Niveau' harmonierte die junge Ärztin Herta mit dem reifen, meisterlich erfahrenen Arzt so vollkommen, dass dieses Jahr zu einem der wertvollsten ihres Lebens werden sollte.

Ein Beispiel der pädagogischen Souveränität Homburgers ist ihr bis ins hohe Alter haften geblieben. Mit großer Sympathie berichtet sie, wie sie, als junge Assistenten damals, jede neue Einweisung in die Klinik zu prüfen hatten. Waren die Befunde und Diagnosen notiert, so präsentierten sie Homburger den Fall. Dieser stellte Ihnen dann entweder einige Fragen entsprechend der Diagnose oder verwarf ihre Arbeit, da er anderer Meinung war, jedoch nie voreingenommen, nie einseitig.

"I once presented a case, ... , a boy. He kept the boy for about 14 minutes and after the boy had left I said to Homburger: 'Professor, why did you keep this boy so long? It was a relatively simple case. And I didn't hear you put any question that somehow threw the diagnosis out.' He said: 'I want you to write something behind your ears, so you would never forget it: I have made it my rule, ever since I started to work with children that I do not let a child leave the room unless and until we laughed once together.' " [2)]

Und Herta fügte in ihren Erinnerungen hinzu: "It has never left me, never left me. And I have expended it to apply to grown-up patients as well: Unless you have a good laugh with them, there is no human relationship - " [2)]

Herta um 1925

Unbestritten war Homburger 'eine begnadete Arzt- und Erzieherpersönlichkeit mit weitreichendem Induktoreffekt ... ' [83)(S.87)]

Dass Herta nach fast 60 Jahren August Homburger noch stets 'unvergesslich' nannte, kennzeichnet wohl beide: Psyche und Persönlichkeit.

9. Abermals Wollenberg und Breslau

Nach einem Jahr 'Heidelberg' kehrte Herta 1926 zurück an die Universität Breslau. Sie berichtete Wollenberg von ihren Erfahrungen und er schlug ihr Folgendes vor: (Herta bemerkte noch 1983 lachend "and he meant it seriously. He had the naivest idea's imaginable!")

"Now, what I want you to do is to give three times a week sessions, lectures, Seminars to the whole staff about what you have learnt. And I want you to take me into personal analysis." [2]

Dass Herta in Erinnerung hieran als 83-Jährige noch herzlich lachen muss, amüsiert von dem Vorschlag, beweist in ihren Augen dessen Absurdität. Sie reagierte damals denn auch ohne Zögern abschlägig:

"Herr Geheimrat, I am very reluctant to have to disagree with you. First of all I do not know enough to tell my colleagues, older, much better psychiatrists than I am, anything about psychoanalysis. I have to learn much more about it. And secondly, our relationship would be totally destroyed because it is impossible to have you as an analysand and work and ... you - being my boss. And thirdly and most importantly, I don't have the qualification". [2]

Wollenbergs Antwort hierauf war kurz und eindeutig: "But if there is anyone coming from psychiatry to have a good look into psychoanalysis and see, whether a critical intelligent psychiatrist can do something with you, you have to do it." [2]

Dann gibt es nur eine Lösung, meinte Herta. Nach Berlin, ans psychoanalytische Institut.

Und so bat sie Wollenberg um einen Empfehlungsbrief und seine Unterstützung, um sowohl am psychoanalytischen Institut als in der Charité arbeiten zu können.

"And if you write a very careful note, they will all fall over themselves that the owner of a chair of psychiatry shows some interest. They do their best to give me the best training-people and the best training-program. But you also have to write a letter to Bonhoeffer because I want to work in the Charité - comparable to the Sorbonne." [2]

Wollenberg schrieb die Empfehlungsschreiben.

Der Weg nach Berlin war frei.

Doch Wollenbergs Gedanken, seine Aussprachen, seine noble menschliche Ar: "
... kept me mindful all my life that with all the analysis, with all the training, one never, never, never reaches the point of becoming a human being without problems, without sorrows, griefs, personal dissapointments." [1]

Denn wahrlich:

Nichts im menschlichen Leben ist so vollkommen, dass nicht noch ein Tröpfchen Glückes oder Leides hinzugefügt werden könnte.

II. BERLIN 1927 – 1933

„Ich fand es notwendig, mit der
Psychiatrie, die mehr Kunst als
Wissenschaft ist, die Neurologie -
Mathematik der Medizin- zu verbinden"

Herta Seidemann

Herta um 1927 – aus der Charité kommend

"I want to work in the Charité, comparable to the Sorbonne."

Hertas Ehrgeiz war so groß wie ihr Wissensdrang.

Berlin 1910-1930 war das Zentrum der europäischen Medizin. Aus allen Ländern und Landstrichen der Welt kam man hierher zum Studium. Berlin bedeutete für Herta nicht nur mehr Möglichkeit, sondern vor allem und dank der Briefe von Wollenberg die besten Ausbilder und die besten Ausbildungs- und Schulungsprogramne.

1. Die Charité

Natürlich wohnte man, soweit irgendwie möglich, in der Charité selbst. Diese berühmte Klinik, der Humboldt-Universität angeschlossen, war kein Krankenhaus Im üblichen Sinne, also verschiedene Fachabteilungen unter einer einzigen Direktion, sondern eher eine 'örtliche Versammlung von Kliniken und Instituten, die alle für sich ihre Selbständigkeit und dementsprechend oft auch ihr sehr individuelles Gepräge bewahrt hatten.' [77)a (S. 291)]

Ein Konglomerat von Alt- und Neubau, von noch einem Stückchen alter Berliner Stadtmauer umgeben, glich als Ganzes 'mehr einer Art Marienburg, von der dann auch ein Witzbold behauptet hatte, sie sei von den Ordensrittern im Charité-Stil erbaut.' [77)a (S. 290)]

Berlin besaß als erste Universität in der Charité bereits 1856/60 eine Klinik, in der Neurologie und Psychiatrie gleichrangig und wissenschaftlich ausgeübt und gelehrt wurden.

Bonhoeffers psychiatrische Klinik gehörte 'zum Besten, was es In diesem Fach auf der Welt gab ... ' [75) (S. 49)], und wer es sich leisten konnte und es schaffte, lernte und studierte dort.

Die Zimmer der Assistenzärzte waren 'in ihrer preußisch ärarischen Ausstattung - gemessen an heutigen Bedürfnissen - mehr als armselig ...' [77)a (S. 308)] Die eigene stete Präsenz im Krankenhaus jedoch wog alles auf, da man Tag und Nacht für die 'eigenen Kranken' und für 'interessante' Neuaufnahmen da sein konnte. Denn die Charité hatte das Privileg, wie H. Scheller es formulierte, 'nur diejenigen aufnehmen zu brauchen, die für wissenschaftliche Forschung oder den Unterricht von Bedeutung waren.' Entscheidender Vorteil dieser Spezifikationen war, 'dass man schon nach kurzer Zeit eine Fülle von seltenen oder diagnostisch

Hertas Zimmer in der Charité

schwierigen Krankheitsfällen zu sehen bekam.' [77)a (S. 308)] Der Arbeitstag war in der Einteilung frei, bis auf die morgendliche Besprechung mit Bonhoeffer und bis auf die Vorlesungen.

Da es aber mehr als genug zu tun gab, musste man sich die gewünschte Freizeit selbst so exakt wie möglich erübrigen und einteilen. Überhaupt waltete in der Charité eine Form von Freiheit, in der man sich auf persönlich verantwortlichste Weise zu dem zu entwickeln vermochte, 'wozu Anlagen und Neigungen hinführten. ' [77)a (S. 309)]

Im großen Ganzen führten die jungen Assistenzärzte - die meisten waren unverheiratet - ein recht gemeinsames Leben: Essen im Arzte-Casino, Besprechungen mit den Vertretern anderer Spezialdisziplinen, erleichtert durch die direkte Nachbarschaft der Kliniken. Das 'förderte die Gemeinschaft junger gleichstrebender Forscher und gab Gelegenheit zu wechselseitiger Anregung und Belehrung'. [77) (S. 308)]

Dabei stand'. Bonhoeffers integre Persönlichkeit aller 'Klüngel- oder Cliquenbildung' ebenso entgegen wie 'die Organisation der Charité mit ihrer weisen Ausgewogenheit von Zentralisation und Dezentralisation.' [77)a] (S. 291)

'Und so herrschte auch unter den Mitarbeitern jene Atmosphäre freundlich-kollegialer Distanz, ...' [77)a] (S. 308), die ein Spiegelbild der Bonhoeffer'sehen Zurückhaltung heißen mochte. Da, wie Bonhoeffer in seinen 'Lebenserinnerungen' schreibt, 'eine traditionelle enge wissenschaftliche Beziehung bestand seit Griesingers Zeiten zwischen der Klinik und der Berliner Neurologischen Gesellschaft' [39) (S. 81)] hatten die neurologisch interessierten Ärzte wie die Neurologen Gelegenheit, jeden Monat ihre wissenschaftlichen Mitteilungen im Vortrag und in einer Monatszeitschrift bekanntzugeben.

In dieser 'Monatszeitschrift für Psychiatrie und Neurologie', begründet von C. Wernicke und Th. Ziehen, nunmehr herausgegeben von K. Bonhoeffer, publizierten die jungen Ärzte ihre Originalarbeiten, stellten ihre Dissertationen vor. Daneben gab es kritische Bemerkungen, Erwiderung auf Kritik , Polemik also und wissenschaftliche Diskussion.

Hier sollten auch H. Scheller und H. Seidemann 1932 ihren großen wesentlichen Beitrag zur Dyslexie von rund 100 Seiten publizieren, [(Bd.81, Heft 3/4)] genannt 'Zur Frage der optisch-räumlichen Agnosie', ein noch heute gültiges Dokument.

2. Karl Bonhoeffer (1868 - 1948)

'An unseres Vaters Erscheinung waren die ausdrucksvollen Augen und die sehr differenzierte Mimik das auffallendste. Er hatte einen schön geformten Kopf, dunkles Haar und eine brünette Haut. Seine Glieder waren grazil, und er bewegte sich sehr elastisch. Eindrucksvoll und sprechend waren auch seine Hände. Sehr behutsam und ausgewogen waren seine Gesten. Seiner Natur nach war unser Vater etwas distanziert und zurückhaltend, und doch blickten seine Augen den anderen mit intensiver Einfühlung an. Wollte er einer Sache Nachdruck verleihen, so geschah das durch Akzentuierung, aber nie durch Lautwerden.

Er erzog uns durch sein Beispiel, durch die Art und Weise, wie er sein tägliches Leben führte. Er sprach wenig, und wir entnahmen sein Urteil einem erstaunten Blick, einem Spaß, gelegentlich auch einem leicht mokanten Lächeln" [65) (S. 23/24)]

Diese liebevolle Beschreibung seiner Tochter Sabine, der Zwillingsschwester Dietrich Bonhoeffers, konnte fast jeder Assistent in der Charité als eigenes Urteil ausgeben - dergestalt war Bonhoeffer, der Mensch, der Arzt, der 'Herr Geheimrat'.

Er war angenehm im Umgang, obwohl recht reserviert. Er liebte gesellige Abende, menschliche Wärme und stete berufliche Mitteilungen.

Wie er es bereits in Breslau durchgeführt hatte, so pflegte er auch in Berlin häufig seine jungen Assistenzärzte in sein Haus im Grunewald einzuladen, zu informellen Abenden, oder wie er's nannte 'Referierabenden'. Als die Zahl der Assistenten zu groß wurde, verlegte er diese Abende in die Bibliothek der Klinik.

Sehr geschätzt waren seine großen Rundgänge, denn Bonhoeffer verstand es vorzüglich, mit gestörten Patienten leicht ins Gespräch zu kommen, er hatte eine sehr menschliche, warme Art des Umgangs mit ihnen. Ganz gewiss bezog er das Empfinden des gestörten Menschen in die Beziehung Arzt-Patient ein und ging aus von der zwischenmenschlichen Einstellung beider - Arzt und Patient.

Eine modische Berühmtheit war Bonhoeffer nie, wohl aber, ganz wie R. Wollenberg, wie A. Homburger, ein Meister 'In der exakten Beobachtung und Analyse von Krankheitsbildern' [77]* (S. 298)

Ausgangspunkt war der MENSCH. Allem Theoretischen stand er höchst skeptisch gegenüber. Er suchte Einsicht zu gewinnen in die neurologisch-hirnpathologischen Zusammenhange, die den psychopathologischen Zustand des Patienten bewirkten. Daher auch hat er sich nie für rein psychologische Probleme allein interessiert. Sein wissenschaftliches Interesse galt 'überwiegend der Erforschung psychischer Störungen bei Erkrankungen des Hirns.' [77]a (S. 298)

Als Professor glänzte er in Vorlesungen nicht durch Reden oder Kolleg-Lesen, nichts Sensationelles oder Außergewöhnliches geschah bei ihm, doch war 'die Meisterschaft, einen Krankheitsfall als Ganzes in seiner Einmaligkeit zu umreißen und vor den Hörern auszubreiten, unbestritten'. [77]a (S. 304)

Immer achtete er die Würde des Menschen, des Kranken ebenso wie die des Gesunden.

Selten drängte er seine Assistenten zu wissenschaftlichen Arbeiten, 'grosszügig wie er war, liess er dem Einzelnen völlige Freiheit in der Wahl seiner wissenschaftlichen Interessen'. Selbst wenn er ein Thema einmal für

Karl Bonhoeffer (1868-1948) um 1030

Das Foto trug die Widmung: Fräulein Dr. H. Seidemann zu freundlichen Erinnerung an die gemeinsame Tätigkeit in der Nervenklinik der Charité

K. Bonhoeffer

bearbeitenswert hielt, trieb er seine Mitarbeiter nicht zu wissenschaftlich-literarischer Tätigkeit, ' ... In dieser Beziehung dachte er wohl zu skeptisch über den Wert der meisten Publikationen ... Gründliche Arbeit am Krankenbett und Gewinnung eigner klinischer Erfahrung schätzte er auch bei seinen Assistenten wohl höher ein, als jegliche Form von literarischem Betrieb.' [77)a] (S. 307).

3. Psychoanalyse

1927 zog Herta nach Berlin. In die Charité.

Mit Bonhoeffer stand sie sich vom ersten Augenblick an sehr gut – eine subtile Vater-Tochter-Sympathie schuf eine Vertrautheit, in der jedes menschliche und berufliche Problem besprochen werden konnte, wenn Grund dazu war.

So äußerte sie ihm gegenüber auch einmal ihre Skepsis, ja Furcht, was sie als Ärztin in der Charité zwischen all den Kollegen zu erwarten habe. Bonhoeffer entfaltete ihr, auf höchst beruhigende Weise, seine Beobachtungen: Mit den Erwartungen solle sie sich auf menschlich-möglichem Niveau halten, sich nicht als 'Frau' präsentieren und geben, sondern als MENSCH. Und Vertrauen schaffen, erwerben und schenken, beobachten und umsichtig bescheiden warten, dies dürften wohl die wesentlichsten Punkte sein, um ihrer Scheu und Furcht ein Ende zu setzen.

"I am very sceptical and frightened", sagte Herta, "because I am a woman and I don't know what will expect me here."

Bonhoeffer erwiderte ihr: "I give you my observation. From your colleagues you will have no problems, if you don't expect to be let through by them through the door first or have the doors kept open for you, or be first in uttering your wisdom. Try to watch them, try to where you see an opening where they will except you - before you speak the first word. Once they accept you, there will be no trouble.

But you are going to have about at least a year of trouble with the nurses", fuhr er in Unerschütterlichkeit fort, "because they don't accept women as their bosses. And secondly, there is some jealousy and envy, because you might catch a man, they then have in mind to get married to; so wait until they have confidence in you. And if and when they will acquire confidence in you, then you will have a very good time with them." [2)]

Anpassung ohne Identitätsverlust also lehrte er sie - Anpassung als einen bewussten und zugleich intuitiven Vorgang, als Mittel, eine echte menschliche Basis zu schaffen, die als 'humane Brücke' fungieren konnte zwischen Innen und Außen, zwischen Du und Ich.

Herta dankte ihm mit einem nahezu devoten Vertrauen. Und einer inneren Verbundenheit, die bis zu seinem Tode dauern sollte.

Ihrer psychiatrisch-neurologischen Arbeit und Ausbildung sicher, hielt Herta nun nach dem brauchbar besten Psychoanalytiker Ausschau.

Sie besuchte als ersten Hanns Sachs.

Hanns SACHS (1881 - 1947) war Wiener, seit 1910 Mitglied der Wiener Psychoanalytischen Vereinigung, obgleich er nicht Mediziner, sondern Advokat war. Zusammen mit Otto Rank gab er die Zeltschrift IMAGO heraus, und war, was man heute weniger abschätzend als in den vierziger Jahren einen 'Laienanalytiker' nannte. Das Prinzip der 'Laienanalyse' zu Beginn der psychoanalytischen Bewegung durchaus ein wichtiges, da Erfahrungen spendendes und auslösendes Element, wurde vor allem in den früheren vierziger Jahren von den Medizinern in Amerika, wohin auch Hanns Sachs emigrierte, aufs heftigste abgelehnt.

Sachs gehörte zu dem engsten Freundeskreise von Freud und war Mitglied des 'Komitee' (das 'Komitee' war jener legendäre engere Freundeskreis um Freud, dem in den Jahren 1910 - 1925 Abraham, Eitingon, Ferenczi, Jones, Rank und Sachs angehörten).

1927, als Herta sich an ihn wandte, war er bereits sieben Jahre lang der führende Lehranalytiker am Berliner Psychoanalytischen Institut, das Karl Abraham, Max Eitingon und Ernst Simmel gegründet hatten. Sachs blieb es bis 1932.

Herta beschrieb ihn als " ... the right hand and the left hand and the brain and the everything of Freud" [2]. Trotz ihrer damals intuitiv abwehrend kritischen Haltung überreichte sie ihm Wollenbergs Empfehlungsschreiben, denn Hanns Sachs wüsste, wem er die junge Ärztin in die Lehre geben konnte, so meinte sie. Sachs sagte, nachdem er den Brief gelesen hatte: "You need the best of psychoanalists that we have to offer, because if Wollenberg says: 'Psychiatry sets its future into you, we set our future into you, so it has to be the best. [2]

Er introduzierte sie bei Professor H. (Initiale aus Rücksicht auf noch lebende Angehörige, Name der Verf. bekannt) einem der bekanntesten, in Berlin lebenden Schüler Freuds.

Dieser Kontakt lag vom ersten Augenblick an außerhalb der Harmonie. Er dauerte denn auch nur zwei Sitzungen.

Als Prof. H. sie auf den Morgen zu einer ersten Sitzung um halb elf bestellen wollte, lehnte sie entschuldigend ab, da sie nur abends könne. Sie habe in Bonhoeffers Klinik 8 bis 10 Stunden täglich zu arbeiten, und sie wolle und müsse Psychiatrie und Psychoanalyse, wenn nur irgendwie möglich, kombinieren. Es handele sich nicht um eine Entweder-Oder-Entscheidung.

Daraufhin erwiderte H.: "If psychiatry is more important to you than psychoanalysis, then I think you shouldn't start."

Herta hatte, wie sie selbst erzählte, glücklicherweise genügend Geistes-gegenwart: "You may not know", sagte sie zu H., der sie verwundert-reserviert angesehen haben mag, "You may not know, but I am here on some kind of official training from the Berlin and the Breslau university, from the psychiatric institute. If you are not going to cooperate, for me it is psychiatry and not psychoanalysis." [2]

Sie berichtete Bonhoeffer von dem Vorfall. Einige Tage später erhielt sie einen Abendtermin. Die Sitzung verlief absolut schweigend, nach dem Motto: 'Er sagte nichts und sie sagte nichts und so kamen sie ins Gespräch.' Nach Ablauf der Stunde erhob sich H. wortlos, öffnete das Fenster zum Zeichen, dass die Sitzung beendet sei.

Herta beschreibt den Hergang wie folgt: "I was ordered on the couch. He was sitting behind it. The windows were there! He didn't say a word. I didn't say a word. ... When the session was over, 50 minutes, he went to the window which was to be the sign for me that the session was ended."

Das gleiche wiederholte sich in der zweiten Analysestunde.

"So, after the second session, I didn't wait till the end. I got up from the couch and I said: 'Dr. H., I want to tell you something, which you are not going to like. If I want a piece of wood, I can get it cheaper in any toy-store or lumberyard - and you are a piece of wood. And furthermore, you are behaving in a totally undignified way. Am I to assume that I smell so badly that you have to open the Windows after me? Is it too much to ask that you say at least: 'The Session is over?' I have a beautiful phrase to, somehow in one sentence, describe the whole procedure: She - analysand - doesn't say a word. He - the analyst - doesn't say a word. And so one word leads to another. ' " [2]

Natürlich war damit die Analysemöglichkeit bei Professor H. beendet. Bonhoeffer schmunzelte, als sie ihm davon erzählte, hatte er doch seinerseits bereits ihre Art des bewusst kritischen, höchst direkten und unkonventionellen Denkens kennengelernt, als sie sich nämlich weigerte, ihn in der 'Ihr'-Form anzusprechen. Die weiteren Analysestunden nahm Herta bei Hanns Sachs selbst. Sie lernte Freuds analytische Methode kennen und war persönlich unbefriedigt. Vom theoretischen Standpunkte aus, so schrieb sie 1947 an C.G. Jung, hegte sie unüberwindbare Zweifel an Freuds Analyse.

Nirgendwo belegte sie diese Stunden weiter und anders, als in ihrer Kritik, denn sie erlebte alles mit der gleichen Distanziertheit und Skepsis wie mit passionierter Neugier und Hinwendung: " ... and I began some training in Freud's analysis. l thought, it isn't for me, it isn't the right approach, it is an overevaluation, it isn't clinical, it is a theory and one has to follow the theory. So that was out ..." [1].

Theorie - an einer Theorie festhalten - einer Theorie folgen - ? In ähnlicher Weise heftig reagierte Jung seinerzeit auf Freuds Forderung, an der Sexualtheorie um jeden Preis festzuhalten: ' ... wir müssen daraus ein Dogma machen, ein unerschütterliches Bollwerk.' [60)a (S. 155)] hatte Freud ihm gesagt.

Ein Dogma - das ist Zementieren einer Theorie, vielleicht gar eines Numinosen. Das verweist jedoch Immer in hilflose, in sprach/lose Emotionalität, Ist ein 'Zurück' auf dem Wege des Bewusstseinsprozesses in ein wieder Unbewusstes, das man Schicksal nennen mag, dem man (aber) meist machtlos ausgeliefert ist. Der Erkennens- und Erkenntnisprozess erfordert ja gerade größtmögliche Beweglichkeit, Zweifel, Skepsis, Verwerfen, Erneuern, Zögern, Umordnen.

Jung schrieb damals in Reaktion auf Freuds Apell, dass er zutiefst getroffen war: 'es war ein Stoß, der ins Lebensmark unserer Freundschaft traf.' Eine wissenschaftliche Wahrheit war und blieb für Jung 'eine für den Augenblick befriedigende Hypothese, aber kein Glaubensartikel für alle Zeiten.' [60)a (S. 115)]

Einer Theorie folgen? Nein. Und damit war's vorerst zu Ende. Herta vertiefte sich desto mehr in exakte Beobachtung und Analyse von Krankheitsbildern, suchte Material für ihre Habilitationsschrift.

4. Die Assistenzzeit

In Breslau hatte Herta 1925 ihre Approbation als Psychiaterin gemacht. Nun arbeitete sie als Assistentin Bonhoeffers vor allem auf psychiatrischem und neurologischem Gebiet. Sie wird von Bonhoeffer in seinen 'Erinnerungen' als eine seiner 'langjährigen weiblichen wissenschaftlichen Mitarbeiter' erwähnt, der mit anderen ausgezeichneten Assistenten zusammen sein lobendes Wort gilt. [39)]
(S. 81)

Da es ihr finanziell nicht allzu breit ging, - der Bruder Arthur hatte bisher ihr gesamtes Studium finanziell ermöglicht und unterstützte sie auch in Berlin noch - ' ... die Gehälter der Assistenten waren damals noch kärglich und bedurften der Aufbesserung durch Einnahmen aus Gutachten' [77)a (S. 307/308)], beschränkte sich ihr Leben hauptsächlich auf die Arbeit in der Charité. Patienten, wissenschaftliche Forschung und Gespräche mit Kollegen füllten ihre Tage.

Mit dem ebenfalls als Neurologe-Psychiater arbeitenden Assistenten und einem Jahre jüngeren Kollegen Heinrich Scheller (1901 - 1972) verband sie sehr bald nach 1928 ein reges Interesse an hirnpathologischen und - neurologischen Krankheitsbildern und -fällen, das 1932 in einer gemeinsamen wissenschaftlichen Studie zur Dyslexie gipfelte. Weiter verbrachte sie viel Zeit mit Materialsammlung. Die medizinischen Möglichkeiten jener Zeit waren erheblich primitiver und vor allem zeitraubender.

Ihr Interessenbereich war Gedächtnisstörung und Dyslexie als Symptombild einer Schläfenlappenstörung. Damit wollte sie sich habilitieren.

Herta nahm ihr Studium und ihre Lernzeit sehr ernst, eingedenk auch der noch stets geltenden väterlichen Erwartung an sie, die sie längst zu der ihrigen gemacht hatte. Ihre stille Art ließ dabei ein aktives gesellschaftliches Leben ebenso wenig zu wie ihr Geldbeutel.

Doch ihre Gesundheit war kein unerschöpflicher Quell von Energie. 'Ich erinnere Sie, 'schrieb ihr Bonhoeffer väterlich warnend nach New York, 'wie Sie auch bei uns sich übernommen hatten und eine ganze Zeit lang auf der Nervenstation liegen mussten. ' [X)]

Ihre Dissertation hatte sie als eine Formalität angesehen, die zu geschehen hatte, wollte man weiter auf dem akademischen Wege. Vorschläge hierzu machten für gewöhnlich der Abteilungsarzt, der Chefarzt oder einer der Lehrer. Die Arbeit musste auf eigene Kosten gedruckt sein und an jede Universität der Welt, nicht nur Deutschlands gesandt werden.

Die Kollegen der Nervenklinik der Charité im Jahre 1927

1. Reihe v.l.n,r.: Seidemann, Jossmann, Polisch, Thiele,
Bonhoeffer, Kramer, Kreutzfeldt
2. Reihe v.l.n.r.: -, -, Scheller, -, -, -, -, -, Schulte
4. Reihe oben ganz rechts: Roggenbau

"And if it was a dissertation which the chief of service considered of some value, then he saw to it that it got published free and the reprints were sent free and not unknowingly. It was very well known, if it was accepted for publication. You somehow have made, if you wanted to have good luck, the first step into an academic career. Because it was worthy of publication." [2]

Hatte man seine 6 Ausbildungsjahre absolviert, so musste man das Institut verlassen. Natürlich blieben zeitweilige Studienbesuche und das Mitmachen der großen Rundgänge weiterhin erlaubt. Doch man hatte zu gehen.

"Unless the chief of Service felt: you are material for an academic career. And then he called you for an interview, asked you about your goals ... and whether one would be interested ... When you were considered material for an academic career, you were told by the chief of service. And a new life started. You had to start to publish. You were given greater responsibility than the physicians onward. For instance: you were given small student groups to supervise them, to let them examine cases, to give small seminars to them. And after 3 to 5 years in such a position you were called again, -if you had proven yourself worthwhile - by the chief of service. And you were told, if you want to permanently get into the academic field. This was called 'Habilitation1. [2]

Die Habilitation gelang ihr nicht mehr, da mit dem Jahre 1933 die Möglichkeit hierzu für jüdische Bürger entfiel. Zerfiel. Unrealisierbar wurde.

5. Medikamente und Ausrüstung

In jenen zwanziger Jahren war die Ausrüstung mit Instrumenten und Medikamenten äußerst minimal und teilweise noch sehr primitiv im Vergleich zu heute, gut sechzig Jahre später.

Doch auch die äußeren Verhältnisse des Patienten wie des Arztes waren höchst unzulänglich, wenngleich bereits weniger primitiv als zu Zeiten Wernickes im Anfang des Jahrhunderts.

"There were no drugs, there was no neuro-surgery, there wasn't anything, we had our good training and common sense. And a hopefully good will, but we had no tools of anything. For instance, let me give you an illustration: there was no neuro-surgery; we learnt to do myograms and ventricolographics ourselves in our place." 2)

Natürlich gab es einige Medikamente, wie etwa Barbiturate zum Schlafen und Chloralhydrat; zur Behandlung von Epilepsie Lumina und für direkte Behandlung bei epileptischen Anfällen Scopolamine. Es gab auch eine Art Behandlung bei Paresis, die früheste Behandlung der Syphilis mit Sulfosan, später Wagner-Jaureggs Fiebertherapie. Doch Insulin beispielsweise gab es nicht, keine Krampftherapie, rein nichts. Psychopharmakologie, Elektroschocks - all das sind Behandlungen und Entwicklungen späterer Jahre, denen sie im übrigen immer höchst skeptisch, so nicht abweisend gegenüberstand. Hirnoperationen vollführte man noch mit Hammer und Meissel.

6. Sauerbruch und Bonhoeffer

Die Zeit nach dem 1.Weltkrieg hatte in mancher Hinsicht neue kulturelle und wissenschaftliche Impulse gebracht - zwischen 1920 und 1930 entstand fast überall Neues in Berlin. 'Auch die Berliner Universität hatte damals noch einmal eine große Zeit ... Etwas davon war auch in der Charité zu spüren.' [77)a] (S. 296)

Viele namhafte Professoren und Ärzte arbeiteten damals dort. So auch Ferdinand Sauerbruch, der berühmte Chirurg, 'in Berlin jedem Straßenjungen ein Begriff [77)] (S. 291), der viele chirurgische und technisch-operative Erneuerungen ein- und durchführte.

Obgleich Sauerbruch und Bonhoeffer zwei völlig anders geartete Persönlichkeiten waren, schätzten sie sich gegenseitig sehr, wie Scheller in seinen 'Erinnerungen an Karl Bonhoeffer1 belegte. [77)a] (S.303)

Doch selbst für Sauerbruch galt die Autorität und Persönlichkeit des älteren Kollegen Bonhoeffer als unantastbar. Wiewohl es noch keine Neurochirurgie gab, führte Sauerbruch, fast immer in Anwesenheit Bonhoeffers und seiner Assistenten, solche Operationen durch, was einmal zu einem freundlich-kollegialen Verweis führte, von dem Herta amüsiert berichtete.

"Sauerbruch, the famous surgent next door, he did the brain-surgery and the spinal called surgery ...; we - the whole institute, for every surgery, brain-surgery, went over to the surgical hospital." [2)]

Scheller vermeldete 1960 ähnliches: Bonhoeffer versäumte es kaum jemals 'eine Obduction sich anzusehen oder zu einer Operation zu gehen, die bei der großen Zahl von Hirntumor-Kranken, welche die Klinik beherbergte, häufig genug in der benachbarten chirurgischen Klinik stattfanden.' [77)] (S. 307)

Bonhoeffer und seine Assistenten sahen also gespannt jedem Eingriff zu. "And I remember the revile one day, when Sauerbruch was butchering around with a brain-tumor, Bonhoeffer all dressed sterile, said to Sauerbruch: 'I am sterile, I have to touch you, because I have to remind you: you are dealing with the noblest organ the human can deal with' ".[2)] Sauerbruch nahm die Kritik ruhig auf und arbeitete behutsam weiter. Eine wahrlich undenkbare Situation heute, ein gutes halbes Jahrhundert später, mit all den verfeinerten und subtilen Techniken und Mitteln auf neuro- chirurgischem Gebiet.

7. Das Jahr 1933

Hertas Weg zeichnete sich stets deutlicher ab: sie strebte eine akademische Laufbahn an. Ihre Habilitationsschrift wuchs schnell und 1932 oder 1933 würde sie ihr Ziel erreicht haben. Nachdem im Jahre 1932 die Doppelpublikation Scheller/Seidemann abgedruckt war, zog unvorhersehbar abrupt um die wenigen jüdischen Mitkollegen und um Herta, wie Monate später um alle jüdischen Bürger, die Politik ihre existenzbedrohenden Kreise.

Am 30. Januar 1933 begann die Diktatur in Deutschland, in der Nacht vom 27. zum 28. Februar brannte das Reichstagsgebäude in Berlin. Die Gestapo begann ihre 'Arbeit'. Im April 1933 wurden 'alle Juden und politisch Unsauberen', meist Linken, aus dem Staatsdienst entfernt, nachdem bereits im Februar 1933 Ausländern durch Erlass verboten worden war, u.a. im Vorstand wissenschaftlicher Gesellschaften tätig zu sein. [71] (S. 198) Als erstes waren die Universitäten von dieser Anordnung betroffen. So auch die damit verbundenen Krankenhäuser und Hospitäler. Zwar galt auch im Jahre 1933, diesem schicksalsschweren Umbruch in Politik und Menschlichkeit Deutschlands, Bonhoeffers Name unantastbar hoch und hatten die antisemitischen Kollegen in der Charité auf der psychiatrischen Abteilung kaum Aktionsmöglichkeit.

Doch 'junge, bisher unbekannte Volontärärzte kamen als Beauftragte der Partei zu den Klinikleitern mit dem Ansinnen, die jüdischen Arzte sofort zu entlassen. Einzelne ließen sich hierdurch beeinflussen. Der Hinweis, dass nicht die Partei, sondern das Ministerium in diesen Dingen zu befinden habe, wurde mit Drohungen beantwortet. In der Fakultät machte der Dekan den Versuch, die Mitglieder zu veranlassen, kollektiv der Partei beizutreten. Durch den Widerspruch Einzelner konnte das abgewiesen werden. Auch hinsichtlich der verlangten Entlassung jüdischer Assistenten hielt das Ministerium sich zunächst zurück. Aber es blieb eine systematische Bespitzelung der einzelnen Kliniken über das Verhalten der Ärzte der Partei gegenüber. Das bis dahin ungestörte kollegiale Verhältnis zwischen den Klinikärzten ging durch gegenseitiges Misstrauen vielfach verloren. Die Partei hatte wohl an jeder Klinik einen Vertrauensmann, der über die einzelnen Ärzte und über die einzustellenden Assistenten an die Partei berichtete, ohne dem Klinikleiter davon Mitteilung zu machen. Im Ganzen kann von meiner Klinik gesagt werden, dass die Mehrzahl der Assistenten dem Druck widerstand. Die Klinik war aber der 'Dozentenführung' ein Dorn im Auge. Es gelang mir auch - wohl als einziger Klinik in der Charité – die Aufstellung eines Hitlerbildes bis zu meinem Abgang im Jahre 1938 zu verhindern'. [39] (S.100)

Als auch noch im Juli 1933 der Päpstliche Stuhl mit dem national-sozialistischen Deutschland ein Konkordat schloss und kein wirkliches Untertauchen mehr möglich war, konnte selbst Bonhoeffer es nicht mehr verhindern, dass im Sommer 1933 seine vier jüdischen Assistenzärzte, darunter Herta, entlassen wurden.

'Bonhoeffer sorgte, so gut er konnte, für ihr weiteres Fortkommen, ...' [77)a] (S. 309) In Hertas Fall schrieb er einen Brief an einen Kollegen in der Schweiz, wie er es später noch einmal tun sollte an einen Kollegen in Amerika, um ihre Existenz zu sichern.

" ... and when I had to leave Germany, I went to the Burghölzli in Zürich, again by recommendation of Bonhoeffer." [1]

(1938 traf sie in Boston Hanns Sachs, der ihr behilflich war, sich im neuen Lande 'zu arrangieren'. "Bonhoeffer had written to him a letter on my behalf." [1]

Das Band zwischen Herta und Bonhoeffer blieb bis zu dessen Tode und darüber hinaus. Nie seit 1933 hatte sie die Korrespondenz mit ihm unterbrochen. Herta erhielt mehrere Fotos von ihm, persönliche wie Studienfotos. Nach seinem Tode, er verstarb am 10. Dezember 1948 an den Folgen einer Hirnblutung, sandte ihr seine Witwe drei Manuskripte seiner Arbeiten aus den Jahren 1922 - 1938. *)

*) betrifft: Sonderdruck aus Band IV (1922) Geistes- und Nervenkrankheiten: 'Über die Bedeutung der Kriegserfahrungen für die allgemeine Psychopathologie und Ätiologie der Geisteskrankheiten',
weiter: Sonderdruck aus Band 88 (WM : 'Die Bedeutung der exogenen Faktoren bei Schizophrenie'.
und: Sonderdrück eines Vertrages auf dem Internationalen Fortbildungskurs 1938 in Berlin, mit dem Titel: 'Einige klinische Tages- und Zukunftsfragen im Schizophrenie - und Epilepsieproblem'.
Es handelt sich bei diesen drei Werken um die Nummern 60, 8A und 92 aus Bonhoeffers Werkverzeichnis [77)b] ; daneben hatte sie von Bonhoeffer selbst die Nummer 97 erhalten: 'Vergleichende psychopathologische Erfahrungen aus den beiden Weltkriegen', aus dem Jahre 1947. Außerdem befanden sich in Hertas Nachlassenschaft die beiden Sonderdrucke der Nachrufe von Ch. H. Roggenbau und von J. Zutt aus dem Jahr 1948.

Das wissenschaftliche Lebenswerk Bonhoeffers, das sich über fast das gesamte Gebiet der Psychiatrie und Neurologie erstreckte, hatte durchaus einen Höhepunkt in der Ausarbeitung der 'exogenen Reaktionstypen. '

(Der Begriff 'exogene und endogene Reaktionstypen' ist dem Denken und Forschen E. Kraepelins entwachsen. Bonhoeffer griff diese Einsichten auf und dehnte seine Forschungsarbeit hauptsächlich und sehr gründlich aus auf die exogenen psychischen Reaktionstypen. Er beschrieb diese in Ergänzung zu Kraepelins endogenen Reaktionstypen - dadurch ist, wie H. Scheller es 1960 deutlich formulierte, 'ein Großteil der Geistesstörungen in ein System gebracht, das in neurologischer Hinsicht auch heute noch im wesentlichen seine Gültigkeit behalten hat und uns gestattet, prognostische Voraussagen über die Aussichten und Möglichkeiten einer Heilung zu treffen.' [77)a (S. 302)])

Nach 1945 durfte Bonhoeffer noch erleben, 'mit welch dankbarer Anhänglichkeit diese seine ehemaligen Schüler ihrerseits nun ihm das Leben zu erleichtern suchten.' [77)a (S. 309)]

Unmittelbar nach Kriegsende sandte Herta regelmäßig Care-Pakete an die Familie Bonhoeffer 15); doch bei ihrem 1. Europabesuch 1948, der sie im Juli in die Schweiz führte, brachte sie es nicht über sich, ihren verehrten Meister in (damals Ost-)Berlin zu besuchen. Der Begegnung hätte wohl eine allzu große menschliche Tragik innegewohnt, wie sie ja selbst noch im Fernbleiben klang.

'Es war schade, dass Sie sich nicht hierher gewagt haben, aber verständlich'.[X)] schrieb Bonhoeffer ihr im vorletzten Brief. Seinen jähen Tod verwand sie niemals völlig.

Noch 1983, als ihr Astrologe die Periode 1947/48 als eine besonders leidvolle in ihrem Leben zu erfragen suchte, schwieg Herta dazu.

8. Einfluss und innere Ähnlichkeiten

Intensives Fragen nach der eigenen Seele wie nach der des Nächsten mag ein wesentliches Hauptmotiv der Berufswahl von Bonhoeffer gewesen sein, denn wiewohl er ein persönlich wie politisch liberaler Mensch war, lebte in ihm auch eine starke Religiosität.

Bekanntlich hat die Entwicklung der deutschen Psychiatrie einen besonderen Anstoß aus dem Pietismus des 18. und 19- Jahrhunderts erhalten, wobei es vor allem das Säkularisations-Phänomen war, das die schnelle Entwicklung förderte.

Bonhoeffers religiösem Bedürfnis fügte sich sein klares, analytisches Vermögen, und so begründete sich in seiner eigenen Wesensart die Wahl von Neurologie und Psychiatrie, die er als ein Gesamtes ansah. (Einer der Gründe, weshalb Bonhoeffer den Lehrstuhl in Heidelberg ablehnte, war gerade die Teilung dort dieser zwei Fächer).

Auch in Herta lebte, aus einer jüdisch-orthodoxen Grunderziehung, eine starke Religiosität, die sie jedoch bis ins hohe Alter dem observierenden, reinen Denken unterordnete. So dürften nachfolgende Gedanken Bonhoeffers ohne Einschränkung auch für sie gelten: 'Bei dem inneren Mediziner steht, wie mir scheint, häufig ein analytisches Bedürfnis, ein Hang zur Meditation, der Trieb nach physiologischer Erkenntnis körperlicher Vorgänge vor dem unmittelbar therapeutischen Drang ...

Noch mehr gilt das für den Psychiater. Soweit (...) ein wirkliches Fachinteresse vorliegt, ist es auch hier wohl selten der unmittelbar ärztlich therapeutische Gedanke, der die Psychiatrie wählen lässt, sondern die Hoffnung, Einsicht in die Mechanik des Hirngeschehens, Einblick in das Wesen der psychischen Vorgänge zu bekommen. Hirn-physiologische und vor allem psychologische Interessen sind, wie mir scheint, zumeist das Motiv der Berufswahl'. [39)a (S. 6/7)]

Gewiss waren nicht nur die namhaften Psychiater aus Bonhoeffers Generation, die 'durch ein unmittelbar ärztlich-therapeutisches Interesse an Nerven- und Geisteskranken zum Fach kamen, zu zählen,' [39) (S. 7)], auch die nachkommende Generation, zu der Herta, zu der Heinrich Scheller gehörten, weist wenige Ärzte auf, die das Gesamtfach (Psychiatrie und Neurologie) vertraten.

Natürlich arbeitet jeder mit einer etwas anderen 'Betonung' des Wissensfeldes. So wie Bonhoeffers Interesse vor allem der Hirnpathologie galt, (er konnte auch einen Mikulisz als Hirnchirurg einem Sauerbruch gegenüber bevorzugen), mehr als zwei Drittel seiner über 90 Publikationen befassen sich mit neurologisch-klinischen Themen (nach Zutt: 91), so sind Schellers wissenschaftliche Veröffentlichungen beispielsweise vorwiegend neurologisch-organischer Art. Er forschte speziell auf hirnorganischem Gebiet, war daher, wie auch Bonhoeffer, 'mehr diagnostisch als therapeutisch eingestellt' , doch war er, in der Generation nach Bonhoeffer, 'einer der wenigen, die noch beide Fächer, Neurologie und Psychiatrie, gültig als Hochschullehrer vertreten konnten'. [26)]

Auch Hertas Hauptinteresse lag in einer größtmöglichen Kombination beider Fachbereiche, doch in praktischer Zusammenarbeit mit anderen Spezialisten. Und obwohl ihr scharfes, analytisches Vermögen recht häufig die Diagnose bereits erkannt hatte, noch bevor sie eindeutig aus Einzeluntersuchungen zutage trat, war sie eher therapeutisch eingestellt. Kreativität, Intuition und exaktes

Denken, basierend auf umfassender medizinischer Kenntnis, Einsicht in eignes Vermögen und menschliche Erfahrung kennzeichneten und sicherten ihre Arbeit.

Wie Bonhoeffer verlangte sie von einem Nervenarzt die Fähigkeit zu unbefangener, wacher Beobachtung, 'ein warmherziges Interesse und vor- urteilsloses Verständnis für das, was in den Kranken psychisch vorgeht, darüber Geduld und Ausdauer, aber auch die Fähigkeit, Misserfolge zu ertragen und nicht zuletzt Kenntnis der gesellschaftlichen, sozialen Gegebenheiten, deren Bedeutung für die Entstehung seelischer Schwierigkeiten Bonhoeffer hoch bewertete'. [91](S. 120)

Eine Auffassung, wie sie erst in den vierziger Jahren wieder aufgegriffen und vor allem in Amerika von Sullivan und Maslow vertreten wurde. In Deutschland äußerte Georg Groddeck in den zwanziger Jahren bereits den Gedanken, dass es 'der Mensch, nicht der Kranke' sei, der Hilfe begehrt. [52] (S. 133)

Die Individualität in ihrer Subjektivität zu erfassen und doch methodisch-systematisch die einzelnen Krankheitssymptome aufzuzeigen, stellte Bonhoeffer aber schon 1912 in seiner Berliner Antrittsvorlesung als seine Aufgabe dar, als er bemerkte: 'Die Psychiatrie hat es überwiegend mit subjektiven Gefühlen zu tun. Sie hat das Gesetzmäßige, das auch innerhalb dieser Symptome liegt, aufzuzeigen'. Ganz gewiss habe man bei allen Erkrankungen 'die Gesamtper-sönlichkeit im Auge zu behalten'. [39]b (S. 86)

Der Gedanke der Therapie, des therapeutischen Elements in der Psychiatrie ist zweifelsohne durch/aus Freuds Psychoanalyse erwachsen. Und so mag es auch bei Bonhoeffer nicht verwundern, wenn er dem kranken Menschen die gesamte Persönlichkeit des Arztes gegenüberstellt und nicht eine Behandlungsmethode. Er meinte, der psychotherapeutische Erfolg hänge 'nicht von der Methode, sondern von der Persönlichkeit des Therapeuten ab. Die wesentliche Aufgabe des Nervenarztes liege allerdings auf psycho-pädagogischem Gebiet. [39] (S. 120)

Ähnliches schrieb und dachte Herta.

"There has to be a little bit of common sense, there has to be a recognition of the limitation of any and all methods and most importantly an awareness that one should never try to make the patient over according to one's own prejudices, because they are prejudices or mildly speaking, expectations'. [1]

Die vorläufige Abkehr vieler damaliger Psychiater/Neurologen von der Therapie, ihre Skepsis gegenüber allen Heilmaßnahmen hatte, retrospektiv gesehen, so schreibt Bonhoeffer selbst analytisch treffend, den Vorteil, dass sie 'zunächst einmal die ganze Arbeitskraft der klinischen Analyse der weitgehend ungeklärten, neurologisch-psychiatrischen Krankheitsbilder zuwandte und damit für eine spätere differenzierte Therapie immerhin vorarbeitete'. [39)a (S. 7)]

Dass das therapeutische Ansehen des Neurologen, mehr noch des Psychiaters, innerhalb der anderen medizinischen Disziplinen nicht gerade ermutigend war für den ankommenden Arzt, verstärkte in dem Einzelnen die Forderung nach klinischer Analyse, nach physiologischer Erkenntnis der rein körperlichen Vorgänge einerseits, nach psychologisch- emotionaler Einsicht andererseits. Es blieb bei einer steten doppelschichtigen Berufshaltung, die einer tiefeigenen inneren Ambivalenz des Faches Psychiatrie wohl entspricht.

"Ich weiß nicht", schrieb Herta, "ob ich jemals erwähnt habe, dass Ich mit langen Überlegungen und Überprüfungen zur entscheidenden Zelt beschloss, mich in Neurologie und Psychiatrie zu spezialisieren. Ich fand es notwendig, mit der Psychiatrie, die mehr Kunst als Wissenschaft ist, die Neurologie - Mathematik der Medizin - zu verbinden". [5)]

Kreativität und Gesetzlichkeit, Intuition und Form, Einfallsreichtum und Gegebenheit - der Beruf war Herta kein Habitus für Stunden des Tages, den man zu anderer Zeit ablegt, nein, sie war eins mit Beruf, Denken und innerem Selbst.

'I think, Dr. Seidemann was very much wed to the psychoanalysis and to the tenets of practice that she knew very well'. [14)]

So bezeugte es Dr. Jimmie Holland, Leiterin der Psychiatrischen Abteilung des Memorial Hospitals in New York.

Die Einheit von Neurologie und Psychiatrie entsprach ihrer Persönlichkeit.

"Damit habe ich mir über alle Schwierigkeiten in allen Stadien des Lebens und der Praxis in den verschiedenen Ländern und Sprachen die Verbindung zur Medizin, zu causalem Denken zu erhalten versucht und mich von illusionären Spekulationen menschlichen Verhaltens und Leidens zu bewahren versucht. Sie denken vielleicht, dies ist eine merkwürdige Kombination. Aber für mich war es richtig; es hat mein Denken befruchtet und meiner Intuition und Phantasie wirksame Grenzen gesetzt". [5)]

Ihre Innere 'Unabhängigkeit brauchte spürbare und wirksame Grenzen, brauchte als Widerpart den Rat des Anderen daher oftmals auch nur, um sich der eigenen längst gefällten Entscheidung desto sicherer zu sein. Das gibt den Anschein, und gab es in den letzten Jahren und Monaten ihres Lebens oft, als setze sie Himmel und Hölle in Bewegung, nur um danach ihres Weges zu gehen.

' ... seeking help from many doctors, but listening to few. She would come to her hospital-visit wlth me with a series of questions but she had all the answers. (...) She often cried out for help but would never take it when it was given to her. She remained until the end fiercely independent and in control'. [11] So beschreibt die Neurologin Dr. Kathleen M. Foley sie in einem Brief, doch scheint diese Haltung mir eher die eines an sich einsam lebenden Menschen zu sein, der einsame Entschlüsse noch einmal laut nachdenkend überprüft.

In unbestechlicher Erinnerung blieb Herta Bonhoeffers Arbeits- und Erziehungsethos, das ihm nicht 'Pflicht' war aus Pflichtbewusstsein, sondern resultierte aus der Kenntnis des Menschen und seiner 'Vergesslichkeit'. Einhalten der Ordnung, Disziplin als stete Bewusstseins/Übung, als Training zu einer gut funktionierenden Menschen-Gemeinschaft.

Jeder Morgen in der Charité begann mit einem Treffen aller Klinikmitarbeiter. (Es ist im übrigen amüsant zu vermerken, dass laut Herta dies Treffen um 8.00 begann, laut J. Zutt um 8.30 und laut H. Scheller um 9.00 Uhr.)

"And first came the administrative part, the report of the nurses and then we had our staff-conferences. In six years that I was with him, I do not remember that he ever started a Conference without saying: 'You will commit many, many omissions, sins, during your day and the next day and the day after. There is one cardinal sin that you will never be forgiven for and you shouldn't forgive yourself for: never make a promise to a patient that you are not going to fulfill . If you say, making your rounds. I ' ll be back, seeing you later! or: I tell the nurse to give you such and such! and you forget - ... - ! When you awake in the middle of the night, remembering that you made a promise that you didn't fulfill, get dressed, go to the ward, apologize to the patient. That is a sin, for which there is no forgiveness!"

Nach fast sechzig Jahren noch davon beeindruckt, fährt Herta in lebhaftem Tone fort: "Every day! you remember - ! You can imagine how that got hammered into my whole being". [2]

Hier liegt gewiss auch eine tiefe Verwurzelung und Bestätigung der Treue zu sich selbst und zum Mit/Menschen enthalten.

Beherrschtheit und äußerste, doch maßvolle Disziplin empfand Herta in einem so komplexen, neuen medizinischen Gebiet voller innerem und oft äußerem Elend und Leid der Patienten als unabdingbare persönliche und 'strategische' Notwendigkeit: Eine Wesensart, die ein stetes Offenstehen für das Wesen der Dinge und die Behandlung des ganzen Menschen in/aus höchster Konzentration ermöglichte.

Was H. Scheller von Karl Bonhoeffer schrieb, gilt mit einem kleinen Unterschied durchaus auch ihr: "So wie ihm alles Maßlose, Übertriebene, Undisziplinierte von Grund auf zuwider war, so war an ihm selber alles Beherrschtheit, Einhalten der Form, äußerste Disziplin'. [77)a (S. 301)]

Das wohl einzige, das sich bei ihr zu einer gewissen 'Maßlosigkeit' steigern konnte, war ihr ungeheures Vermögen, zu sehen, zu erkennen und kritisch zu analysieren. Es war mehr, als was über ihren Kollegen Scheller gesagt wurde: '... dabei, das ist das Besondere an ihm gewesen, hatte er einen hervorragenden psychiatrischen Blick, obwohl seine wirkliche Neigung der Neurologie galt'. [26)]

Die Schärfe ihrer Beobachtung konnte den, der solch kritisches Betrachten nicht gewöhnt war, bestimmt treffen bis abstoßen. Doch wird sie ihren Patienten gegenüber diese Schärfe wohl niemals im Worte angewandt haben. Mir ist kein Fall peinlich ätzender Kritik aus ihrer Praxis bekannt. Dass sie eine schlagfertige Zunge besaß und damit notwendige Anmerkungen machte, bedeutete nicht, dass sie je spöttelte.

Eine weitere Ähnlichkeit dürfte wohl in jenem Wesenszug beider liegen, den man mit 'Treue zu sich selbst' umschreiben kann.

Das Echte, Spontane, das Wesentliche glasklar vom Unwesentlichen unterscheiden zu können, war nicht nur Privileg eines agilen Geistes, sondern auch 'Handwerkszeug' einer Therapeutin, die sich zu einem Meister in ihrem Fach entwickelte; wenn der Ausdruck 'Meister' hier, in so menschlich-therapeutischem Bereiche einerseits, im exakten Wissen um Problem und Erarbeiten von Lösungsmöglichkeiten, also auf dem Gebiet der Menschenkenntnis, einschließlich soziologischer und sozialer Kenntnis, andererseits überhaupt anwendbar ist.

Herta lehnte alles Phrasenhafte, alles Geschwätz ab – ein Charakteristikum, das Sabine Leibholz-Bonhoeffer von ihrem Vater ebenso skizzierte, und auch J. Zutt

Karl Bonhoeffer in seiner Bibliothek in der Charité, um 1937

schrieb: 'Er mochte alles 'Gemachte' nicht, was nicht selbst aus sich heraus wuchs'. [91) (S. 24l)]

Hertas Denken war stets aktiv - in dem schönen Sinne, wie ihn Edrita Fried in ihrem Buche 'Der intensive Mensch' beschreibt - bar der abgedroschenen Verallgemeinerungen, bar aller Stereotypen, aller Phrasen und halben Lösungen. Jeder Patient war eine Ganzheit, die Originalität und völlige Zuwendung der Intuition, Kreativität und des praktischen Denkens von Seiten des Therapeuten erforderte.

"Ich bin empfindlich gegen dumme und falsche Fragestellungen, (die ich jedenfalls als solche empfinde) und noch mehr reizbar empfindlich gegen oberflächliche, wichtig-machende Antworten, die daneben gehen, bevor sie ausgesprochen oder niedergeschrieben sind". [5)]

Ganz sicher teilte sie mit Bonhoeffer die Abneigung gegen das Übertreiben, Übertreiben von Maßnahmen wie von Emotionen, von steter forcierter intellektueller Hundertfünfzigprozentigkeit war ihr fremd, '... da der Mensch ja nicht jederzeit auf dem Gipfel seiner intellektuellen Möglichkeiten zu stehen braucht... ' [39) (S. 55)]

Auch 'Karriere-Machen' gehörte nicht zu Ihrem Wesen, was nicht besagt, dass sie - hätte sie 1933 nicht emigrieren müssen - nicht eine akademische Laufbahn angestrebt hätte. Denn die Leichtigkeit und Mühelosigkeit ihres Denkens, ihr phänomenales Gedächtnis, wie auch die Freude an einer Lehrtätigkeit hätten solches nur zu sehr gerechtfertigt. Auch war von und seit Wollenberg alles darauf angelegt, sie in dieser Richtung zu unterstützen und zu fördern. Bonhoeffer tat das seine hierzu in glänzender und höchst menschlicher Weise.

Und ohne Zweifel würde sie die Zeit ihrer Tätigkeit in der Charité noch einmal erlebt haben mögen, einzig, wie Scheller es für alle Alt-Schüler Bonhoeffers formulierte: 'aus der Erkenntnis, dass es die Persönlichkeit Bonhoeffers war, die ihnen die Möglichkeit schuf, in Freiheit, aber auch in Verantwortlichkeit sich zu dem zu entwickeln, wozu Anlagen und Neigungen sie hinführten'. [77)a (S. 309)]

Hertas Abneigung gegen alles Übertreiben und Übertriebene entsprang ja gerade ihrer starken Vorliebe für das Direkte, für das ursprünglich Spontane. So reagierte sie auf die Höflichkeitsetikette der damaligen Zeit heftig und originell. Es war üblich, Bonhoeffer mit 'Herr Geheimrat' und 'Ihr' also in der Pluralis-Form anzusprechen.

Als sie in der Charité zum ersten Mal zu Bonhoeffer ins Zimmer gebeten wurde zu einem allerersten, persönlichen Gespräch, brachte sie es nicht über sich, ihn im Plural anzureden. - "Er saß in seinem Zimmer, einem sehr kleinen Raum mit kahlen Wänden, ohne Bücher, ohne irgendetwas, mit einigen Mappen vor sich auf dem Schreibtisch, und wie gesagt, ich bezweifelte manche Form von Respektmangel wie von Respekt, wo Respekt nicht nötig war, und mit einiger Geistesgegenwart sagte ich zu ihm: 'Herr Geheimrat, wo ist die dritte Person? ... wo des Geheimrats Bibliothek ...? Ich kann Sie unmöglich in der dritten Person ansprechen. Ich muss SIE sagen!' Und er erwiderte: 'Sie werden die einzige hier im Krankenhaus sein. So etwas tut niemand'. Ich antwortete: 'Das macht nichts. Ich kann nicht anders'. [2]

Anstatt sie nun zu entlassen, nahm Bonhoeffer sie bei der Hand und führte sie in seine 'Bibliothek', einen ganz großen Raum, in dem seine Patientenkarten lagen. Nichts weiter als Patientenkarten. In vier verschiedenen Farben, entsprechend den Kategorien 'neurologisch', 'psychiatrisch', männlich, weiblich. Vom Fußboden bis zur Decke waren die Wände damit gefüllt. Und Bonhoeffer sagte zu ihr: 'Dies hier ist mein Bibliothek. Hier befinden sich Beobachtung und Erfahrung ... !

Eines möchte ich Sie einprägsam lehren: wenn Sie hier die Ausbildung durchlaufen, glauben Sie nicht, dass Sie jemals eine Diagnose stellen können anhand eines gelesenen Buches. Und läsen Sie zwanzig, Sie werden keine Diagnose stellen können. Diagnosen bestehen aus Reprisen innerer Bilder, Sammlungen ähnlicher Syndrome und Erfahrungen; über diesen Weg diagnostiziert man. Und daher braucht man eine Reihe von Jahren voller Erfahrung, bis man es gut kann'. [2]

Mit Bonhoeffer teilte sie auch eine große Sensibilität, eine Empfindsamkeit derer, die sich nie oder fast nie ins Innere blicken lassen. Dabei machte sie keineswegs einen scheuen oder angstvollen Eindruck. Sie war weder intrigant noch launisch in Arbeit und Art.

'She was courteous, easy to talk to, entirely professional', meinte eine Patientin der frühen vierziger Jahre, 'she was warm, quiet, controlled and attentive'. [13]

Sie war menschlich, sehr geschärft allerdings in der Beobachtung, außergewöhnlich kritisch und scharf im Urteil, wo das angebracht war. Diese Schärfe schlug oft um in eine luzide Skepsis, (die sich im Alter mehr verdunkelte) dass es unmöglich sei, die Fülle aller Erfahrungen in festumrissene Gedankensysteme zu zwingen.

Nur die Jahre der ersten Emigration, nach Zürich, die ihr erwachsene Furcht vor der mehr als ungewissen Zukunft, ihre Trauer um die vielleicht für immer verlorene Möglichkeit einer brillanten akademischen Karriere, ihre Angst und ihr Kummer in der Zeit des Nazi-Terrors um Familie und Freunde, dabei die Gewissheit und das dennoch Dagegen-an-Hoffen, auch in der Schweiz ausgewiesen zu werden, machten, dass ihre so stille und bescheidene, warmherzig vertrauende Art jäh scheu, angstvoll und beinahe hilflos erschien. Aus diesem Grunde auch konnte Prof. C. A. Meier ihre gesamte äußere Erscheinung in den Jahren 1933 bis 1936 im Burghölzli, wo er ebenfalls als Psychiater arbeitete, nachfolgend beschreiben: 'Sie machte auf mich einen fürchterlich schüchternen Eindruck, ja fürchterlich schüchtern, beinahe angstvoll - sie konnte einen ansehen mit großen, hilflosen Augen, so als wolle sie sagen: Tu mir nichts, ich habe dir auch nichts getan. Sie tat mir richtig leid in der Zeit'. [17]

In den Jahren der Analyse und der Assistenzzeit 1927 - 1929 waren ihr - wie damals in Breslau - abermals tiefe Zweifel gekommen ob der richtigen Berufswahl.

"I struggled for two or three years and doubt upon, doubt upon, doubt upon doubt crept into me". [2]

Bonhoeffer in seiner verständnisvollen, ruhigen Art fing sie auf – wie Wollenberg sie aufgefangen hatte in den ersten Zweifeln, - er entgegnete ihrer Unruhe: 'Erstens, Sie sind viel zu kritisch, um irgendeine Theorie anzunehmen und zu praktizieren, nur weil es Freud gelang, sie zu entwickeln. Zweitens müssten Sie Autosuggestion anwenden, um sich selbst denken zu lassen, dass Sie daran glaubten und dazu werden Sie niemals fähig sein'. [2] (Noch 1947 schrieb er ihr nach New York: 'In wieweit Sie freilich autosuggestiver Beeinflussung fähig sind, die man m.E. nötig hat, um erfolgreich zu wirken, ist mir bei Ihrer kritischen Veranlagung nicht so ganz sicher'. [X])

Bonhoeffers Kenntnis menschlicher Qualität und Möglichkeit erwies sich durchaus an Herta, deren Methode menschlicher wie ärztlich therapeutischer Begegnung bis hin zu ihrem Ende eine gänzlich unorthodoxe blieb. Von jener persönlichen Originalität geprägt, die es möglich machte, 'the old fashioned views to modern psychiatry' [14] zu bringen, ohne Bruch, doch mit dem Gewinn unerhörten inneren Reichtums für die jüngere Generation.

Damals fuhr Bonhoeffer fort, sie in ihrer Eigenständigkeit zu bestätigen, ihre Zweifel zu besänftigen: 'Und drittens, werden Sie sich aus allem, was es auf

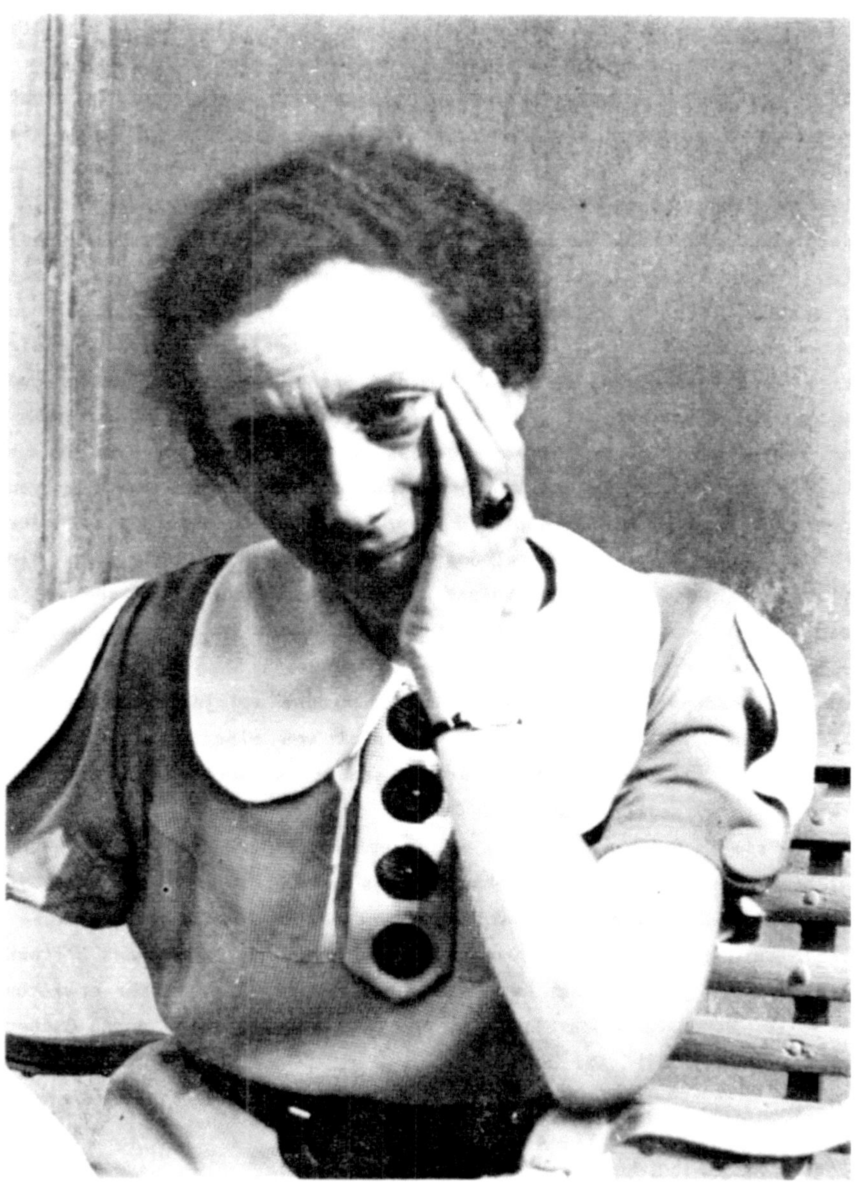

Herta, um 1933

diesem Gebiet gibt, das Beste heraussuchen und Ihre eigene Form entwickeln müssen, die einen Vorzug haben wird gegenüber allem, woran Sie sich wagten, um als einer der Schüler akzeptiert zu werden. Es wird etwas sein müssen, woran Sie selber glauben, das Sie überzeugen kann. Und wenn es erst einmal Sie selbst überzeugt, haben Sie die Möglichkeit, andere zu überzeugen'. [2]

Andere zu überzeugen vermochte sie durch ihre stille, offene, auf Erfahrung und Lebensklugheit gegründete, talmudische Art des Denkens (in freier Logik Frage und Gegenfrage stellend und erprobend) und Handelns bereits recht früh. Nie hat sie sich selbst noch ihren Glauben an das Gute im Menschen verleugnet oder verloren. Ja, sie setzte, wie Bonhoeffer, [65] (S. 24) das Gute im Menschen voraus und erwartete viel von ihm.

'Her belief was in the basic goodness of the self. She was always upbeat. She believed in you and gave you confidence that whatever you had to resolve you would resolve if you gave your unconscious a chance to help you' [13], ist die Meinung einer früheren Patientin, der die Auffassung einer Freundin in keiner Weise widerspricht: '... she was a great help to me in times of great stress. (...) Herta was always a great encourager of my work and a source of ideas'. [12]

Jeder hilfesuchende Mensch galt Herta als Freund und jeder Patient als Mensch. Ein später auszuführendes Beispiel von einer Patientin, die Herta mit Rufmord und Selbstmord drohte, zeugt in leuchtender Weise von ihrem tiefverwurzelten, positiven Denken.

So hatte sie in New York, mitten auf einer großen breiten Verkehrs- und menschenreichen Hauptstraße wohnend, tagsüber ihre Wohnungstür niemals verschlossen. Eindringlinge oder Einbrecher hatte sie nie an der Tür.

'Die Richtung zum Licht, die C.G. Jung einmal den menschlichen Heliotropismus genannt hat, hat sich auf die Dauer als stärker erwiesen als alle Verdunkelungskräfte, welche das Bewusstsein auszulöschen versucht haben'. [69]b (S. 94)

Ihr Sich-selbst-Treusein und -bleiben hat in den ersten Jahren in New York zu einem Bruch zwischen ihr und Karen Horney geführt, der beruflich-ethisch notwendig war, doch von menschlicher Sympathie beiderseits überbrückbar blieb.

"... the first condition es honesty. I couldn't live, I couldn't accept her theory (...). If I were starving, I wouldn't do it. I would go as a domestic rather than be deceitful and dishonest". [1]

Als man ihr Anfang der vierziger Jahre in New York eine Vortrags-Reihe anbot, - ein Angebot, das manche ihrer Kollegen als Ehre betrachtet und gewiss sofort akzeptiert hätten, wäre es ihnen unterbreitet worden - hatte sie ihr eigenes Streben so weit nach innen verlagert, dass es ihr wesentlicher war, sich selbst und dem, was man eigentlich und wirklich möchte, treu zu bleiben als eine Karriere aufzubauen, in der es unzweifelhaft viele Äußerlichkeiten, Alltäglich-keiten im Sinne konventioneller Stereotypie geben würde.

Der Gedanke an ein 'Müssen' gegen bessere Einsicht, nur weil es erwartet wird, war eine Fessel, deren sie sich frühzeitig bewusst entledigte. Sie stellte sich immer gern die Frage: 'Do I really want to do this or do I have to do?' Eine Patientin aus jener Zeit schrieb dazu: 'Since it is not something she really wanted to do she refused and felt better for having made her own decision'. [13]

Herta galt das Motto 'To thy own seif be true' ein Leben lang. Nicht nur In ihrer Beziehung zur Arbeit, zu Kollegen wie Karen Horney und Kurt Goldstein, entschied sie sich für die eigene, unorthodoxe Weise des Handelns und 'Behandelns'; auch sich selbst und Europa gegenüber fand sie die Form, die ihrem tiefsten Wesen optimal entsprach.

Noch eine ähnliche Erfahrung machten K. Bonhoeffer und Herta in den Anfangsjahren ihrer jeweiligen psychiatrischen Laufbahn. Beiden war eine große innere Ruhe und Beherrschtheit wesenseigen und der Abscheu vor Gewalt und Gewaltmaßregeln.

Als 1906 im Breslauer Gefängniskrankenhaus ein Aufstand unter den psychiatrischen Patienten ausbrach und man schon den Einsatz von Feuerwehr, Polizei und Gewaltmaßnahmen erwogen und angeordnet hatte, da die Kranken ihre Schlafräume verbarrikadiert, 'die Bettstellen auseinander gerissen, sich mit den eisernen Bettpfosten bewaffnet und in drohender Haltung Aufstellung genommen hatten', [39] (S. 54 ff) lag Bonhoeffer als dem zuständigen Psychiater/ Neurologen und Gefängnisarzt daran, 'die Sache durch psychische Einfluss-nahme in Ordnung zu bringen'.

Er kam gerade zur rechten Zeit ins Haus, um Gewaltmaßnahmen verhindern zu können, und es machte ihm keine großen Schwierigkeiten, die Leute zum Aufhören zu bewegen. 'Sie hatten schon selbst Angst vor ihrer Courage bekommen und waren froh, als ich dem Rädelsführer klarmachte, dass er ein 'sinnloses Unternehmen in Szene gesetzt habe und dass ich dafür sorgen werde, dass die Sache keine weiteren Folgen haben werde, als dass er sich die Sache für einige Zeit in der Einzelzelle zu überlegen habe'.

Obgleich man Bonhoeffer, der damals 30 Jahre alt war, die Wiederholung ähnlicher Vorfälle voraussagte, geschah dergleichen nicht mehr.

Herta war 33 Jahre alt, als sich in der Schweiz, im Burghölzli, folgendes zutrug: 'You know, where they put me? On the wards of the criminal insane. I did have three years inside that ward. That feeling of fear and violent oubrakes at time is very disturbing. You couldn't show these people that you were afraid, but you had to be on permanent look-out: the most violent people'. [1]

Ihr damaliger Kollege C. A. Meier berichtete dazu: 'Ja, doch, es hat schon öfter mal schlimme Situationen gegeben und die besprachen wir dann'. [17]

Es war eine Sache subtilsten Einfühlungsvermögens, wie zu handeln, ohne Gewalt aufzurufen, sondern im Gegenteil, die Insassen zu beschwichtigen und zu beruhigen.

"So if I had gone to make my rounds with a nurse, a male nurse, at either side of me, they would have hit me, they would have thrown at me, whatever they had to throw, spoons or something. So, l had to train myself to go in by myself, making myself appear totally unafraid that I don't even count, without a nurse, totally alone. And that prevented the patients for three years from ever doing any harm to me. That showed them, I didn't distrust them, I didn't fear them, gave them some confidence". [1]

Diese Grunderfahrung, dass Vertrauen wächst, wenn man es schenkt, ist eine der schönsten menschlichen Erfahrungen überhaupt und wiegt in einer Zeit wie der unseren, in der Misstrauen überwiegt, politisch wie individuell, besonders stark.

Herta beschließt ihre Bewunderung für Bonhoeffers umfassende Interessen und für seine warmherzige Menschlichkeit mit den Worten: "So you see, this man - there wasn't ... I mean, he had ears and eyes where you never would expect it ...", [2] und mit der amüsanten Bemerkung Bonhoeffers selbst, wenn er über Privatpraxis und universitäre Laufbahn sprach.

"Bonhoeffer used to say: 'When you are here, all the universities of the world are behind you, the state, the government, we are all behind you. If you are in pri-

vate-practice you better realize that you always are with one foot in prison!'" [2]

Worte aus den zwanziger/dreißiger Jahren.

III. ZÜRICH 1933-1936

ASCONA – ERANOS 1948-1958

'Leiden, bewusst erlebt und gemeistert,

lehrt uns Weisheit. '

Theodor Reik

1. Burghölzli - die Klinik

Bereits 1850 etwa wurde von Wilhelm Griesinger, einem berühmten Psychiater des vorigen Jahrhunderts, der für eine 'feste Verknüpfung der Psychiatrie mit der Neurologie' [77)a (S. 294)] eintrat, die Erbauung der Züricher Psychiatrischen Klinik, dem Burghölzli, in die Wege geleitet. Das Burghölzli, heute die Kantonale Psychiatrische Universitätsklinik, besteht aus diversen Gebäuden mit mehreren 'Diensten', darunter dem ambulant psychiatrischen, dem psychologischen, dem therapeutischen Spezialdienst, zu dem u.a. geschützte Werkstätten, Ergotherapie, Physio- und Bewegungs- sowie Musiktherapie gehören; sodann fällt darunter eine Forschungsabteilung mit klinischer Psychiatrie, Psychopathologie, Drogen- und Alkoholproblem, mit Pharmakopsychiatrie, Elektroencephalographie und schließlich der Sozialpsychiatrische Dienst und die kantonale psychiatrische Familienpflege.

Als um 1900 C.G. Jung als Volontär in der Psychiatrischen Universitätsklinik Burghölzli seine Arbeit antrat, hatte sich diese unter Eugen Bleuler, einem kleinem, agilen, beinahe nervösen Manne, zu einer recht bekannten Behandlungsstätte entwickelt, den damaligen Problemen gut angepasst. Außer den klinisch-psychiatrischen, den geriatrischen und Straffälligen-Abteilungen gab es auch damals schon Forschungsmöglichkeiten und den Beginn einer Arbeitstherapie. (Jung konnte sich 1904 bereits ein Laboratorium für experimentelle Psychopathologie einrichten. [60)a (S. 121)])

Als Herta 1933 die Klinik in Zürich betrat als Psychiatrin/Neurologin, deren Lehrjahre in Deutschland abgeschlossen waren, hatte sich dort eine Beschäftigungstherapie entwickelt, die sowohl in der Klinik selbst als auch in der Garten- und Landarbeit stattfand. Und so war das Burghölzi nach Hertas Worten "... a huge place with real estate, (...) and there was willy-nilly some kind of occupational therapy, some people worked the soil, some did some farming. There was a tailor shop, there was a carpenter shop ..." [1)]

Herta wohnte, wie in Berlin, intern.

2. Die Arbeit

Die psychoanalytische Behandlung fand über Bleuler ihren ersten Eingang im Burghölzli, wodurch die seinerzeit recht gebräuchliche Behandlung der Geisteskranken durch Hypnose eine psychoanalytische Erweiterung erfuhr. Eugen

Bleuler (1857-1939) 'war einer der großen Pioniere der Psychiatrie' [72] (S. 304), sein berühmtes Lehrbuch erschien 1916. Doch schon 1910 verfasste er ein Buch über die 'Psychoanalyse Freuds', Beweis der inneren Aufgeschlossenheit Bleulers gegenüber der psychoanalytischen Entwicklung jener Tage. Dass Bleuler mit Jung und Freud nicht unbehelligt leben und wirken konnte, lag gewiss ebenso an den drei grundverschiedenen Charakteren wie an den höchst unterschiedlichen ärztlich-psychologischen Betrachtungsweisen. Selbst Karl Abraham konstatierte 1904/5, dass Bleuler weniger progressiv und eher ambivalent war, rückkehrend in 'konservative, akademisch anerkannte Psychiatrie'. Wobei er 'den Druck, dem Bleuler ausgesetzt war und die Grenzen, die seine Persönlichkeit ihm setzte, zu verstehen versuchte'.[29] (S. 59) Jung konnte im Burghölzli seinen 'Freien-Assoziations-Test' entwickeln. Überhaupt erhielt Jung sehr viel Untersuchungsmöglichkeiten und -freiheiten von Bleuler. Seine naturwissenschaftlichen Ideen verschränkten sich hier ins Psychoanalytische. Durch seine experimentelle Arbeit, durch seine Studien und Schriften, in den Jahren 1900 bis 1909 geleistet und verfasst, rückte das Burghölzli heller ins Interesse der Fachwelt.

Obgleich das Burghölzli psychiatrische Universitätsklinik war und also auch ein Lehrinstitut, "of which there were 4 or 5 in Switzerland taken all together, (...) Burghölzli was the most famous one - Jung never could make it to be a professor of the medical faculty, ... he would not be accepted with his affiliation with analysis". [2]

1909 gab Jung seine Arbeit am Burghölzli denn auch auf, 'infolge persönlicher Spannungen mit E. Bleuler und Arbeitsüberlastung'. [87] (S. 141), und es sollte noch bis 1943 dauern, dass er in der Schweiz zum ordentlichen Professor der Psychologie ernannt wurde, an der Universität Basel.

Herta arbeitete nicht mehr unter den Bleulers, weder Eugen Bleuler noch dessen Sohn Manfred. In jener Zeit 1933 bis 1936 war Hans W. Maier Chef der gesamten Klinik Burghölzli. Er war, wie C.A. Meier erinnernd berichtete, ein sehr toleranter und liebenswürdiger Mensch. [17]

Doch wurden Anekdoten über Eugen Bleuler, diesen zerstreuten und nervösen Professor, gern erzählt. Da Herta in ihrer Studentenzeit Vorlesungen Bleulers besucht hatte - sie rühmte sich 1983 zu Recht mit einigem Nachdruck, dass sie eine der ganz wenigen noch Lebenden sei, die Bleuler selbst noch gekannt hätten, - reichte sie diese kleinen Geschichten gern weiter. (Sie charakterisierte ihn im übrigen als "a very autistic little man. And no one but him could have developped the theorie and the symptomatology of schizophrenia, because he was a schizoide personality'. [2] Abrahams Bemerkung zielte weniger scharf, doch in die gleiche Richtung.

"Two small illustrations: He was informed that a patient who was in the hospital Burghölzli twenty years ago, had died. He was so related to anything human that he looked around in distress and he said: 'What are we going to do?' And he ordered his first-hand assistant: Send a telegram: deeply in grief, Bleuler!"

"And the other story: One of the colleagues had lost the key to the closed-ward, somehow on the Matterhorn or a similar mountain. And he came back and reported it to Bleuler: 'I lost the key!' - So it probably still lays there. And Bleuler said: 'What are we going to do? We have to change all the keys, all the locks on'. [2]

In jenen Jahren arbeitete der Züricher Psychiater C.A. Meier, der spätere Gründer des C.G. Jung-Institutes in Zürich-Küsnacht, in der psychiatrischen Klinik. Während ihrer gemeinsamen Arbeitsjahre – beide waren sie auf der Abteilung für 'schwere Patienten' - standen sie einander eher kritisch denn freundschaftlich gegenüber. Hertas heftige, manchmal etwas schroffe Art der Bemerkung mag öfter den Oberton geführt haben denn ihre nachgiebigherzliche. Doch besprachen sie alle schwierigen Situationen sachlich reell und suchten gemeinsam Lösungen dafür zu finden.

In den fünfziger Jahren traf C.A. Meier während eines Amerika-Aufenthaltes Herta nochmals. Sein Eindruck von ihr war ungleich positiver. Doch hatten sie seit der Burghölzli-Zeit weiter nie mehr Kontakt miteinander. Auch H. Scheller arbeitete als Arzt zu der Zeit an der Züricher Klinik. Er war mit Herta zusammen aus Berlin dorthin gegangen, ohne persönlich politische Gründe.

Sie überlegten sich eine Zukunft in Amerika. Universitär arbeiten, klinisch oder privat ... ? Das Startkapital musste erspart werden. In Eigenstudium verbesserte Herta ihren englischen Wortschatz. Inzwischen allerdings bemühte sie sich auch um ein Treffen mit C.G. Jung. Mehrmals versuchte sie ihn zu erreichen, und da er in Zürich an der ETH mit Vorlesungen begonnen hatte, besuchte sie einige. Sie wusste auch, dass er bei den ersten ERANOS-Tagungen in Ascona sprechen würde. Dorthin zu gehen, gestattete ihr jedoch weder das Geld noch die Zeit.

Zurückblickend auf Zürich klingt Hertas Enttäuschung, Jung damals nicht persönlich gesprochen zu haben, noch nach fünfzig Jahren durch in dem einen, schlichten Satz: "... at that time, when I worked 3 years in Burghölzli, I didn't get to even have an interview with Jung". [2]

Ob ihr Jüdisch-Sein der seinerzeit mögliche Grund war, hat sie nie erwähnt.

3 . Die Ausweisung

Herta wusste, dass Europa nicht mehr sicher war -:"I was permitted to work" bedeutete ja keine Bleibe. Und wirklich: 1936 wurde sie aus der Schweiz ausgewiesen. Die Abeitserlaubnis wurde nicht verlängert – auch nicht für jüdische Arzte.

Der Schutz einer Eheschließung mit einem Nichtjuden war nach dem 15. November 1935 nicht mehr verbürgt, ohne dass beide Partner in Gefahr gerieten. Die Nürnberger Gesetze verboten solche 'Blut- und Rassenschande' unter schwersten, meist KZ-Strafen. Es hätte für beide Menschen unwiderruflich das Exil bedeutet, falls sie überhaupt hinausgelangt wären, wahrscheinlicher war das Lager und das damit verbundene Ende.

Was in jenen Tagen im Burghölzli durchgesprochen und durchlitten wurde, bleibt nur zu denken.

Zu mittellos, um die Emigration direkt zu wagen, gelangte Herta 1936 zunächst zurück nach Berlin, wo inzwischen auch ihre älteste Schwester Betty mit ihrer Familie lebte. Es ist kaum anzunehmen, dass sie sich dorthin verfügte, der doppelten Gefahr wegen.

Wo sie untertauchte, ist nicht mehr zu sagen. Es darf nicht ausgeschlossen werden, dass Bonhoeffer eine Untertauchadresse für Herta war oder wusste. ' da es wohl keinem Zweifel unterliegt, dass er, wo er konnte, den jüdischen Kollegen half und bei stand. Man betrachtete das in der Familie als Selbst-verständlichkeit und sprach über die 'Fälle'[22], um nichts und niemanden preiszugeben.

Doch auch Berlin war nur ein letzter Brückenpfosten. Als am 12.März 1938 Österreich dem Hitlerdeutschland eingegliedert wurde, verließ Herta allein und überstürzt Europa, da sie auf der Queen Mary' einen Platz hatte erhalten können.

Herta, um 1935

Sie erreichte New York und hoffte von dort aus, dass sie, wenn sie so schnell wie möglich finanziell unabhängig werden würde, die Mutter und die Schwesterfamilie aus Breslau herüberholen könnte.

Auch H. Scheller wollte nachkommen, doch vereitelte der Kriegsausbruch - September 1939 - seine Emigration und so liefen beider Leben die zu ihnen gehörenden unterschiedlichen Wege und Wendungen.

Als Herta endlich 1943 naturalisiert war, alle Papiere geregelt und sie sich eine gesicherte Praxis aufgebaut hatte, war es jedoch für die Mutter und die Schwesterfamilie zu spät. Sie waren bereits deportiert und haben Auschwitz nicht überlebt.

4. Jungs Ideen und Hertas 'therapeutische Methode'

Im Laufe ihres Lebens haben Jungs Ideen und in tieferem Sinne seine Vorstellungswelt Herta stets erneute Entwicklungsmöglichkeit gegeben, beruflich, ethisch-moralisch und spirituell-menschlich. Herta war ein schöpferischer Mensch mit einem unglaublich schnellen Kombinationsvermögen. Sie übersah und wusste einzuordnen, wo andere gerade erst am Anfang eines Denkprozesses standen. Ihre Beobachtungsgabe war im Laufe der Ausbildung außergewöhnlich verfeinert und geschärft, wodurch ihr Urteil im ersten Augenblick wohl manchesmal hochmütig geschienen haben mag - im Nachhinein jedoch immer stimmte. Hertas größte Kreativität äusserte sich im Dialog.

Und also lag ihr sehr Jungs psychoanalytische Idee des Heilens, eine Vorstellung in dialektischer Form, Arzt und Patient sind im Moment der Therapie gleichberechtigte Partner, Gesprächspartner. Jung nennt selbst den 'Prüfstein jeder Analyse, die sich nicht mit einem teilweisen Erfolg zufrieden gibt oder erfolglos zum Stillstand kommt, (...) diese Mensch-zu-Mensch-Beziehung'. [61)c] (S. 146) Dies impliziert Wachstum auf beiden Seiten - Offenstehen auf beiden Seiten - Lernen auf beiden Seiten.

Herta gibt ein anschauliches Bild solcher menschlichen Relation, die genügend Distanz für beide 'Partner' lässt und doch letztlich von Vertrauen und menschlicher Wärme getragen wird. Dass derjenige, der 'hat', der Gebende zu sein hat, ist dabei so selbstverständlich wie dass die Sonne den Tag erhellt.

Eines Tages kam eine Frau mittleren Alters zu ihr. Sie war bereits bei verschiedenen Therapeuten gewesen, doch dort wegen ihrer Bösartigkeit gern so schnell wie möglich wieder entlassen, zu einem anderen Kollegen verwiesen worden. Denn sie entstammte einer der ersten Familien Amerikas und musste auf irgendeine Weise doch psychotherapeutisch zu behandeln sein. Sie war Sozialarbeiterin von Beruf, dabei lesbisch veranlagt. Sie war bereits einige Male bei Herta in Therapie gewesen, als ihre Geliebte sie verließ, trotz allem verließ. Da also die Therapeutin nicht imstande war, diesen Fortgang zu verhindern, sagte sie in der ersten Sitzung nach dem Liebes-echec höchst maliziös zu Herta: "I am going to commit suicide over the weekend, and I shall leave a note that you were my doctor and you will get into the newspaper and will be ruined for life".

Herta blickte sie ruhig erstaunt an und erwiderte: 'Listen, there must be a better way to express your hatred and revenge than to kill yourself. You are the worst enemy towards yourself. I shall recover whatever you try to do to me, and further more, it doesn't bother me, because there are a lot of psychiatrists who will testify that you have killed yourself to ruin me'.

Die Frau, der auf diese Weise noch niemals jemand geantwortet hatte, fragte ein wenig verunsichert: 'What am I to do?' Herta entgegnete mit ruhigem Blick: 'Listen, that is the big decision, and the big decision one never makes in a hurry. If you promise me that you will stay (...) in my kitchen (where no one will see you), when I am through, all about one o'clock, you will not have left: we shall have a cup of coffee and break some bread together and you can tell me everything you want to tell me. Everything, and if after we have broken some bread together, literally, you still feel that you want to kill yourself, then I feel that I am not my brother's or sister's keeper, but I have done what is humanly possible and I cannot prevent anyone's suicide. But you have to do what you have to do!' " [1]

Und so geschah es an dem Freitag. Sie brachen das Brot. Sie redeten. Die Frau verließ die Wohnung ohne weitere Mitteilung über ihr Tun, über ihr Wollen. Freitagabend rief sie bei Herta an und fragte, ob sie am Montag wiederkommen dürfe.

"So that I call unorthodox.

For a Freudian would not even have opened his mouth. A Jungian would have said, what was your last dream. But I thought, here I have a patient who may kill herself to take revenge on me. Totally unnecessary". [1]

Diese gänzlich praktisch eingestellte Haltung, die dem Augenblick das Problem entnimmt und von dort aus weiterhilft, war damals auch bis zu einem gewissen Grade Karen Horneys Grundgedanke bei der Änderung der psychotherapeutischen Behandlung.

Dass Herta mit einem Menschen, der sie in ihrer Existenz zu bedrohen sucht, das Brot bricht, um ihm so eine Brücke zu bauen zurück in die menschliche Gemeinschaft, zeugt von weiser Güte und von Hertas vortrefflichem diagnostischen Vermögen, das sie unmittelbar transformieren kann in die richtige Handelnsweise, in die entsprechenden Worte, die die Wunde exakt umreißen und aufzeigen, ohne weiter zu verletzen.

Für Herta gab es nur eine - recht unorthodoxe - 'Methode: '... that I am concerned about the patient's reality', [2] die Wirklichkeit des Patienten, seine ihn im Augenblick umgebende und innewohnende Realität. Solches dürfte in Erweiterung von Jung bei der Gedankenwelt von Abraham Maslow anschließen, bei seinen Studien und Überlegungen zur 'Kreativität bei selbstverwirklichenden Menschen' [67)a (S. 141)] oder bei Georg Groddeck. Es geht nicht um Mann, um Frau, es geht um den Menschen, wodurch jede Einteilung in 'Gruppen' überflüssig wird.

'Den Ausschlag gibt nicht mehr das ärztliche Diplom, sondern die menschliche Qualität'. [61)c (S. 80)]

Und so wird auch das, was früher medizinische Behandlungsmethode war, zur Selbsterziehung, wodurch sich der Horizont der Psychologie wie des Einzelnen 'plötzlich ins Ungeahnte' weitet. [61)c (S. 80)]

Hertas 'unorthodoxe Methode' basierte auf hochstehendem, fachlichen Wissen als Psychiaterin wie als Neurologin und nicht auf einem Glauben an irgendeine festumrissene Methode. Selbst einen Gedanken, wie C.G. Jung ihn einmal äußerte, dass nämlich die Methode nur der Weg und die Richtung sei, 'die einer einschlägt, wobei das Wie seines Handelns der getreue Ausdruck seines Wesens bleibt' [59)a (S. 110)] würde Herta nicht zu dem ihren machen. Denn trotz jahrelangem Bemühen, so untersuchte J. Frank, sei es nicht gelungen, "überzeugend nachzuweisen, dass eine bestimmte Therapiemethode gegen die meisten psychischen Leiden erfolgreicher wäre als irgendeine andere'. [45) (S. 21)]

Gedanken in ein für alle Zeiten passendes System zu zwingen [5] nähme der Realität des Lebens eines der wesentlichsten Merkmale: die Ver/Änderbarkeit. Dass man eine Therapie selbstverständlich methodisch aufbauen kann und sollte, meint nicht, dass man Intuition und Improvisation im menschlichen Umgang ausschließt, überhaupt ausschließen kann. Doch dass sich aus Fachwissen, persönlichen Voraussetzungen und 'gesundem Menschenverstand' eine nachfolgbare Methode ergeben müsse, sozusagen zwangsläufig, entbehrt jeder Logik. Umso mehr als eine Methode immer ein System ist, und wie dieses nur offen sein kann, solange die Methode nicht Selbstzweck wird.

Es bleibt ein Problem eigener, innerer Wachstumsmöglichkeit, ob eine Methode irgendwann erstarrt oder aber Hand in Hand geht mit jeder neuen menschlichen Beziehung. Im letzten Falle allerdings ist jede Methode so unorthodox wie der Mensch, der zur Analyse kommt und wie der Psychiater/Therapeut selbst.

Auf die Frage, ob ihr Blick auf die Analyse mehr von Jung oder von Freud geprägt sei, antwortete Herta: "With Freud l was through easily. I will have to do as long as I live private psychotherapeutic work. But I am going to collect from Freud, from Horney and mostly from Jung, what I find applicable in the treatment of patients as I see the patients, no matter of the theory then is no guaranteed cure and panacea for everything". [1]

Durchaus ähnlich lautete Jungs spätere Überlegung, niedergeschrieben in seinen 'Erinnerungen, Träumen, Gedanken': "Ich werde oft nach meiner psychotherapeutischen oder analytischen Methode gefragt. Darauf kann ich keine eindeutige Antwort geben. Die Therapie ist bei jedem Fall verschieden. Wenn mir ein Arzt sagt, dass er strikt die eine oder andere 'Methode befolge', so bezweifle ich den therapeutischen Effekt'. [60)a] (S. 136 f)

Sicher ist die individuelle Kreativität und Sensibilität des sich Einstellens auf den Patienten für jeden Psychiater/Psychotherapeuten, eigentlich für jeden, der beruflich mit Menschen umgeht, eine unabdingbare Notwendigkeit, will wirklich befreiende Heilung, befreiendes Bewusstwerden stattfinden.

'Allgemeingültige Regeln lassen sich nur cum grano salis aufstellen. Eine psychologische Wahrheit ist nur dann gültig, wenn man sie auch umkehren kann. [60)a] (5.137)

Unorthodoxes Denken auf der Basis eigener, hochstehender Entwicklung und Bildung, deren 'weiter' nie zu Ende geht, da sich wesentlich psychotherapeutische Arbeit auch für die zukünftige Lebensgestaltung des Patienten als kreativ erweisen sollte [59)a] (S. 104) - solche Gedanken äußerten die amerikanischen Psychiater/Psychotherapeuten A. Maslow, C.R. Rogers, Reik und Stack Sullivan ebenso wie ihre ehemals europäischen Kollegen E. Fried, B. Bettelheim und E. Fromm.

Kreativität ist die einzig mögliche Zukunft des Menschen.

'Die Wirksamkeit der Heilmittel hat Grenzen, die schöpferische Lebenskraft kennt keinev. (Yogänanda)

Sicher ist, dass Hertas innerer Art C.G. Jungs Gedankenwelt am meisten entsprochen haben muss, sein Hang zum Visuell-Bildlichen, zum Religiösen bis hin zum Okkultischen, Mystischen, sein Weg über Alchemie und Astrologie war ihrem Wesen nicht unbekannt, muss eine ähnliche Welt gewesen sein, ein ähnliches Echo vernommen haben.

Herta war eine starke Persönlichkeit, sehr ursprünglich und unmittelbar in der Begegnung. Otto Haendlers Worte über Jung dürften uneingeschränkt auf Herta anwendbar sein: '... nahm Menschen, Dinge und Gedanken auf mit seinem eigenen Sein, und eben darum in echter Begegnung. Dieses Aufnehmen war verbunden mit einer unmittelbaren Beeindruckbarkeit und einer tiefen Leidens-fähigkeit1, [zit. in 87] (S. 145)

C.G. Jung sagte ihr in einem Gespräch, das sie zu Beginn der fünfziger Jahre in Ascona führten, und auf das ich später näher eingehen werde, das Folgende: 'Ich möchte Ihnen etwas sagen, das Sie erfreuen oder erschrecken mag. Sie tragen eine Art Antenne mit sich, mit der Sie das auffangen, was um Sie herum vor sich geht. In ihren Patienten, in der großen Welt; dies ist bei Ihrer Arbeit mit Patienten ein Problem ... und ich kann nicht sagen, ob es ein Segen ist oder ein Fluch, denn Sie sind darin befangen, ob Sie's wollen oder nicht'. [2]

Auch C.G. Jungs aus Stein gemeißelte Inschrift über der Eintrittsschwelle seines Hauses in Küsnacht, die doch religiösen Charakter trägt und die manchen modernen Denker eher parapsychologisch anmutet denn analytisch psycho-logisch, hatte sie sich zur Devise gemacht.

'Vocatus atque non vocatus Deus aderit'. (Gerufen und nicht gerufen wird Gott da sein.) Es ist dies ein delphischer Orakelspruch und kennzeichnet als solcher Jung wie Herta gleichermaßen.

Ob Herta allerdings wie Jung hätte sagen können: 'Erst nach der Krankheit verstand ich, wie wichtig das JA-Sagen zum eigenen Schicksal ist. Denn auf diese Weise ist ein Ich da, das auch dann nicht versagt, wenn Unbegreifliches geschieht. Ein Ich, das aushält, das die Wahrheit erträgt, und das der Welt und dem Schicksal gewachsen ist', [60)a (S.301)] lässt sich nicht belegen. Aus der jüdischen Tradition heraus galt es ihr als unwiderlegbare Tatsache, dass Leiden und Konflikte zum Leben gehören, und dass sie nicht als 'Krankheit' angesehen werden dürfen, da sie 'die natürlichen Attribute jedes menschlichen Seins (sind), sie sind gleichsam der normale Gegenpol des Glückes. Nur wo ihnen der Mensch aus Schwäche, Feigheit oder Unverstand entfliehen will , entstehen Krankheit und Komplexe'. [59)a (S. 129)]

In jedem Reifungsprozess liegt eine Umwertung früherer Werte beschlossen. Und eben dieser Umwertung ist Leid, ist die Möglichkeit zum Konflikt inhärent. Nie wird daher eine Analyse imstande sein, den Menschen frei zu schaffen von Leid, Enttäuschung, persönlichen Konflikten. " ... there are so many important questions in life: accepting one's weak and light side is the most important requirement". [1)]

Hierbei sind subjektive Leidensfähigkeit und die Adaptation des Leidens keine passive Vorgänge, sondern brauchen die Aktivität, denn Leiden -und Konflikt-Akzeptieren schließt Revolte nicht aus. Revolte als Bewusstseins-Äußerung eines Menschen, der nicht bereit ist, sich gedankenlos anzupassen und der in diesem Reibungsprozess soviel Aktivität entwickelt, dass inneres Wachstum möglich wird, entsprechend dem menschlichen Organismus als solchem, der nachweislich nicht primär reaktiv, sondern aktiv angelegt ist.

Herta hinterließ von den frühen Stationen ihres Leidens kaum bis gar keine Notizen oder Bemerkungen. Erst im hohen Alter tritt ihre persönliche Mitteilung hierüber konkreter auf. Letztlich war das Leben selbst ihre Schule und ihr Lehrmeister. Auch im Positiven. Und als sie Jung um ein Treffen bat, schrieb sie über ihre Erfahrungen mit Freud´scher Analyse, die sie " ... persönlich unbefriedigt gelassen hat und vom theoretischen Standpunkt unüberwindbare Zweifel aufgerufen hat". [6)]

Wenn auch fast zwanzig Jahre nach Hertas Aufenthalt im Burghölzli dazwischenlagen, so sei hier das so ersehnte Treffen mit C.G. Jung eingefügt, zusammen mit den Eranos-Tagungen in Ascona, die sie von 1948 bis 1958 besuchte.

5. Die Begegnung mit C.G. Jung

Am 9. Februar 1947 schrieb Herta an Professor Jung und bat ihn, "wenn nur die geringste Möglichkeit dazu besteht", [6] mit ihm arbeiten zu dürfen. Sie habe bereits in New York mit einer seiner Schülerinnen, Dr. Leonore Fabisch, gearbeitet, einer überlegenen Psychotherapeutin mit einem großen Kreise von Anhängern. [15] In diesem Kreise sei sie tiefer in die Psychologie Jungs eingedrungen und habe ihr "Ahnen und Sehnen zum ersten Male eine Antwort gefunden". [6]

Leider musste Jung über seine Sekretärin absagen lassen, da er zu krank war, um überhaupt noch Schüler, ob Bekannte oder Fremde, zu empfangen. Er liess ihr Dr. Binswanger oder Dr. C.A. Meier empfehlen. Mit keinem der beiden nahm sie jedoch Kontakt auf, als sie 1948 erstmals wieder europäischen Boden betrat.

Wohl ging sie in Analyse bei einem Schüler Jungs in Zürich, doch bedrückte es sie, den Menschen, der all das, was ihr zunächst war, hatte denken und aufschreiben können, nicht sehen und persönlich kennenlernen zu können.

Das Geschick war ihr günstig. Und fast ließe sich sagen, das Unterbewusstsein half hier ebenfalls mit. 1952 hatte Herta einen wesentlichen Traum, einen, den sie selbst als important betrachtete.

"In the dream it was stated I went to Jung's residence and I took along with me a mattress and when the door was open, I said to the maid or to Jung's secretary: I am not going away, like Jacob said to the Angel, unless Jung blesses me". [2]

Es ist nicht Sache eines Biographen, Träume zu deuten, wohl aber lassen sich nähere Bezüge verdeutlichen. Herta kannte Jolande Jacobi, die seit 1927 ihre Ausbildung bei Jung erhalten hatte und bis zu seinem Tode 1961 zu seinen engsten Mitarbeitern gehörte, recht gut. Sie hatte sie mehrere Male besucht. Das Verhältnis zwischen ihnen dürfte freundlich-distanziert gewesen sein, da Hertas Lebenserfahrung immer gekoppelt blieb an sowohl intellektuelles, geistiges wie emotionales Erleben. Jolande Jacobi jedoch war nach Hertas Meinung "gut in der Popularisierung von Jung's Gedanken, aber ohne innere Erlebnisse, nur intellektuelle Konstruktionen. Übrigens stammt mein Eindruck nicht nur von meinen Impressionen, sondern war von Jung unterstützt". [5]

Jung bestätigte nach Hertas Worten folgendermaßen die Nur-Intellektualität der Jolande Jacobi: "Die Jacobi denkt, dass es mit der katholischen Taufe und mit Knien in Einsiedeln getan ist. Worum es wirklich geht, weiß sie nicht'. Und dann brach er in dröhnendes Lachen aus". [5] In jenen Tagen also, so fuhr sie in ihrem Brief fort, "hatte ich einen wichtigen Traum über sie (und mich), der mich zu einer Sitzung mit Jung geführt hat". [5]

Obgleich Herta nicht weiter auf innere Bezüge eingeht, dürfte der Name Jacobi nicht unerheblich sein, seine Abwandlung rief in jedem Falle doch den Traum auf den Plan, den Herta trotz aller Mitteilungen, dass Jung bereits "with one foot in the beyond" [2] stehe, in einem Brief an Jung sandte. Sie hatte nichts zu verlieren. Als kurzes Begleitwort zu dem Traum schrieb sie: "This is a dream I had. I leave it to you what to do with it". [2]

Die Sekretärin schrieb zurück, dass es bedauerlicherweise unmöglich sei, doch Jung empfange tatsächlich niemanden. Vor dem Sommerkurs in Ascona im Jahre 1952 fuhr sie in Urlaub nach Pontresina, in den Schweizer Alpen. Und eines guten Tages erhielt sie aus Zürich gleich drei Telefonate, von verschiedenen Schülern Jungs. "Jung had come to read my letter and he wants to see me". [2]

Zu jenem Zeitpunkte war Jung in Airolo, in der Südschweiz, er bereitete sich auf die alljährlichen Konferenzen vor, zu der sich allerlei große Namen der verschiedensten Gebiete einfanden, Theologen, Physiker, Biologen, Philosophen, Ärzte. Dieses allererste Treffen mit Jung beschrieb Herta mit dem Stolz und der Freude eines glücklichen Menschen:

"And after I was traced, Jung called me, he himself and said: 'I feel an obligation to see you after your dream. I could see you during the one week in Ascona, and I shall reserve as much time for you as is possible. 'I said: 'Professor Jung, I am in seventh heaven, because ... of course I 'll be there'. So I went and he saw me. And I am not saying it, because I want to say something about me, it's so typically Jung. He looked at me. He looked at me. Didn't say a word. So I thought, what have I done to preserve this silence. And then he said: 'And you have adjusted yourself to live in America? ' ". [2]

Sie entgegnete, dass ihr keine Wahl geblieben sei, damals. Doch als Jung interessiert fragte nach dem WIE?, meinte sie, die Zeit zwischen ihnen sei wohl konstruktiver zu nutzen, als darüber auszuweiten. Auf seine Frage, sie werde wohl einiges von ihm gelesen haben, erwiderte sie, dass sie so gut wie alle seine Werke kenne. Gewiss, meinte er, doch da sie seinen Seminaren, die nicht gedruckt seien, nicht beigewohnt habe, wolle er ihr an Hand von Beispielen etwas über seine Arbeit erzählen.

Carl Gustav Jung (1875-1961) in Ascona um 1952

"I am going to tell you two cases of my experience which will give you an idea of who and what I am".

Beide Beispiele seien hier angeführt, um Jungs praktische Art im Umgang mit Patienten zu verdeutlichen. Andererseits lag seinem Denken eine breitere, nicht nur Träume, Trauminhalte und Traumanalysen umfassende Haltung zugrunde, die den gesamten, moralischen wie geistig-religiösen Menschen meinte. Aus der Erinnerung heraus berichtet Herta die beiden Fälle Jungs, wie er sie ihr beschrieb.

"I had an academician, a very famous one, from the fields of physics. He came to me for consultation and told me that he had studied with a Freudian analyst for 7 or 8 years. He knows everything is to know about analysis, but he still has his symptoms and there is nothing that he can do about it ...'

So Jung began to ask some questions: 'I imagine you have a position atthe university? '

'Yes'.

'How do you live, are you married?'

'No'.

'Do you have children?'

'No'.

'Do you have a hobby? How do you live? I would like to know something about you aside from your knowledge of our Freud's analysis'.

So the man said, he was supported, is being supported still at that time by a woman, ten years older than himself. And behind her back he had every night another boy-friend and still lives on the money of this woman.

And Jung, so he told me, looked at him and he said: 'Listen, I as a doctor, have not a right, any right to talk to you in moral terms, but I must ask you the question: 'How do you dare sitting in front of me? Don't you feel in hell and ashamed of yourself to live the way you have described to me you live? '

And the man said: 'What's so wrong about it? She is so glad to have me!' Jung answered: 'You go horne, and if and when you begin to feel there is something wrong in you accepting this woman's money, then you may come back'". [2)]

Ganz ohne Zweifel Ist der persönliche, hohe moralische Maßstab eines Therapeuten ein Kriterium seiner 'Methode' wie seiner inneren kultivierten Menschlichkeit, seiner Art der Begegnung. Wie eingangs schon erwähnt, ist ein kultiviertes, ethisch wie moralisch hochstehendes Bewusst/Sein Ausgangsbasis für Hertas Denken und Handeln gewesen. So schrieb sie anlässlich eines Artikels im 'Newsweek Magazine' vom Oktober 1982, in dem über die Zunahme von Werken in Malerei und Skulptur berichtet wird, die sich mit dem Satan beschäftigen, folgendes:

"Die seit Jahrzehnten zunehmende Amoralität der Völker, des Einzelnen mit allen katastrophalen Folgen, die wir erleben, hat zu einer Ablehnung oder Verdeckung des Bösen im Einzelnen geführt mit der fast automatischen Folgerung, dass das Existierende und nicht Angenommene nach außen projeziert wird, damit die nagende Furcht in frei-floatierende Angst umgewandelt wird, wobei man der moralisch-bindenden Verpflichtung entgeht und sie ersetzt durch Hilflosigkeit und Resignation". [5]

Folgen wir hier kurz C.G. Jungs späten Gedanken (aus den fünziger Jahren), der meint, dass das Böse bestimmende Wirklichkeit geworden ist, dass es 'nicht mehr durch Umbenennung aus der Welt geschafft werden' kann, [60)a (S. 331)], so treffen wir hier auf ein Problem, das ich gern mit Jungs eigenen Worten 'psychologisch objektiv' bezeichnen möchte, da es einem kollektiv vorhandenen dynamischen 'pattern' entspringt [60) (S.355)]. Das echte Problem des Menschen wird dann der Unterschied zwischen dem 'paradiesischen Zustande' des Unbewussten, in dem man "den Unterschied zwischen Recht und Unrecht nicht kennt und daher nie vor eine Wahl gestellt ist und eine Entscheidung treffen muss," [5] und dem Bewusst/Sein. Der bewusst-werdende Mensch wie der bewusst-seiende ist prozessual nicht mehr rückgängig zu machen, auch wenn sich Marcel Proust auf die Suche nach jenem 'Verlorenen Zeitraum' begab, nicht in der Hoffnung, ihn beschreibend zu betrachten, sondern ihn erneut betreten zu können über das Wort.

Der bewusste Mensch, der den Prozess des Erkennens und Unterscheidens durchläuft und durchlief, ist als Zustand wie als biologischer Fakt nicht mehr rückgängig zu machen, "so sehr die Mehrzahl der Menschen es sich wünscht und sogar oft danach lebt. Mit dem Bewusstsein ist Sinn geschaffen und die Möglichkeit der Erkenntnis der Wahrheit. Was man mit der Erkenntnis der Wahrheit tut, ist immer wieder ein qualvoller, schicksalgeladener Aufgaben-komplex". [25]

Hier trennen sich die Auffassungen Jungs und Hertas in subtiler Weise. Was Herta als einen Aufgabenkomplex ansieht, als eine Fülle von Lösungsmöglichkeiten, die man aktiv durch Handeln zu bewältigen versuchen muss, um nicht in ständigen Konflikt mit sich oder über sich mit anderen zu geraten, sieht Jung als Temperamentssache, als ein Gegebenes, dem ein Passivum innewohnt.

'Die Welt, in die wir hineingeboren werden, ist roh und grausam und zugleich von göttlicher Schönheit. Es ist Temperamentssache zu glauben, was überwiegt: die Sinnlosigkeit oder der Sinn'. [60] (S. 360)

Es ist müßig, über diese Art von Sinn und Sinnlosigkeit zu reden, es sind aus dem Christentum überkommene Begriffe.

Leben hat immer 'Sinn'. ES IST. Und aus diesem DA/SEIN ergeben sich zwangsläufig immer Konsequenzen, je bewusster, desto mensch-bezogener. Dies innerhalb einer Menschengesellschaft inmitten aller Natur-Gegebenheiten, aller Artefakte und technischen Errungenschaften so zu gestalten, dass dem Anderen optimal wenig Leid zugefügt wird – das ist ein Aufgabenkomplex, der Kenntnis erfordert, Bewusstheit, Hineinhorchen und -sehen und Intuition nebst einer steten Bereitschaft, lernen zu wollen. Dann wird jedenfalls für die nach uns kommenden Generationen die Welt, in die sie hineingeboren werden, weder roh noch grausam sein noch von göttlicher Schönheit - schön wird sie immer sein, zeitweilig. Und elend auch, zeitweilig.

Es ist dem Menschen eigen, durch Bewusst/Sein und Intuition, durch Emotion und Intellekt zu 'wissen', ohne dass dadurch dem Zauber der Duft genommen würde. Es wird immer Geheimnisse geben, auch wenn wir längst erkannten, wie die gesamte Welt nebst Kosmos zusammenhängt, wenn wir bei dem Begriff 'Liebe' in chemischen und hormonalen-neuronalen Verbindungen denken, dann noch frappiert die Tatsache, dass alles ist, wie es ist. Alle logischen und a-logischen Erklärungen nehmen dem Sein nicht den Sinn und fügen auch nichts hinzu. Das SEIN ist keine Hypothese. Nur das Wie-Sein, das So-Sein, das Dort-Sein oder Hier-Sein wird zu einer solchen.

Der zweite Fall, den Jung der Herta beschrieb, hat weniger moralischen als wohl rein-menschlichen Charakter. Ein hochentwickelter Mann hatte sich bei Jung angemeldet und betrat das Zimmer. Er war "in elated mood and said: 'Dr. Jung, I seem to be one of the chosen one's'.

Jung answered: 'Are you really? I don't know anyone'.

The patient said: 'I had a dream. where I was on the cross and I flyed off the cross'.

So Jung said to the man: 'I must tell you, I was never so sad and worried in my life, contrary to your elation, because it seems to me that you are in a state of personal inflation, where you need to come down to the bottom, to recognize that you are an ordinary human being. And in case you don't know: Underneath the crucifiction there is a word that describes human kind, which is: Ecce homo! This is man! And until and unless you have learnt that being man, being one of human kind, one is nailed to the cross for ever. One can't fly away' ". [2]

Sie war glücklich, von Jung selbst gehört zu haben, welcher Art für ihn das menschliche Wesen, der Mensch ist. Jung fuhr dann fort, ihr, die doch jahrelang schon anderen half und geholfen hatte, seine Gedanken bezüglich des Verhältnisses Arzt - Patient zu unterbreiten.

"You may or may not have learnt that the first condition of your working with patients is, that you without disgust have to accept them as they are - not as they want to be seen. And that presupposes that you accept yourself as you are: black and white ... If and when you feel", so erklärte er ihr in subtiler Bildsprache, "you have to go deeper into yourself, do it voluntary, because figurativly speaking, if you do it voluntary, you can take a candle along when you go to the basements ... and do not wait until you are pushed into going, then you will break your legs' ". [2]

Es geht im echt Jung'schen Sinne um den 'partnerischen Bezug', zu allererst zu sich selbst in aktiver Erkenntnisarbeit, Bewusstwerdung durch Erfahrung. Dass es wirklich bei Jung nur um eine 'resolut introspektive Zielsetzung' gehe, wie Hans Trüb es meint, [87] da Jung die menschliche Psyche als eine in sich geschlossene Einheit sieht, deren Gesundung in ihrem Ganz/Werden liegt, eine Zielsetzung,'... die den zwischenmenschlichen Bezug zwar nicht als Notwendigkeit leugnet, ihm jedoch offensichtlich eine relativ geringere Beachtung schenkt' [87] (S.125) wage ich zu bezweifeln, gewiss an Hand der oben erzählten Beispiele.

Dass Jung allerdings den rein individuellen Dialog der Partner höher einschätzt und im Rahmen der Gesundung des Individuums wesentlicher erachtet als den sozialbezogenen, liegt in der Zeit selbst wie in der Denkart Jungs begründet. Sein Alterswerk 'Die Psychologie der Übertragung', 1946, beweist dies. Jung war wohl mehr menschlicher Forscher denn Therapeut.

Dennoch, gerade um dieses Forschens willen konnte Herta sich so begeistern für Jung, für seine Ideen, und sich im Laufe der Zeit, der politischen, sozialen und welt-verändernden Entwicklungen auch wieder von ihm abwenden, nur das beibehaltend, was ihr selbst weiterführenden Wert zu besitzen schien.

In seinen Spätwerken hat Jung sehr ausdrücklich Verantwortung und Aufgabe der Kultur, der Zukunft dem Einzelnen, dem Individuum zugeordnet, doch innerhalb des Kollektiven, 'denn jede Kollektivität, indem sie zugleich auch die Summe ihrer Einzelglieder darstellt, trägt den Stempel der seelischen Verfassung dieser Einzelnen'. [61]

Daher denke ich, dass der 'Archetypus'-Begriff die wissenschaftlich weitestreichende Struktur bezeichnet, die in der chemo/bio/psychologischen Erkenntniswelt exakte Vorstellungen meint. Er ist ein evolutiver Begriff und meint evolutive Dynamik - von menschlicher Warte aus gesehen.

Hertas Engagement ging immer wieder und stets mehr aus von dem Einzelnen innerhalb der Gesellschaft, die ihn ebenso bestimmt und trägt wie er seinerseits einen Beitrag zu positiver Veränderung bringen kann. Es gilt, das kreative Vermögen des Einzelnen, unabhängig von gesund oder krank, derart zu entwickeln, dass es dem Individuum möglich ist, erkennende Distanz zu schaffen zwischen Kollektivum und Individuum einerseits, zwischen Ich und Selbst andererseits. Dass dies ein Bewusstseinsprozess ist, wird längst deutlich sein, denn je grösser das Vermögen, verantwortlich zu sein für das eigene Tun, desto gesünder wird in ihrem Wesenskern die Gesellschaft auf Grund des sich verantwortlich fühlenden und sich so benehmenden Individuums. 'Masse als solche ist stets anonym und unverantwortlich'. [61]g (S. 122)

Wie Jung meint Herta, dass das Individuum den Interessen der Gesellschaft nicht unterzuordnen sei, dass aber ohne Gemeinschaft, ohne Sozietät, 'auch das in sich begründete und selbständige Individuum auf die Dauer nicht gedeihen' kann. (S. 61)c (S. 115)

"Meine Auffassung: Kollektiv und Ich schließen sich nicht aus. Das Ich ist im Kollektiv enthalten und nur in einem schöpferischen Akt befreibar, ohne aber vollständig herausgelöst zu werden". [5]

Dass diese Auffassung zu einer politisch aktiveren Rolle hätte führen können, ist kaum verwunderlich. Tatsächlich setzte sie sich in späteren Jahren gern und leidenschaftlich für rechtspositionale Fragen und Probleme ein - die 'große Politik' hatte zwar ihr unentwegtes Interesse, doch war Herta illusionslos in bezug auf ihren eigenen Einsatz. Ihre Kraft lag im Mensch als Einzelwesen, nicht in 'Massenpsychologie'.

Dass in der psychiatrischen Arbeit verschiedenste Gedanken und Richtungen zusammenkommen wie ja auch aus ihr sich verschiedenste Richtungen und Gedanken entwickeln, entspricht der evolutiven Dynamik des Bewusst-werdensprozesses, der durch Freud, Jung, Horney, Sullivan, Maslow und andere erheblich verschnellt wurde.

Jung selbst setzte sich beispielsweise während seines Lebens mit sehr unterschiedlichen Disziplinen auseinander, mit deren bekanntesten Vertretern er tiefenpsychologischen Problemen nachging. So mit Karl Kereny (Literatur und Mythos), mit Wilhelm Pauli (Physik) und Richard Wilhelm (Sinologie) und im Rahmen der ERANOS-Tagungen in Ascona (von 1933 bis 1951 nahm er aktiv daran teil) außerdem mit Biologie, Philosophie und Religion.

6. Die ERANOS - Tagungen - 1958

Ein klangvoller Begriff, wie zusammengezogen aus Uranos und Erde, doch meint Eranos jenes Festmahl in der Odyssee, zu der jeder seine eigenen Anteile mitbringt (nach Karl Kerény in 'DU', Schweiz. Monatszeitschrift vom April 1955). Und so wie bei wahrem Genuss alles Laute verstummt, so sind die Eranos-Tagungen 'ein Werk der Stille. Sie werden von Einzelnen getragen, die, jeder für sich, ihr Feld bebauen, aber voneinander wissen und in dieser Gewissheit neue Kraft finden'. [72]

Im Wesentlichen waren/sind es geistig-religiöse Treffen von Ost und West, mit morgendlichen, gut fundierten Vorträgen, jeder etwa zweimal 50 Minuten lang. Nachmittags folgte dann meistens eine relativ kurze Diskussion. So berichtete eine frühere Teilnehmerin.

Ziel dieses 'Treffens war und ist ein doppeltes: einmal 'von allen Seiten zu jenen Quellen hinzuführen, aus denen wir das wahre Wasser des Lebens empfangen dürfen, um es in unserem eigenen Tun zum schöpferischen Wirken zu bringen', [72] andererseits: die Ganzheit jedes Individuums zu erkennen, das sich in Relation zwischen qualitativen Zeiten und Zeichen bewegt.

Jungs Vorstellung, dass alle Aussagen, die überhaupt nur erdenkbar sind, von der Psyche gedacht werden, [60] (S.352) führt unweigerlich zu breitesten – lebens-langen – Studien, über Diagnose, Analyse, Alchemie und Religion, über

Biologie und Mathematik hin zu einem Kollektiv/Urgrund. Dabei ist es nicht mehr primär wesentlich, ob Psyche materiell gebunden oder ob sie ein dynamischer Prozess ist. Über die Re/Aktionen und das Feld der Beeinflussbarkeit versuchte Jung stets tiefer in das Wesen der Psyche einzudringen, ohne es je in einer Definition festzulegen oder legen zu können.

'Zur eigentlichen Selbsterkenntnis zu gelangen - zum Erkennen seiner Seele' [60)a] meint weitaus mehr als eine rationale Definition, denn wo Seele = Selbst gesetzt wird, ergibt sich eine äußerste Engführung innerhalb des Menschen, des Individuums selbst, die immer über das bewusste Denken wird laufen müssen. Ein 'Fühlen', wie exakt auch gefühlt, bleibt unterhalb der Erkenntnis. "Intuition is nothing unless it gets proved" [3)] sagte Herta.

'Die Psyche', so konstatierte Jung jedoch, 'kann keine absoluten Wahrheiten statuieren; denn die ihr eigene Polarität bedingt die Relativität ihrer Aussage (...) In ihrer Einseitigkeit zersetzt die Psyche sich selber und verliert die Fähigkeit zu erkennen. Sie wird zu einem unreflektierten (weil nicht reflektierbaren) Ablauf psychischer Zustände, ...' [60)a (S.353)]

Daher die Mannigfaltigkeit der Antworten auf Jung, und Jungs selber auf die eigene Psyche -

daher der Kreis großer internationaler Wissenschaftler, Denker und Forscher, eine Sym/phonie 'deren Darbietung alljährlich immer wieder in voller und tiefer Klangfülle wiederholt wird - '[72)] in den Eranos-Tagungen. Betrachtet man die Themen jener Jahre 1947 bis 1958, so formen sie ein einziges, großes Mosaik: der bewusstwerdende MENSCH.

1947/48 - Der Mensch, 1. und 2. Folge

1949 - Der Mensch und die mythische Welt

1950 - Mensch und Ritus

1951 - Mensch und Zeit

1952 - Mensch und Energie

1953 - Mensch und Erde

1954 - Mensch und Wandlung

1955 - Der Mensch und die Sympathie aller Dinge

1956 - Der Mensch und das Schöpferische

1957 - Mensch und Sinn

1958 - Mensch und Frieden.

In jenen Jahren 1947/8 bis 1958 waren sehr berühmte Sprecher anwesend, etwa: Erich Neumann und Gershom Scholem aus Israel, Friedrich Dessauer und Karl Rahner aus Deutschland, Mircea Eliade aus Frankreich, Karl Kereny aus der Schweiz wie auch Adolf Portmann, Paul Tillich, Daisetz T. Suzuki, Chung-Yuan Chang und Herbert Schneider aus New York, USA und natürlich C.G. Jung selbst.

Carl Gustav Jung im Jahre 1952

Zen-Buddhismus und Taoismus kamen ebenso zur Sprache wie die Synchronizitätsidee, die Vorstellung des Golem und die Kabbala ebenso wie die mythische Welt, die archetypische Welt: Theologie stand neben Kunst, Zeit und kosmische Heimat neben dem Naturforschenden, Biologie neben Glauben -. Jeder Teilnehmer lauschte und nahm auf aus/mit seiner ganz persönlichen Erlebnisqualität, mit größter Offenheit für alles Gebotene - denn wahrlich, es ist sehr schwer, so nicht unmöglich, die wirkliche Natur des Objektes wie auch der Psyche zu erkennen, 'namentlich dort, wo das Organ der Wahrnehmungen versagt oder gar fehlt, und wo passende Denkformen nicht vorhanden sind, beziehungsweise erst noch erschaffen werden müssen'. [60)a] (S.353/354)

Unter den Teilnehmern traf Herta auch ihren Studienfreund aus Berlin wieder, Heinrich Scheller; er war 1947 gerade ordentlicher Professor in Erlangen geworden und sollte ab 1951 Professor der Neurologie und Psychiatrie in Würzburg sein. Man traf sich von da ab jährlich zu den Tagungen.

Jungs letzter Eranos-Vortrag über die Synchronizität "Synchronizität als ein Prinzip akausaler Zusammenhänge' im Jahre 1951 hatte tiefen Eindruck auf Herta gemacht. (Wiewohl sie nach 1952 den Vortrag nie mehr gelesen hatte, erinnerte sie sich in einem Briefe 1979 noch ohne Fehl an Titel, Inhalt und Beispiele. "Der Artikel von Jung hat mich immer sehr beeindruckt, er beschreibt an vielen theoretischen und praktischen Beispielen die durchgewebte, oft nicht trennbare Beziehung zwischen äußerem Geschehen und innerem, unbewusstem Erleben". [5)]

Hier in diesem weiten Feld öffneten sich Herta auch die Pforten hin zur Astrologie - auf der Suche nach einer verstehbaren Form jener Welt, die uns nach dem Leben, darüber hinaus und darunter umgibt. Wenn Jung meint, dass er sich die Existenz im Jenseits vorstellt 'als ein Fortschreiten in der Bilderwelt', nimmt es kaum Wunder, dass er folgerichtig zu konkludieren glaubt, wenn er sagt: 'So könnte die Psyche jene Existenz sein, in der sich das 'Jenseits' oder das 'Totenland' befindet. Das Unbewusste und das 'Totenland' sind in dieser Hinsicht Synonyme'. [60)a] (S. 322).

Denn dass uns Kräfte und Stoffe, Energien und Dynamismen beeinflussen, deren Erkennen uns ebenso unmöglich ist wie den Beweis einer Gottesexistenz zu liefern, liegt nicht nur in der Materie, die wir sind, sondern vor allem in der Distanz zu sich selbst.

Während der ERANOS-Tagungen 1955/1957

Links: Erich Neumann   Rechts: Heinrich Scheller

sondern vor allem in der Distanz zu uns selbst.

Der Bewußtwerdensprozess ist wie der Prozess von Visionen ein Abstand-Schaffen, auf höchst beschränkter Basis, wodurch dem suchenden 'Auge' in entsprechender Entfernung Erkenntnis möglich wird. Vielleicht ist der Tod die notwendige Entfernung, die wir alle durchwandern müssen, um zur wirklichen Erkenntnis unserer einstigen Individualität zu gelangen. Nun - die Eranos-Tagungen ermöglichten manche Transparenzen. Wie sagte Suzuki: 'Was die fühlenden Wesen anlangt, so sind sie hilflos, weil ihr Dasein begrenzt ist, karma-gebunden, völlig an die Bedingungen von Raum, Zeit und Kausalität geknüpft. Solange sie diesem Zustand der Beschränkung verhaftet sind, können sie durch sich selbst niemals Nirwana oder Erleuchtung erlangen. Diese Unfähigkeit liegt in der Natur unserer Existenz'. [85] (S.141)

Um nicht in das andere, östliche, Extrem zu verfallen, mag die Astrologie eine Art Brückenfunktion innerhalb des menschlichen Suchens erfüllen. Je intensiver ein Mensch ins Denken geraten ist, desto heftiger stellen sich Widersprüche ein, und zwar, wie Suzuki zurecht bemerkt, 'im Bereich des Willens (...) und behaupten sich dort. Greift man uns aber von dieser Seite aus an, so spüren wir den Zweifel am stärksten, wie einen eindringenden Pfeil'.

Lösung kann nicht mehr abstrakt sein, will der Mensch nicht an den Rand des Zusammenbruchs gebracht werden, will er zu innerer Harmonie gelangen, dann überkommt einen die Lösung 'als ein ganz konkreter persönlicher Appell. Die Lösung muss sich auf dem Wege über die Erfahrung einstellen. Wir lassen dann alle Widersprüche hinter uns, in die uns das Denken gestellt hat, denn wir müssen auf praktische Weise mit dem Leben in Einklang kommen'. [85] (S.130)

Die Astrologie bietet genügend Festigkeit in der Analogie der Positionen, in der Divergenz und zugleich jene Öffnung, die Individualität und geistige Harmonie ermöglicht.

In jenen Ascona-Jahren wurde das persönliche Leben Hertas, das gewiss sehr anwesend und lebhaft pulsierend da war, stets eindeutiger dem geistigen Leben untergeordnet.

Man spricht vom Prozess der Verinnerlichung, doch meint nicht gerade er eine Ent/Persönlichung im Sinne des sich Übersteigens? Auf dem Weg zur Reife, zur Weisheit?

Und ist Weisheit nicht höchste Übereinstimmung von Verinnern und Veräußern?

Nach 1958 besuchte Herta die Tagungen nicht mehr. Sie hatte in sich selbst eine Bewusstseinsstufe erreicht, über die sie allein weiter zu einem, ihrem, inneren Frieden gelangen konnte. Wohl nahm sie in dieser Zeit Kontakt mit Jungs Tochter Gret auf, die sich mit Astrologie wesentlich beschäftigte. Sporadische Treffen. Orientierungspunkte.

Die alltägliche Berufspraxis erforderte exakteres, kausales, medizinisches Denken, wodurch illusionäre Spekulationen im menschlichen Umgang wirksam beschränkt werden konnten.

IV. NEW YORK (1938 – 1984)

'Für mich ist Deutschland die
Muttersprache, die Philosophie
Dichtung. '

Hannah Arendt

'The social worker who took care of me at
the Council of Jewish Woman said to me:
'Germany´s loss, America´s gain'. It was
very reassuring for me.'

Herta Seidemann

Europa - Amerika

Herta um 1930, 1940, 1955 und 1975

1. Drei Wunder

Als Herta im März 1938 amerikanischen Boden betrat, hatte sie zwei Dollar fünfzig bei sich, einen Handkoffer und ein Besucher-Visum, das ihr das Recht gab, einen Monat im Lande zu bleiben.

"If you come on a visitor's visa to the U.S.," so erzählte sie in ruhigem, doch lebhaft-engagierten Ton, "you either have to go back or leave the country and enter from an American Embassy in Cuba, Canada or something like it, with a permanent visa. I had to take the language examination, was preparing for the state boards, and later the speciality boards in neurology and psychiatry. In order to get in as a permanent resident one had to have a sponsor, who swore in an affidavit that no welfare department, nothing in the United States will be burdened. If I became dependent on assistance, the sponsor would have to

take care of me". [1]

Im August hatte Herta die Papiere für die eidesstattliche Erklärung. Der Rat Jüdischer Frauen verbürgte sich für sie. Doch musste sie erst nach Cuba ausreisen, um über das dortige amerikanische Konsulat ein Dauervisum zu erhalten.

"The German quota was filled and I was told I should take all my books along because I shall have to wait two years until I can get admitted to the U.S. with a permanent visa". [1]

Mit einem kleinen Schmunzeln fuhr sie dann fort, so als sei alles nur ein lustiger Vorfall gewesen, doch verrät gerade die Einfachheit der Wortwahl den ungeheueren Ernst der Situation.

"I thought, whatever happened, I am going to go to the American consulate every day, and perhaps one day they will get tired of seeing me. I came to Cuba on Monday. I went Tuesday to make an application. Wednesday I started my routine of sitting there. The secretary came to me and whispered in my ear, "This gentleman just passing you is the consul'. He didn't go all the way to his office, but came back and said to me: 'Why do you look so sad? '

And I said: 'It's a long story'.

And he said: 'Is there anything I can do for you?'

I told him: 'There is a two years' waiting period for the German quota. I have the Council of Jewish Women to support me and have all my books to study here'. I knew enough English to know that 'What can I do for you?' doesn't mean anything, but I said to him: 'You could do one thing for me, if you wanted to'.

He said: 'What's it? ... Is it getting the visa?'

He pressed the button for his secretary and he said: 'This lady has got to get her visa today. If you have to keep the consulate open until 11 o'clock at night, I don't care. She is not going to leave this building without the visa'.

And I said: 'That is wonderful, I don't know how to thank you. But I wouldn't know how to get back to New York, I have no money, I have no reservations, I couldn't go by bus or train or anything'.

He answered: 'Never mind, I provide the ticket for you. Whatever I can get for Thursday and you will be back in New York Thursday'.

Und mit einem leisen triumphierenden Lächeln sagt sie: Ich wir am Donnerstag wieder in New York!

Unverzüglich begab sie sich zum Rat Jüdischer Frauen, das Visum in der Tasche. Die Sozialarbeiterin jedoch rief: 'It's not you, it's a ghost! because it is absolutely impossible'.

Worauf Herta trocken entgegnete: 'Doch sehen Sie mich hier leibhaftig und wirklich!'

Nun aber benötigte sie noch die sogenannten 'first papers', die ihr die Immigration bescheinigten. Die 'second papers' erhielt man nach fünf Jahren; damit war man zum Amerikaner naturalisiert. Die Sozialarbeiterin zweifelte, ob Herta ein abermaliger Erfolg in den Schoss fiele.

"I hope you are as miraculously succesful as you have been so far, in order to take the state boards, you have to have the first papers and that usually takes 6-8 months'.

I said: 'Where is the place?'

'... the Southern District Court of New York, way down-town'.

I asked: 'Could go there in person?'

She said: 'You could try, but doubt very much that you would achieve anything'.

Herta wusste sich jedoch getragen von einer Welle des Glückes.

"Friday I went to the Southern District Court of New York and I saw about 40 people, some of them younger, middle-aged, older, some of them

gentlemen working there.

I figured out: Don't go to a woman, you will be out of luck; don't go to a young or middle-aged gentleman, but go to a fatherly type, older gentleman. If there is anything that can be done, he will be sympathetic and he might do something. So, I looked over the desk and went to the man who I thought would be the right one". [1]

Sie berichtete ihm ihre Sachlage. Es war August. Und im September waren die Arztexamen geplant. Sie brauchte die Immigrationspapiere, um daran teilnehmen zu können. Und was sich dann ereignete, klingt, wie ja schon das Geschehen in Cuba, recht wie ein Märchen.

"He said: 'Look at me, I promise you under oath that you are going to have your first papers a week from today. If you are not going to get them, come here, and you will get them by the Monday after that'.

I said: 'How can I thank you, I don't know what to say?'

He said: 'I tell you something: Thank me by becoming a good physician'.

I said, I would try my best, that is all I can say ..." [1]

Dass sie tatsächlich über zwei Wunder in Amerika Fuß fassen konnte, berührte sie noch nach 45 Jahren ebenso tief wie in jenen ersten Monaten in den Staaten.

"No one has to believe me except that I fell in with two miracles. It made me feel like I was walking on clouds, because I felt, in spite of Hitler, in spite of having to start from the beginning with the language examinations, something like a fate is on my side. I can't chicken out. I have got to do more than my utmost to get on my feet". [1]

Die Examen begannen. Sie bestand, ohne einen einzigen Tag zu überschlagen, ohne Wiederholung. Auch hier ereignete sich das Unglaubliche, das dritte Wunder, wie sie es zu nennen pflegte. Damals gab es noch keine Computer, die die Examen durchsahen. Damals wurden die Examen noch von einem Examinator gelesen, und man musste insgesamt 75 Punkte erreichen, wollte man bestehen. Hatte man unter 75 Punkte, musste man das Examen wiederholen, doch das war nur in zwei Fächern zugleich möglich. Hatte man das Pech, weniger als 75 Punkte in drei Fächern zu erreichen, war man ein ganzes Jahr zurückgestellt.

Ihr Thema war 'ragweed', eine Pflanze, die Heuschnupfen verursacht - vergleichbar unserem Kreuzkraut oder Johanniskraut.

"The question was asked: How do you treat allergy and inflammatory reaction from ragweed.

I had no idea. I had to put something on paper, but I didn't know what".

Und hier erwies sich wieder einmal Hertas erfrischende Geistesgegenwart, noch nach Jahren , wenn sie's erzählte, amüsierte sie das Ganze. Der Gedanke, das Examen nicht zu schaffen, erhöhte ihre spirituelle Präsenz, und sie schrieb mit der ihr so ganz eigenen scheuen Bravour: "l don't know the answer to the question, but I would think that much more important than treating the condition is to use preventive measures before the reaction starts. By doing so, you wouldn't take any chances. I got a letter from Albany (der Hauptstadt des Staates New York). Although I didn't answer the question, they found the answer so sensible, they passed me". [1]

2. Lexington Avenue

Herta konnte endlich aufatmen. Ein erster fester Boden war erreicht.

Oktober 1938.

Sie mietete ein kleines 1-Zimmer-Appartement in der Innenstadt von New York, mit Unterstützung des Rates Jüdischer Frauen. Es war beim Kreuzpunkt der 120 East 89th Street und Lexington Avenue, etwa vier Häuserblocks von ihrer späteren, definitiven Wohnung entfernt. Am Westende dieser 120 East Street, zum Central Park hingewandt also, wurde 1951- 1959 das berühmte Solomon R. Guggenheim-Museum gebaut.

1939 zog sie um in die Lexington Avenue.

Diese Avenue, zwischen Park- und Second Avenue mitten in Manhattan gelegen, ist eine große, breite, baumlose Straße mit Bus- und U-Bahnver-bindungen. Sie ist äusserst verkehrsreich, geschäftlich sehr rege, und ist Wohn- und Geschäftsviertel in einem. Die Häuser, nicht übermäßig hoch, etwa 10 Etagen, hatten und haben auch heute noch auf Straßenniveau meistens

Geschäfte, Restaurants, Drugstores, Lebensmittelgeschäfte, Bäckereien, im ersten Stock waren meistens Büros eingerichtet. Hertas erste Wohnung lag im 7. Stock. Von dort hatte man eine gute Aussicht auf die angrenzenden Gebäude, über die Avenue und den regen Verkehr hin zur anderen Seite. Die Wohnung selbst war hell und geräumig; eine kurze Zeit teilte Herta sie sogar noch mit der Freundin Lotte. Im Frühjahr 1939 zog sie um in die Nummer 1349. Dort hatte sie eine 3-Zimmer-Wohnung im 10. Stockwerk.

'Having been in her home on numerous occasions it is best described as modest and unpretentious. Physically it consisted of 2 bedrooms, a large livingroom, kitchen and dining area. One bedroom and dining area were utilized in Dr. Seidemann's medical profession. The furniture was aged and pragmatic. For instance a selfcontained air-conditioning unit (of commercial size) was installed to cool and heat the apartment (in addition to the building source of energy). [20] So beschreibt einer ihrer Besucher ihr Appartement. Sie schaffte sich das Notwendigste, dabei jedoch qualitativ sehr gut, an, so dass sie nicht viel zu erneuern brauchte im Leben. 'Radio's, television (black-white) and phonograph were early models. Dr. Seidemann spent little of her worth upon herself, neither for clothing, juwelry or furnishings'. [20]

In aller Einfachheit war die Wohnung dennoch eingerichtet 'in a European manner with many books and many memorabia that were important to her'. [14] In den frühen vierziger Jahren wird es kaum anders gewesen sein als in den achtzigern. 'It was a very lovely, bright and airy apartment with many windows, (...) There was one complete bathroom'. [10] so sah die langjährige Nachbarin Hertas Wohnung.

Was auffiel, war ihre stets unverschlossene Tür.

3. Montefiore - Kurt Goldstein

Nun also hatte sie ihre Papiere, ihre Examen und eine kleine Wohnung, doch noch keine Arbeit. Sie wandte sich an Hanns Sachs, der zu der Zeit in Boston lebte. Bonhoeffer hatte ihm ein Empfehlungsschreiben zukommen lassen.

"He said: 'I as a Jew, have to do something for you with this letter from Bonhoeffer'.

I became a letter carrier. He sent me to Kennedy, Wechsler and all the big shots. Finally, what he got for me was a one year grant for what was called the

Emergency Committee in Aid to Displaced Medical Foreign Scientists. It paid a hundred dollars a month, but I felt like a Queen. Now in Montefiore, they had given me a place to work with Kurt Goldstein. The big Hospitals deliberately tried to put some Jews in special positions". [1]

Montefiore-Hospital liegt in der Bronx, dem einzigen auf dem Festland gelegenen Stadtteil New Yorks, und zwar in dessen südlichen Teil, der eher Industrie- und Slum-Gebiet zu nennen ist. An sich ist die Bronx eine schöne, leicht hügelige, bewaldete Gegend, als deren größte Attraktion der Bronx-Park mit einem zoologischen und einem botanischen Garten gilt. Doch das alles war damals für Herta so wenig wichtig wie Ringe, Ketten, oder Armbänder.

Sie hatte endlich einen Arbeitsplatz. Bei Kurt Goldstein.

Kurt GOLDSTEIN (1878 - 1965) war Neurologe und Psychiater, in Königsberg, - in Frankfurt und Berlin-Moabit Leiter der Neurologischen Klinikabteilungen. Er erforschte vor allen die 'Folgeerscheinungen von Hirnverletzungen' (der Kriegsversehrten des 1. Weltkrieges). 1933 emigrierte er über Holland in die USA. Bereits seine Dissertation 1903 in Breslau über 'Die Zusammensetzung der Hinterstränge' wies in sein späteres Forschungsgebiet. Alle vor 1934 erschienenen Werke haben das Gehirn in Entwicklung, Verletzung und/oder Krankheit zum Thema. [50]

Sein 1934 in Den Haag erschienenes Buch über den 'Aufbau des Organismus' trägt den weiteren Untertitel 'Einführung in die Biologie unter besonderer Berücksichtigung der Erfahrungen am kranken Menschen' und weist in die spätere, mehr philosophisch/psycho/logische Richtung seines Denkens, in der er sich mit dem 'Problem der Angst' auseinandersetzt, mit der 'Human Nature in the Light of Psychopathology' (1940) mit Sprache und Sprachstörungen, und mit dem "Abstract and Concrete Behaviour, - an experimental study with special tests' (New York 1964/Evanson, Illinois 1941). Diese letztgenannten Studien waren es, zu denen Herta empfohlen wurde. Da in den frühen vierziger Jahren die großen Hospitäler wohlüberlegt einige jüdische Ärzte in Sonderstellungen unterzubringen suchten, half das Montefiore Goldstein mit der Errichtung eines 'Department of Electroencephalography'. Hier konnte Goldstein fortfahren mit "his studies and psychological research in the aphasias from a Gestalt-Psychology orientation". [1]

Goldstein wurde als Chef der Abteilung eingestellt und Herta "... was assigned under the grant to be his assistent". [1]

Da sie aber keine Ahnung von Electroencephalographie hatte - im übrigen glaubte sie nur sehr bedingt in/an Maschinen, doch darüber in einem eigenen Kapitel mehr! - schickte Goldstein sie nach Boston.

"Dr. Schwab at Boston was the only one in this country who knew a little bit about it. So I went to Boston and I had them explain to me what you can and cannot do with it and teach me the basics. I came back to Montefiore and I had a three-fold assignment. Actually to help Goldstein". [1]

Dass sie diese Forschungsarbeit nicht allzu sehr mochte, hinderte sie jedoch nicht, ihre Wertschätzung Goldsteins auszudrücken, der sie, ihrer Art gemäß, ein Wort der Kritik sofort anschloss: "He was brilliant , but had a single track mind, ..." [1]

Denn was sie vor allem störte, war die Tatsache, dass Goldsteins Auswertung der Tests nicht objektiv zu nennen war. "He always found what he wanted to find before he started". [1].

Hätte sie ablehnen können? Gleich wieder auf der Straße stehen? Also führte sie eine Zeitlang die ihr aufgetragene Arbeit aus. "And I was miserable because I was made to falsify the tests and so on". [1]

Hier lag keine Basis für längere Zusammenarbeit. Andere Tätigkeiten wurden ihr zugewiesen. "... EEG - examinations of epilepsy, brain-tumors and a wide range of brain damaged patients". [1] (in Goldsteins Auswertung der 'Aftereffects of Brain Injuries in War, their Evaluation and Treatment; the application of Psychologie Methods in the Clinic' - New York 1942)

'Her work at Montefiore Hospital was largely in electro-encephalography with one of the early encephalographers during that period'. [14]

Weiter arbeitete sie in der neurologischen Abteilung mit, "to examine people, to take part in the rounds". [1] Das war für sie eine Tätigkeit von wesentlicherem Inhalte als eben nur Tests.

Nach den ersten Jahre verlängerte das Kommittee ihr die Unterstützung um zwei weitere Jahre. Zwei Jahre nicht mehr nur 'Unterstützung', sondern "fellow-ship, which for me of course had the immeasurable advantage that other people didn't have, to have two years in which to become acquainted with the country, with American medicine, with neurology as it was practised in hospitals". [1]

Ganz gewiss lernte Herta mehr als nur ihre neue 'Bleibe' gründlich kennen, auch mit Kurt Goldsteins Ideen wird sie sich immer wieder auseinandergesetzt haben, vor allem, wo sein Denken über Schädigungen, über corticale Läsionen 'Veränderung der psychischen Vorgängen' [50] (S.99) berührt.

Wenn es wahr ist, dass 'alles, was überhaupt als Lebensvorgang erscheint, eine besondere ganzheitliche Gestaltung hat' [50]a (S. 261), wenn dieses Ganze seine Ganzheit immer aber verliert in Relation zu anderen Ganzheiten innerhalb einer neuen, größeren Überordnung und diese zugleich beständigt, dann fällt auf, dass beide Blickrichtungen wesentlich sind, die von innen nach außen und die von außen nach innen. Dann bedarf auch die Traumanalyse, der Herta sich Anfang der vierziger Jahre hauptsächlich zuwandte, eines höchst geschulten und umfassend spezialisierten Psycho/therapeuten.

Auch Goldstein meint, '... *die Sonderstellung von Ich und Welt* (kursiv im Original) gibt den Organismus mehr der Welt preis, macht ihn mehr zum Automaten'. [50]a (S.310). Und er sieht das teleonomische Denken nur im Zusammenhang mit der Verwirklichung des eigenen Wesens in der Welt. Doch sieht er solches nicht, im Sinne Jungs, metaphysisch, sondern betrachtet die Form der Interaktion zwischen Ich und Welt, zwischen Traum/denken und Individuum, zwischen individuellem Bewusst/werden und evolutivem Bewusst/Sein 'als Leitlinie für den Weg der Erkenntnis'. [50]a (S.264)

Dass dieser Gedankenweg Herta über Erich Fromms psycho-soziales Denken erneut führen muss, über Karen Horneys sozio-kulturelle, psychoanalytische Studien zum tieferen Erfassen und Ausloten von Jungs Bilderreich und Symbolwelt der Seele, über Jungs Denk- und Erfahrungswelt bis hin zu jener inneren Transzendenz ihrer eigenen Vorstellung von dem, was ihr Psyche / Therapie bedeutete, nämlich "trying to follow my Jewish thinking which has something of the Talmudic thinking that always poses the question and the opposite; ..." [1] bestätigte sie mir fast 40 Jahre später in einem Gespräch.

Nach den insgesamt drei Jahren bei Goldstein im Montefiore-Hospital stand sie 1942 arbeits- und mittellos auf der Straße. Wie konnte sie erwarten, dass Neurologen oder Psychiater vom Montefiore-Hospital ihr Patienten empfehlen, "they probably had a hard time themselves, making a living with neurological patients, and they didn't have any psychiatric patient to refer". [1]

Sie wollte sich in eine Privatpraxis zurückziehen, und trotz der ihr unvergessenen Worte Bonhoeffers, man habe sich in einer Privat-Praxis immer vor Augen zu halten, dass man mit einem Fuße im Gefängnis stehe, überlegte sie, welchen Weg sie gehen könnte, um an Patienten zu kommen. Anschriften jüdischer Emigranten, die sie noch aus Berlin, Heidelberg, aus sonst woher in Europa kannte, hatte sie, doch an wen sollte sie sich wenden.

Erich Fromm konnte ihr behilflich sein. Sie trafen sich, er versprach, ihr ein Entre bei Karen Horney zu verschaffen.

So geschah's.

4. Karen Horney (1885 - 1952) - Gemeinsamkeiten und Differenzen

Zwei Neurologinnen, zwei Psychiater, beide mit Bonhoeffer bekannt, beide mit Fromm in Kontakt, die eine prometheisch introvertiert, die andere epimetheisch extrovertiert, was, wie Jung beschreibt, durchaus nicht zu Konflikten führen muss, sondern sich ergänzen kann in schöner Fülle. [61)a (S.59)] Rein äußerlich unterschieden sie sich nicht so sehr in der Größe, Herta war etwa 155 cm, Karen etwa 165 cm groß, doch stach die kräftige, fast schwere Gestalt Karens in ihrer soliden Gedrungenheit [75) (S.18)] erheblich ab gegen die zierliche Gestalt Hertas, die kaum je mehr als 45 kg wog. Beiden eigen war eine gewisse Anmut der Bewegung, die gleicherzeit etwas undefinierbar Zerbrechliches hatte.

Doch kamen sie aus sehr verschiedenen Welten, wurzelten jede sehr eigen und dadurch sehr anders in ihrer Zeit und fanden ein sehr unterschiedliches Arbeitsfeld vor. Beiden gemeinsam war das starke Bedürfnis der 'Begegnung mit dem Mitmenschen'.

Es trennte sie ein Altersunterschied von 15 Jahren.

Liest man Jack L. Rubins Lebensbeschreibung der Karen Horney, ihre eigenen Werke und Mitteilungen neben Äußerungen Hertas, so kommt man zu dem Vergleich:

Karen -   lässt werden und wachsen, was ihr zufällt, arbeitet daran, lässt los, was nicht mehr genügend anspricht, wie jemand, der Kiesel nach Kiesel am Strand aufhebt und den letzten oftmals den augenblicklich schönsten findet. Sie ist leidenschaftlich in der Begeisterung, impulsiv spontan in der Begegnung, ein herzlich-direkter, herzlich-guter, herzlich-durchtriebener Mensch, deren eine (wesentliche) Fähigkeit gerade darin bestand, 'die eigenen inneren

Konflikte transzendieren und ihre Einsichten in verallgemeinerter Form auf andere anwenden zu können'. [75]

Herta -	verfügt über ein geschliffenes Denken, das ihr nie zugestehen würde, Unfertiges oder Unreifes zu verlautbaren. Zweifel ist wie gesunde Skepsis ihr steter Korrektor, wobei sie daneben auf eine wundervolle, kaum jemals fehlgehende Intuition vertrauen kann, deren Qualität sie allerdings erst im sich Erweisen, im Beweis der Richtigkeit gelten lässt. Ihr breites Interessenspektrum sowie ihr außergewöhnliches Gedächtnis prägen einen Willen, der unmittelbare Direktheit nicht ohne weiteres zulässt. Dabei verfügt sie über ein fast perfektes Beobachtungsvermögen, nichts entgeht ihr, auch wenn sie schweigt. Sie ist eher kühl-zurückhaltend, wenngleich warm und herzlich in der Begegnung.

Stand bei Karens Gedankengang das Denkresultat am Ende aller Worte, so bei Herta am Anfang. Sie erschien dadurch zwar leicht hypokritisch oder stolz, gab den Anschein, alles zu wissen, doch hätte sie eben gerade auf Grund ihrer Zweifel nie eher den Mund aufgemacht als dass sie ihrer Sache faktisch sicher war. Sonst schwieg sie lieber.

Karen hingegen konnte unbekümmert geradeheraus sein, redete nur mit dem einen Augenmerk, irgendwann und -wie das vorgefasste Ziel zu erreichen. Es verfehlen, blieb ihr ein menschliches Gütezeichen.

Diese etwas grobmaschige Charakterisierung sei an den Beginn der Begegnung beider Frauen gesetzt.

Karen Horney beendete 1914i ihre Doktorarbeit bei Bonhoeffer an der Charité in Berlin. Sie galt ihr als Voraussetzung für den Titel, viel Zeit und Interesse mochte sie nicht darauf verschwenden. Sie war inzwischen verheiratet, erwartete ihr zweites Kind und hatte sich, nach einem Jahr Assistenzarzt in der Klinik Oppenheimers, nach einem Jahr der Analyse bei K. Abraham an Bonhoeffer als Doktorvater gewandt, da es zum 'bon-ton' gehörte, dass ein Neuropsychiater, wollte er jemals weiter und höher kommen, bei Bonhoeffer gelernt haben musste. Ihre Doktorarbeit, von Jack L. Rubins charakterisiert als eine 'geradlinige, unbemerkenswerte Fallstudie, die demonstrierte, dass eine interessante, aber untypische Psychose einer Kopfverletzung folgen kann', [75] [(S.58)] war ganz dem Trend der Zeit angepasst, in der posttraumatische Psychosen zum 'traditionellen Gesprächsgegenstand' gehörten und wie selbstverständlich die

Basis formten für das spätere Interesse der Psychiatrie und Neurologie an posttraumatischen Kriegsneurosen.

Einer der bekanntesten Neuropsychiater nach dem 1. Weltkrieg war ja der seinerzeit in Frankfurt lebende Kurt Goldstein, der sich mit den 'hirnpathologischen Fällen' der Kriegsverletzten des 1. Weltkrieges praktisch und theoretisch befasste. [50]

Hertas Doktorarbeit betraf eine "Zusammenstellung von Methoden, Merkfähigkeitsstörungen festzustellen (besonders Gedächtnisstörungen für jüngste Ereignisse) ". [5] Sie setzte sich, relativ unabhängig von Zeiterscheinungen, basierend natürlich auf der Kenntnis und Einsicht ihrer Zeitgenossen und ihrer Zeit, mit symptomatischen und phänomenologischen Prozessen im menschlichen Gehirn auseinander und baute ihre Ideen in der mit H. Scheller gemeinsam verfassten Habilitationsschrift weiter aus. Unter dem Thema: 'Zur Frage der optisch-räumlichen Agnosie (zugleich ein Beitrag zur Dyslexie)' analysierte sie eine Schläfenlappenstörung, (Raumstörung, Lese- und Rechenstörung), ein Symptombild, das seit vielen Jahren hochmodern geworden ist als 'Lernstörung mit Dyslexie bei Kindern'". [5]

In dieser Studie über den 57-jährigen Gastwirt E.B. stellte sie sich hauptsächlich die Aufgabe nachzuweisen, ob und inwieweit die dyslektische Störung schon im Vorgange des Sehens ansetzt. Wobei sie den Beweis zu erbringen versucht, dass Störungen des Sehens nicht die Ursache dessen zu sein brauchen, und längst nicht immer sind "was als Sehblindheit imponiert". [78] Im Gegenteil, die Art der Entstehung und Weiterentwicklung "und die in letzter Zeit einsetzende Wesensveränderung machen die vaskuläre bzw. encephalomalacische Natur des Prozesses wahrscheinlich". [78] (S.136/7) Hier wird das psychosomatische Erkranken aus bio- und psychologischer Sicht heraus beschrieben.

Herta hatte Karen Horney nur einmal bei einem Besuch in Berlin kennengelernt und wusste von ihrer Emigration, die dem Ruf an das Chicago Institute of Psychoanalysls folgte. Franz Alexander hatte sie, selbst bereits emigriert, 1932 dorthin eingeladen, um Assistent-Direktor des Institutes zu werden. Dieser Schritt wurde durch die politische Entwicklung in Deutschland erleichtert, und es war Karen Horney möglich, die Emigration schnell zu vollziehen.

Herta, in den Jahren 1927 bis 1933 bei Bonhoeffer Assistenzarzt in, traf bei ihrer 1938 gezwungenen Emigration wesentlich ungünstigere Vorzeichen und Startmöglichkeiten.

Die Vermittlung von Erich Fromm, der meinte, Karen sei schon sehr aufgeregt, sie, Herta, in ihre Gruppe zu bekommen, führte zu einem ersten Besuch. Fotos aus jener Zeit zeigen zwei einander herzlich zulachende Frauen. Karen ist dann bereits 57 Jahre alt, Herta 42 Jahre. [75] (S. 176/77) Dass Herta Karens Bücher gelesen und sich darüber Gedanken gemacht hatte, bevor sie diesen Besuch ablegte, mag dazu beigetragen haben, einerseits voller Bejahung, andererseits höchst kritisch in diese Begegnung getreten zu sein.

Dass Karen sich in ihren Ideen von denen Freuds trennte, dass sie beispielsweise Sexual-Konflikte zur Seite schob als nicht nur verantwortliche Elemente bei der Bildung von Neurosen, war ihr gutes Recht, doch dass sie statt dessen den sozialen Konflikt voll verantwortlich stellte, dass nämlich die menschlichen Entwicklungsprozesse ganz und gar abhängig seien von Milieu und Umwelt, worin man sich befindet, wehrte Herta ab. 'Nach meiner Meinung sollte man nicht nach biologischen, sondern nach kulturellen Gründen suchen' [58] (S.5) schrieb Karen Horney, und sie machte sich auf die Suche nach den Kulturfaktoren, die eine abweichende oder krankhafte Entwicklung der menschlichen Psyche negativ günstig beeinflussten. Was sie fand, umschrieb Herta wie folgt: "... and she created (which she never ceased to be proud of) a kind of capsule version of how she conceived a neurosis. According to her, it is in human terms the movement towards the person, the movement against or away from the person and the neurotic found something in between, a movement away from another human being, not quite distrusting, as a hostile person would be, not quite normal as a so-called normal would act, but unrelated, the Symptoms of alienation". [1]

So betrachtet ist die Entstehung der Neurose ein für den Neurotiker mehr passiver Akt - im Gegensatz einerseits zu Freud, der doch individuelle Aktivität dafür mitverantwortlich macht, gewiss aber auch im Gegensatz zu heute gängigen Auffassungen, dass das Zusammenspiel Individuum-Gesellschaft ebenso zu Konflikten führen kann wie das Zusammenspiel von Bewusstsein und Unbewusstem im Individuum selbst Krankheiten aufzurufen vermag. Karen Horneys Auffassungen änderten sich im Prozess der eigenen Selbstverwirklichung, mit unter Einfluss Suzukis und dem japanischer Analytiker. Hatte sie zuvor noch betont, dass die destruktiven Tendenzen im Menschen sich zwar nicht leugnen lassen, aber nicht angeboren sind, 'sie entstehen dadurch, dass eine Person in einem ungünstigen Milieu aufwächst' [75] (S.315) so betonte sie auf ihrer Japanreise 1951 'vor allem die Vorstellung von konstruktivem Wachstum und Selbstverwirklichung, therapeutischer Aufmerksamkeit gegenüber der gesamten

Person, der Verquickung von innerpsychischen und zwischenmenschlichen Faktoren ...' [75] (S.321). Doch diese Gedanken finden sich erst ein Jahrzehnt nach der ersten Begegnung.

Harry Stack Sullivan (1892-1949) griff diese Ansätze Horneys auf, doch formuliert er seine Vorstellungen prägnanter. Er sucht nicht nach Kulturfaktoren, sondern umfasst den Menschen als einen stetig nach außen und innen pulsierenden Prozess. 'Ungünstige, asoziale, antisoziale Verhaltensweisen haben ihre Hintergründe im menschlichen Entwicklungsprozess'. [82] (S.79).

Herta traf Karen im Jahre 1942 und erfuhr deren einseitige, kulturell-soziale Orientierung als "very simplistic ... she had a very simplistic mind". [1] Nicht nur in der Patientenanalyse, sondern auch in ihrer eigenen Selbstanalyse erfuhr Herta Karen als "too simplistic and frivolous to even talk about it", [1] wobei sie ihr keineswegs Scharfsinn oder Intelligenz absprechen wollte. Nein, eher wie Manes Sperber beispielsweise Freud keinen guten Menschenkenner nennt [31] (S.53) trotz überragendem Scharfsinn, wohingegen er sehr wohl 'sofern ihn kein Vorurteil blendete, intellektuelle Fähigkeiten ohne Zögern genau einzuschätzen' [81] (S.53) wusste, so wirkte Karen Horney auf Herta.

Karen wusste durchaus, dass sie in Herta eine höchst intelligente, höchst intuitive und vortreffliche Ärztin und Menschenkennerin vor sich hatte, sonst hätte sie Herta niemals so viele Patienten zugewiesen, dass es Hertas Arbeitsvermögen manches Mal übersteigen konnte. Hertas fachliches Können anerkannte Karen Horney ohne weiteres und Herta reagierte darauf mit den Worten: "... she helped me so much that I shall never cease to be grateful to her, because she referred many patients to me, more actually than I could handle". [1]

Karen sagte selbst zu ihr: "I must say I am learning more from you than you could learn from me". [1]

Diese Art naiv-offenen Eingeständnisses lag Herta nicht.

Und ihre Beschreibung vom Verlauf der weiteren Beziehung und vom Auseinanderbrechen gibt das Bild zweier absolut divergenter Persönlichkeiten. Fast möchte ich sagen, Karen sei mehr der 'Plato-Mensch', der als Schriftsteller 'seinen Monolog fiktiv in Dialog und Drama ausfächerte' [81] (S.15) während Herta in ihrer Art mehr dem 'Sokrates-Menschen' gleicht, der sich im Zwiegespräch verhielt 'als ob der andere selbstverständlich seines-gleichen wäre und nur eines Hinweises bedürfte, um aus eigener Einsicht zu ebenso weisen ... Schlüssen zu gelangen...' [81](S.14/15)

Vorbehaltlos entschied sie sich für 'To Thy own self be true' [13], was Kenntnis und Erkenntnis des eigenen Selbst voraussetzt. Aber auch Flexibilität geistiger Ungebundenheit. Und so also gab Herta den Verlauf der Begegnung mit Karen Horney auf die ihr eigene, prägnant ziselierte Weise wieder: "... since every analytic school, sooner or later became some kind of a religious establishment with a method of disciples. breaking away and becoming traitors to the cause, she always had fragmentation within her group" [1] (J.L. Rubin beschreibt in seinem Buch über Karen Horney ähnliche Prozesse stets wieder, sie sind im Wesen nicht personengebunden, sondern entstehen immer, wenn etwas institutionalisiert wird und Menschen unter sich die Macht verteilen müssen). "... and she wanted me as a kind of equalizer. She had no knowledge of human beings, she could talk to somebody for an hour and didn't have any idea of what kind of person that human being was like. She misjudged all her disciples, she misjudged all her patients, all the misjudgments possible were done by her". [1]

Diesen Ausspruch darf man wohl nicht in seinem ganzen Umfang und Gewicht verstehen und nehmen wollen, sondern als eine Verstärkung des 'falsch Beurteilens' überhaupt. J.L. Rubins beschreibt ähnliches über die Anfänge der 'Association' : '1943 begannen die vorher verborgenen zwischenmenschlichen Spannungen an die Oberfläche zu kommen. Es ist schwer festzustellen, wer oder was dafür verantwortlich war, und ob die Differenzen ideologischer oder persönlicher Art waren. ' [78] (S.253)

Auch der sehr persönliche, tief emotionale Konflikt zwischen Fromm und Horney gehört in dieses Verkennen einer zwischenmenschlichen Komplikation, vielleicht haben beide die Konkurrenz des Anderen auf fachlichem Gebiet als persönliche Bedrohung empfunden. Herta erfuhr Karen nicht als Konkurrenz, da ihre eigene Einstellung zum Leben wie zur Gesellschaft eine nicht-fachlich gebundene war. Dennoch mag ihr Empfinden für Geradlinigkeit in Charakterlicher Hinsicht in so heftig geäußerter Form fast eine Abwehrreaktion scheinen, emotionaler wie intellektueller Art.

"She wanted me to play too much of a role that I couldn't play: [1] to come once a week to lunch to help her in her troubles with the group and among the members of her disciples; [2] technically to undergo her form of analysis which was called 'Advancement of Psychoanalysis'. It was a joke. I couldn't be true to myself. As Bonhoeffer said, he couldn't imagine me accepting any theory, I did not believe in; [3] to have Horney be the supervising analyst of a patient". [1]

Dass dies die Regeln waren, nach denen man einen Analysten schulte, sei noch dahingestellt, doch dass Herta sich einer Theorie unterwerfen und unterziehen sollte, gegen die ihr eigenes Inneres sich auflehnte, das ging ihr zu weit.

"And then I wrote her a letter saying that I am very sorry, but I am somehow deceitful towards myself and towards her and the first condition is honesty I couldn't live, I couldn't accept her theory.

Then she wrote a letter back, I should come for a consultation and she tried to convince me and promised me this, that and I shall become a lecturer". [1].

Wie sehr Karen Horney Herta hier verkannte, beweist die Antwort: "I said: 'Dr Horney, I couldn't do it. If I were starving, I wouldn't do it. I would go as a domestic rather than be deceitful and dishonest!" [1] Nach außen hin glänzen zu wollen, war nie Hertas Sache, - einerseits ging es ihr um die pure Wissenschaft und das Forschen, Erforschen bisher unbekannter Gebiete im menschlichen Organismus, andererseits ging es ihr um die Echtheit dessen, was ihr das MENSCHLICHE war. Und dieses Menschliche hatte durchaus auch damals neben eindeutigem Unabhängigkeitswillen bereits eher kosmisch-verinnerte denn äußerlich dramatische Wesenszüge.

Nur - wenn es ihrer inneren Notwendigkeit aus freiem Willen entsprach, war sie bereit sich zu geben. Verborgener wie hervorstechender Dilettantismus war ihr ebenso ein Greuel wie Selbstverrat.

Gewiss besaß Herta Ehrgeiz: Es hätte sie 1933 gelockt, in ihrer akademischen Laufbahn in Deutschland die erste Frau zu sein, die als Psychiaterin/Neurologin einen Lehrstuhl innegehabt hätte. Wie es ihr auch ein Gefühl der Befriedigung gab, dass sie die erste Ärztin war, die erste Frau, die bei Schwab in Boston 1938/39 Elektroencephalographie gelernt hatte. Doch war sie Realistin genug, um diesem Ehrgeiz nicht nachzugeben, sie hätte sich schwerlich mit einem zweiten Platz begnügt, auch nicht in Amerika.

Sie besaß die Fähigkeit, eine unabhängige, vortreffliche Psychotherapeutin zu werden und zu sein und ein eigenes, ihrem Selbst adäquates Leben in New York aufzubauen, denn dass sie neu beginnen musste, ohne die Chancen in Europa, bedeutete auch und trotz allem Reichtum – an Vielfalt, an Möglichkeiten. Diesen ordnete sie die Einbußen unter. Und als unabhängige Psychotherapeutin konnte sie alle Facetten und Nuancen ihres Wesens entfalten, und entkam der Unsinnigkeit vorgeschriebener, gesellschaftlicher 'Must's', Ritualen, die dem Wesen des humanen Psychotherapeuten diametral entgegenstanden. Entgegenstehen mussten – denn wenn, wie Maslow, wie Edrita Fried, wie Fromm und wie Hertas Lehrmeister gemeint haben, das leztendliche Ziel aller Psychotherapie, aller guten menschlichen Beziehung 'die Produktion guter menschlicher Wesen' [67] sei, dann bedarf es genügender innerer und äußerer Unabhängigkeit, um dem Mitmenschen das zu geben, was er in einer menschlichen Begegnung erwartet: Gewähren von Sicherheit, Liebe, Wärme, Zugehörigkeit, Selbstachtung und Respekt.

Bei aller Kompromisslosigkeit war sie innerlich zutiefst bescheiden und meinte ihre Worte, die sie mit 82 Jahren noch sprach: "... ich bin nicht erfahren und wissenserfüllt genug" [5], doch eben in dem Ihr angemessenen Kontext. Und dessen Niveau lag sehr hoch.

Unproduktivem Denken ging sie mit ebenviel Gleichmut wie Ablehnung aus dem Wege, irrationales Geschehen mit rationalem Denken lösen zu wollen, verbot ihr eine innere 'Logik', bei der es nicht um die Gegensätze Wirklichkeit - Prinzip, Komplexhaftigkeit - Enträtselung geht, sondern um das Etwas, das "durch Logik oder Religion (tertium non datur) nicht angegriffen werden" kann.[5] "Es muss ein Drittes gefunden werden, das Symbol der Lösung, der Erlösung, Vereinigung der Gegensätze". [5]

Dies so bewusst wie möglich zu erleben, ist einer ihrer Wesenszüge. Helmut Barz, zur Zeit Direktor des C.G. Jung- Institutes in Zürich-Küsnacht, schreibt in seinem Essay über das 'Absterben der Sinn und Symbolwelt durch Brachfallen der sinnlichen Welt': 'Wenn es gelingt, (...) lebendige Symbole durch eine solche Art des Umkreisens überzuführen in etwas bewusst Erkanntes, dann ist damit das Symbol als Symbol gestorben. (...) Und doch ist diese Art des Symbol zerstörenden Umgangs mit Symbolen unerlässlich zur menschlichen Bewusstseinsentwicklung. Dadurch erst entsteht wirkliche Bewusstseinsentwicklung. Zugleich aber steigen aus dem anscheinend unerschöpflichen Vorrat des kollektiven Unbewussten immer wieder neue Symbole auf ...' [(S. 98)]

Hier setzt auch Hertas Denken an. "Dieses Symbol (das nicht komplex-konträr in sich ist wie die Pole: Leben-Tod!) erscheint vom Unbewussten her in Träumen, Bildern und ähnlichem. Es ist ein hartnäckiger Feind des logischen Denkens". [5]

Diese Erkenntnis bedeutete ihr nicht Vagheit, sondern ständige Herausforderung zu exaktem, untersuchendem Denken. Nur eine definierte Existenz gewährleistet 'unendliche Variation'; trotz aller Intuition war Hertas Denken so wissenschaftlich, dass sie Beweise brauchte. Zurück nach New York zu den beiden

Frauen im Jahre 1942. Wie schon eingangs bemerkt, war der Ausgangspunkt ihrer Emigration ein verschiedener.

Herta musste Berlin als Jüdin verlassen, die Schweiz, Europa, um in Sicherheit zu kommen. Sie gab eine sehr vielversprechende wissenschaftliche Laufbahn auf, die sie zur ersten weiblichen Akademikerin in Psychiatrie/Neurologie geführt hätte. Ihr Leben in Amerika war ein 'Must', das sie sinn/voll lebte und gerade deshalb sich weigerte, innersten eignen Gesetzen wie auch dem 'Bruch' in Ihrem Leben untreu zu werden.

Karen musste als Christin Deutschland und Europa nicht verlassen, sondern folgte dem Ruf von Franz Alexander. Sie verband die gebotene Möglichkeit mit der Realität weiterer Entwicklung. Ihr Bleiben in Amerika hatte weder mit religiösen noch jüdisch-inter/nationalen Motiven zu tun, denn die Verfolgung und Ermordung der Juden unter dem Hitler-Regime war für sie etwas, das 'die menschliche Würde im Allgemeinen beleidigt hatte'. [75] (S.290) und keine persönliche Lebensbedrohung.

War Hertas Leben ein immerwährender Versuch, innen und außen in Harmonie zu bringen, da ihr eine Grundtendenz dieser Harmonie eigen war und Zunahme von Wissen adäquat laufen musste mit Zunahme von Erlebtem, so schlug Karen sich mit stets neuen, ungefragten Problemen, schrieb, soweit sie in sich blicken konnte, und das war erheblich!, alles von sich ab, Ordnung schaffend auf dem Tische vor sich, in der Verallgemeinerung des Problems zu sich selbst findend. Bis sie endlich in Suzuki jener Form des 'Denkens' begegnete, die in sich Sinn und Harmonie birgt, und die vor allem gleich nach dem 2. Weltkrieg 'in' war.

Karen verlagerte also Ihre Aktivität und Produktivität stets mehr nach außen, bis sie aus der Fülle ihres persönlichen Reichtums in einer 'östlichen Innerlichkeit' Ruhe zu finden vermochte.

Hertas Produktivität und Aktivität wurden stets innerlicher, stets mehr verfeinert, so dass sie den Weg nach Außen im echten Gespräch, im Du, in der stets neuen 'Begegnung' mit emotionalem Engagement suchte, da sie ihn brauchte. Herta versuchte ein Leben lang, ganz im sokratischen Sinne, 'in einem Dialog das überaus schwierige Wechselspiel der Ungleichen zu dramatisieren, in dem ein jeder zugleich Ich und Du ist. Und nur das eine, wenn er auch das andere ist'. [81] (S.15)

5. Eigene Praxis

Ganz ohne Zweifel war das Feld der Psychotherapie in den USA Anfang der vierziger Jahre völlig verschieden von dem, was heute davon erwartet und darin geleistet wird.

Ob in jenen Anfängen so viele Methoden und Theorien gegeneinanderstanden wie das heutzutage der Fall ist, bleibe dahingestellt - sicher ist, dass damals wie heute psychisches und psychosomatisches Leiden und dessen Linderung Sinn und/oder Ziel der Psychotherapie waren und sind.

Ob nun jemand in den frühen vierziger Jahren es einfach 'schick' fand, Psychoanalyse zu durchlaufen oder eine Notwendigkeit, Psychoanalyse war 'in'. Erfreute sich einer fast sportlichen Beliebtheit, man lernte sich selbst 'sehen'. Unterwegs zur gemeinsamen Arbeit referierte man nicht an Aktualitäten auf Zeitungsniveau - man teilte sich mit, was der Psychiater, der Therapeut wieder hatte entdecken helfen. Jedes Stückchen Ego-Neuland war besprechenswert. 'In the early 40's I suppose having an analysis was the 'in' thing to do for socialworkers'. [13]

Der Begriff 'Analyse ist "in"' besagt doch unter anderem auch, dass ein Unsicherheitsfaktor hier umgesetzt wird in Sicherheit, mit der interessierten Neugier eines Kindes: was jeder tut - tue ich auch. Gesellschaftliche Bestätigung eines noch nicht oder eines ungesicherten Ichs. Dazu brauchte es durchaus keine Krankheit - nur eben die normale Unsicherheit, verbunden mit spielerischer Neugier, und eine neue Art von Einflussnahme auf persönlichstes Wohlbefinden tut den Rest. 'Die anhaltende Beliebtheit der Psychotherapien ist ein starker Beleg dafür, dass sie nicht nutzlos sind; und doch haben ausgedehnte Untersuchungen nur wenig schlüssige Ergebnisse über die relative Wirksamkeit der verschiedenen Formen erbracht'. [45] (S.48)

Gewiss war um das vierzigste Jahr der Ausgangspunkt ein wissenschaftlich-naturalistischer, der vielerlei Abwandlungen und Kombinationen vorhandener Ideen erfuhr.

Was aber unbedingt bis in die sechziger Jahre hinein anders war als heute, ist die dyadische Form der Therapie gewesen. Gruppentherapie kam ganz allmählich und recht zögernd ins Blickfeld. Solche Therapiekurse machte Herta beispielsweise in den 40-er Jahren bei Dr. Leonore Fabisch mit, einer 'überlegenen Psychotherapeutin', die als Jungianerin in New York einen großen Kreis von Anhängern um sich hatte. [15] Später wandte Herta sich anderen Gruppen zu,

arbeitete in der Schweiz in solch einem Kursus, einfach nur, um diese Therapie-
formen kennenzulernen, wohl kaum mit dem Augenmerk auf den Aufbau einer
eigenen Gruppe.

Der Zweipersonen-Therapie, dem Dialog also, angepasst, war Hertas Appartement in der Lexington Avenue.

'This apartment was large and airy ... there was a small waiting room you could
walk into. (No lock on her door!) You waited there for her to call you. The
previous patient could walk out without you seeing him.

She sat at a desk behind the couch where I lay. She was warm, quiet, controlled
and attentive. She usually lit one cigarette during a session ... the atmosphere
was relaxed and friendly and I greatly enjoyed the sessions because they were so
enlightening'. [13)]

Herta hatte - vor allem anfänglich - manchen Patienten, den sie über Traumanalysen zu mehr Bewusstsein zu führen trachtete. Häufig machte sie auch von
Handschriftanalysen Gebrauch, wobei das Ergebnis nicht Ausgangsbasis wurde
für die Traumanalyse, sondern umgekehrt über die verschiedenen
Traumanalysen hin das Verständnis für eben die Schrift-Analyse wuchs.

Selbst besaß sie eine für einen Arzt vortrefflich lesbare Handschrift, bis hinein
ins hohe Alter. Mit einem lächelnden Stolz sagt sie als fast Dreiundachtzig-
jährige: "... because to my handwriting I am told by almost everyone that for a
doctor's handwriting ... it is real readable". [3)]

'I remember her comment after reading a 5 page-report on my handwriting',
berichtete eine Expatientin, 'we shall see from time to time how accurate or
indicative these turn out to be". [13)]

Die Graphologin Elizabeth Zadek aus New York City machte die meisten
Schriftanalysen. 'Her written commentary was fairly accurate I think and pointed
to some of the directions we should go'. [13)] Auch andere Tests wie den
Rohrschach-Test ließ sie manchmal vor Beginn der Traumanalyse anfertigen.
'As such Dr. Seidemann never referred to either of these indicators again'. [13)]
Zumindestens nicht für den Patienten ersichtlich. Auch sprach sie selbst in den
Sitzungen nicht viel.

'I kept my dreams written in stenographie tablets and used to read them off to
her one by one. She would help me analyse them when I couldn't do them
myself'. [13)]

Herta Seidemann, M. D.
1349 LEXINGTON AVENUE · NEW YORK CITY   3/18/47

Dear Margaret,

Three cheers and many more to both of you and of course Bryan Robert!!

[illegible] Eloquenz und [illegible] [illegible], die offenbar durch die Haut [illegible] [illegible] gehen und Ergußweise [illegible] Rücksicht [illegible] [illegible] [illegible] [illegible] [illegible] Zeichen einer [illegible] [illegible] Autorität, [illegible] durch [illegible] [illegible] [illegible] [illegible] [illegible] [illegible] [illegible] [illegible]

[illegible] etablierung mit geriatric people — patients [illegible] extending the services of volunteers in the hospital outside help and care [illegible] working with church and all [illegible] to estab[illegible]

Hertas Handschrift aus den Jahren 1947, 1979 und 1983

Dieser letzte Satz weist auf recht erhebliches geistiges Niveau des Patienten hin, der zu einer größeren Distanz zu sich selbst ebenso imstande sein musste wie zu verstehbarer Interpretation eigener Gedanken, Traumsymbole und Emotionen, die zu beobachten Spaß bedeutete, Freude.

'Dr. Seidemann was very methodical and painstaking. She was never in a hurry and never surprised at anything a dream brought up - I often was! Often the dreams were repetitions - not the same dream but the same point which my unconscious was trying to get across. Once I accepted the point, I incorporated it into my conscious recognition the dream would change and hammer some other point home. It was fascinating and took time, effort and concentration'. [13]

Dass Traumanalysen das Anfangsstadium von Hertas Arbeit in der eigenen Praxis formten, darf als wahrscheinlich angenommen werden. Je intensiver Herta in die amerikanische Gesellschaft hineinwuchs, desto situationsbezogener konnte auch ihr Helfen werden. Psychotherapie will ja Bewusstmachen eines abweichenden persönlich-gesellschaftlichen Verhaltens erreichen, das in seinem Wesen immer abhängig ist von den kulturellen Einflüssen und moralischen Urteilen der jeweiligen Zelt und Gesellschaft.

Nur wenn abweichendes Verhalten subjektives Leiden auslöst und somit zu objektivem Behindertsein führt, ist Therapie oder doch Gesprächs-Hilfe wirklich notwendig.

Herta entwickelte recht schnell ihre ureigene therapeutisch-menschliche Denkwelt, aus der Observation heraus zu großen Teilen. '... from time to time it was apparent to me that Dr. Seidemann was her own woman and she didn't subscribe to Freud, Horney or anyone else. She did sometimes quote Jung and told of working with him and some of his ideas'. [13] (Dieses 'working with him' ist nur im Sinne des inneren sich mit der Welt Jungs Auseinandersetzens zu verstehen, da die eigentliche Begegnung später lag.)

Hertas Patienten waren gleichermaßen Frauen wie Männer - meist in höheren gesellschaftlichen Positionen. "Dr. Seidemann, as far as I know, always lived and practised in the same apartment, carrying a psychoanalytically oriented psychotherapy practice', [14] obgleich sie eigentlich Neurologin/Psychiaterin klinischer Herkunft war. Die Privatpraxis entsprach ihrem eigenen großen Unabhängigkeitsbedürfnis zutiefst. Sie liebte ihre Bleibe, so hoch gelegen, sehr.

"... her affection for the apartment was very great' [14]. Auch war es ein 'very meaningful place for her since she had practiced her career in that office and lived there as well. (...) She had a very lovely small office from which she had worked for many years', berichtete Dr. Jimmie Holland nach ihrem Tode. [14]

Mehr als dreißig Jahre arbeitete sie dort tagtäglich, davon die ersten zwanzig hart und überaus anstrengend, von morgens früh bis spät in den Abend. Denn von Anfang an hatte sie mehr als genug zu tun. Zunächst verwies Karen Horney viele Patienten an sie, später baute sie auf persönlichen Empfehlungen auf. Bereits 1943 war sie imstande, die Verantwortung für den Lebensunterhalt 'einer anderen Person' zu übernehmen. Eine Patientin attestierte ihr dies, als sie versuchen wollte, die Mutter nach Amerika zu holen.

Mit ihren Patienten unterhielt Herta ein freundlich-distanziertes Band; manchen allerdings, zu denen sie eine besondere Sympathie entwickelte, schrieb sie selbst nach 40 Jahren noch regelmäßig zu Weihnachts- und Geburtstagen.

Doch wie sehr auch das Leben der beste Lehrmeister zu sein schien, nur aus der Praxis zu lernen und zu erkennen, genügte Herta nicht. Im Stillen verlangte es sie nach Möglichkeiten, sich in Europa erneut umsehen zu können. Ihr Lernbedürfnis schien grenzenlos, weit über das Normale hinaus suchte sie das Leben, den Menschen, die Relation zwischen Innen und Außen zu erfassen. Ihr Observationsvermögen verstärkte stets mehr den Weg des: Erkenne! Erinnere! ohne dass sie die innere Befriedigung gefunden hätte, die sie suchte: eine Verfeinerung und innere Kultiviertheit, die es dem Menschen möglich macht, human zu werden; und zu bleiben. Es war eine Passion, ihre Passion, ein starkes, inneres Getriebensein, dem sie in ihrem Realitätssinn stets größeren Halt entgegenzusetzen hatte - die amerikanische Gesellschaft war so anders als die europäische, in der sie zeitlebens emotional verwurzelt blieb, obwohl es gerade 'her strength and courage in facing a new culture' [14] war, was amerikanische Freunde so an ihr bewunderten.

6. Europa als lockendes Ziel

'Germany's loss - America's gain'

Dieser Gedanke war 1938 wie eine Tür, die sich liebevoll öffnete und beschützend hinter einem schloss.

Trotz aller Distanz, die Herta ihrem Geburtslande entgegenbrachte, blieb sie zeitlebens emotional und kulturell in Europa und in der deutschen Sprache verwurzelt. So wie Hannah Arendt 1933 schreiben konnte: 'Für mich ist

Brief Karl Bonhoeffers an Herta vom 2.8.1947

Fragment

Deutschland die Muttersprache, die Philosophie und die Dichtung' (Brief an
Karl Jaspers), so galt dies für Herta in weiterem Umfange auch für die Medizin,
die sich ihr in Wollenberg, Bonhoeffer und Homburger menschlich und ethisch-
moralisch verkörpert hatte. Amerika blieb ihr wesensfremd. Und je älter sie
wurde, desto mehr zog es sie nach Europa, ohne dass sie je erwogen hätte,
definitiv wieder dorthin zurückzukehren. Mochte sie in den Jahren 1938-1945
den Briefwechsel mit Scheller, mit Bonhoeffer u.a. staccato weitergeführt
haben, ab 1946 intensivierte sich dies Band mit Europa, insonderheit in der
Korrespondenz und durch die Paketsendungen.

Von wesentlicher Bedeutung sind aus Hertas Nachlassenschaft die gut zwanzig
Briefe Bonhoeffers aus den Jahren 1947 und 1948. In ihrer schlichten Ehrlich-
keit und Direktheit nicht nur menschliches Dokument, sondern ebenso politisch-
soziales Bild jener Tage für Herta, sind sie noch heute das umfassende,

menschlich-historische Dokument eines, dem es bitter ward, nach dem unge-
heuerlichen politischen und persönlichen Leid während der Hitler-Jahre, nun
auch noch in die Armut gezwungen und in 'den Osten' abgetrennt zu werden.
Doch birgt Bonhoeffers zeitweilige Ironie kein einziges Zeichen von Verbit-
terung. Sein Verzicht auf Hertas Besuch im Sommer 1948 zeugt von
sensibelstem Einfühlungsvermögen in die Psyche dieser seiner von ihm sehr
geschätzten Mitarbeiterin und von Respekt vor ihrer inneren Ratlosigkeit und
Verweigerung. (Herta notierte auf den Umschlag jenes Briefes in einer
Aufwallung bitterlicher Selbstironie: Zeit der Extreme!). Dass Europa ab 1948
zu einem 'Must' für Herta wurde, entbehrt nicht einer gewissen Wider-
sprüchlichkeit, die nachfolgenden, hier erstmalig veröffentlichten Briefe
Bonhoeffers stehen u.a. denn auch für das transzendente - deswegen nicht
weniger leidvolle - Band zwischen 'émigré' und 'résistant'. *)

'... der letzte Mensch war der leidende Mensch.' [31]b

*) Hier möchte ich hinweisen auf das im Anhang des Buches aufgenommene Manuskript von Karl
Bonhoeffer aus dem Jahr 1947 über 'Führerpersönlichkeit und Massenwahn', ein allererstes deutsches,
erstaunliches, analytisches Zeitdokument. Als solches kam es, erstmalig publiziert in der von J. Zutt,
E. Straus und H. Scheller herausgegebenen Festschrift zum 100. Geburtstag Bonhoeffers, auch Herta
zum ersten Mal 1969 zu Augen. Jahrzehntelang unterdrückte Bitterkeit löste nach dieser Lektüre ihre
Zunge. Und erst nach mehrfachem Lesen fand sie zu jenem Menschen Bonhoeffer zurück, dem sie aus
den Berliner Jahren eine unverbrüchliche Treue gehalten hatte, wobei Kritik immer verstehen
wollendem Lauschen gleichkam.

Karl Bonhoeffer im Jahr 1946

9.11.47

Liebe Frau Collega!

über Ihren Brief, den ich vorgestern erhielt, habe ich mich sehr gefreut. Von Frau Lück hatte ich schon gehört, dass Sie ihr geschrieben haben und mich grüßen ließen. Alles, was Sie von Ihrem dortigen Leben erzählen, interessiert mich natürlich sehr, darunter auch der Eindruck, den Sie von Goldstein haben ( ) Dass Sie nun dem Zwang der Zeit folgend, sich der Psychotherapie verschrieben haben, ist vielleicht nicht nur gewinnbringend, sondern auch lehrreich. Die Nötigung sich mit etwas eingehend beschäftigen zu müssen, ist bei einem intelligenten Menschen immer auch irgendwie erkenntnisfördernd. In wie weit Sie freilich autosuggestiver Beeinflussung fähig sind, die man m.E. nötig hat, um erfolgreich zu wirken, ist mir bei Ihrer kritischen Veranlagung nicht so ganz sicher. Im übrigen ist bei jeder Erkrankung so viel psychisches mitzubehandeln, dass man auch ohne auf irgend ein System eingeschworen zu sein, Erfolge erfreulicher Art haben kann. Man muss diese psychischen Componenten nur sehen lernen und dazu ist die psychiatrische Klinik immer eine gute Schule. Sie schreiben, dass ich nach dem, was Sie von Frau Lück, Zutt und Scheller gehört haben, ein Maß von Lebensbejahung und Hoffnung erhalten habe, das mir zu arbeiten ermögliche. Ich bin allerdings froh, dass ich noch einigermaßen Freude an der Arbeit habe - ich gehe 2 mal wöchentlich nach Wittenau und bespreche mit den Ärzten neue Fälle - Das macht mir tatsächlich Freude, weniger die Tätigkeit in der Fakultät und was damit zusammenhängt. Gesundheitlich geht es mir gut und ich freue mich, dass auch Sie anscheinend in dieser Beziehung nicht zu klagen haben. Ich hatte mich ja seiner Zeit etwas um Sie gesorgt. Ist das Leben in New York einigermaßen gesund? Dass Sie so schweres mit Ihren Angehörigen erfahren haben, tut mir und meiner Frau sehr herzlich leid. Es ist kaum auszudenken, was das für Exemplare von Menschen sein mögen, die sich zu solchen Vernichtungsarbeiten hergegeben haben. – Was wir mit unseren Söhnen und Schwiegersöhnen erlebt haben, haben Sie gehört. Es waren schwere Jahre bis zum traurigen Ende, aber sie alle wussten, um was es geht und womit sie zu rechnen hatten und das ist tröstlich.

Dass Sie mir ein Carepaket in Aussicht stellen, danke ich Ihnen mit meiner Frau sehr herzlich. Es ist natürlich sehr willkommen, nicht nur um unseretwillen auch die Enkel freuen sich. Meine Finger werden allmählich klamm von Frost. Wir frieren erbärmlich. So schließe ich mit dem Wunsch gelegentlich von Ihnen und Ihrem Ergehen zu hören.　　　　Ihr in alter Verbundenheit ergebener Bonhoeffer

Professor Dr. Bonhoeffer   23.4.47
Ehemaliger Direktor der Universitätsnervenklinik
der Charité
Geheimer Medicinalrat   Berlin-Charl. 9
                                                            Marienburger Allee ^3
                                                            976292

Liebe Fräulein Collega!

Gestern sind wir in den Besitz des von Ihnen gütiger Weise angekündigten Pakets gekommen. Ich weiß nicht, ob Sie sich vorstellen können, mit welcher Freude ein solches Paket in den Familien in unserem verhungerten Deutschland begrüßt wird. Ich bin Ihnen mit meiner Frau sehr dankbar, nicht nur um unseres eigenen Magens wegen, sondern auch um der ewig hungrigen heranwachsenden Enkel und anderen bedürftigen wegen, die zu unserem Umkreis gehören. Ich hoffe Sie haben meine Antwort vom 10.3. auf Ihren freundlichen Brief vom 25. Januar erhalten, in dem ich Ihnen etwas von hier erzählt habe und mit Schmerz an dem Schweren, was auch Sie in diesem schrecklichen Jahrzehnt erlebt haben, teilgenommen habe. Indessen ist ja gottlob der Frühling gekommen und hat etwas den bösen kalten Winter vergessen lassen. Einen Schulterblattbruch, den ich mir auf dem Glatteis zugezogen habe, habe ich gut überstanden und kann schon wieder im Garten graben.

Von hier kann ich nicht allzu viel Neues berichten. Heute ist Grüble hier, um zu sehen, ob er die Berufung hierher annehmen will. Ich habe ihn noch nicht gesprochen. Ob er kommen wird - er sitzt in einer idyllischen vom Kriege nicht berührten Gegend Oberschwabens – ist fraglich. Der Reiz Berlins ist ja ziemlich dahin und den Aufbau abzuwarten, ist ja für einen 67jährigen eine zweifelhafte Aufgabe, wenn man gern noch etwas arbeiten möchte. Dass Thiele hier in den Kuranstalten arbeitet, wissen Sie wohl sicher. Er hat für seine jetzige Lage eine im ganzen doch erfreuliche philosophische Einstellung. Wie es mit Roggenbau wird, wird von Gruhles Entscheidung abhängen. Lassen Sie doch gelegentlich einmal hören, wie sich die neurologische Praxis in New York abspielt, sehen Sie nur "psychosomatisches Material" oder kann man auch mit einfacher ärztlicher psychischer Beeinflussung seinen Patienten ohne besonderes Augurentum kommen? Sehen Sie auch organisches Material, für das Sie doch besonderes Interesse hatten.

Seien Sie sehr herzlich gegrüßt von meiner Frau und mir und nochmals unseres Dankes versichert. In alter Anhänglichkeit Ihr sehr ergebener

                                        K. Bonhoeffer.

9.V.47

Liebe Fräulein Collega!

Gestern ist ein zweites von Ihnen stammendes herrliches Paket hier ange-kommen, das zur Beruhigung der Sorgen meiner Frau unserem Kalorienmanko in erfreulicher Weise aufhelfen wird. Wir sind Ihnen sehr dankbar, aber ich muss doch gleich hinzufügen, es geht doch zu weit, wenn wir Sie in solcher Weise belasten. Wir sind ja leider ein Bettelvolk geworden, das ohne Scham sich aus mildtätigen Händen ernähren lässt und nicht weiß, wann wieder normale Lebensverhältnisse sich einstellen werden, die diesem Hungerzustand ein Ende machen und uns auf eigenen Füßen stehen lassen. - Gestern sah ich nach 2 Jahren zum ersten Mal wieder Scheller, der mich besuchte. Er sieht noch immer körperlich reduziert aus - seit seinem Flecktyphus, ist aber sonst der Alte, frisch, interessiert und von alter Anhänglichkeit. Wir sprachen auch viel von Ihnen und Ihrer Tätigkeit auf der Nervenabteilung zusammen mit Scheller und Thiele und fanden es schade, dass Sie auf neurologischem Gebiete nicht mehr weiterarbeiten können. Sch. ist im ganzen in St. Georg zufrieden, er möchte nur mehr psychiatrisches haben und es fehlt ihm die Beziehung zur Universität. Das letztere ist aber wohl bloß eine Frage der Zeit. Ich würde mich freuen, gelegentlich wieder von Ihnen und der Art der dortigen Praxis zu hören, ob Sie Gelegenheit zur wissenschaftlichen Arbeit haben.

Mit besten Grüssen und nochmaligem herzlichem Dank auch von meiner Frau

bin ich Ihr alter K. Bonhoeffer.

16.VI.47

Liebe Fräulein Dr. Seidemann!

Lassen Sie mich Ihnen diesmal danken für die rührende Fürsorge für uns, die auch gerade eben mir das Leben so sehr erleichtert, weil ich nun doch meinen Mann auf einem so guten Ernährungszustand halten kann, dass er wirklich für sein hohes Alter noch Erstaunliches leistet. - Er wird zwar böse sein, wenn er liest, dass ich das geschrieben habe, aber es ist wirklich wahr, sein Tagesablauf besteht noch in voller Arbeitskraft und überall wird er zugezogen u. gefragt in jetzt doch oft sehr schwierigen Situationen. Wenn ich ihn nicht so gut ernähren könnte, ginge es ihm bei seinem Alter doch traurig, wie man es bei so vielen alten Leuten sieht. - Wir sind nun vor ein paar Tagen sogar wieder Urgroßeltern geworden! Unsere älteste Tochter Ursula, deren Haus gänzlich zerstört wurde, wohnt ja bei uns mit ihrer Familie u. ihre 'Älteste' bekam ein kleines Mädchen. - Unser 'Ältester' physik. Chemiker ist von Leipzig hierherberufen worden, was uns natürlich eine große Freude ist. Er ist augenblicklich in England zu Vorträgen. -

Wir arbeiten alle fleißig im Garten an Tomaten, Bohnen und Erdbeeren. Das Wetter ist leider sehr wechselnd, wir hoffen aber auf eine gute Ernte. - Ihnen wünscht eine gute Zeit Ihre
Paula Bonhoeffer

Auch von mir herzlichen Dank und beste Grüße, ein kleiner Sonderdruck*) folgt als Drucksache. K. Bonhoeffer.

*) Betr. 'Sonderdruck aus DER NERVENARZT, 18.Jahrg. Heft 1, l. Januar 1947 ' Vergleichende psychopathologisehe Erfahrungen aus den beiden Welt-kriegen' von Karl Bonhoeffer.

10.VII.47

Liebe Fräulein Collega!

Am 4 d.M. haben wir wieder ein schönes Paket von Ihnen bekommen, das uns, wie Sie sich denken können, große Freude gemacht hat und für das wir Ihnen sehr herzlich danken. Wir machen uns aber bei aller Freude über die dadurch beseitigten augenblicklichen Nahrungssorgen Gedanken, Sie so sehr zu belasten. Sie haben doch gewiss noch andere in unserem verhungerten Deutschland, die Wünsche an Sie haben und denen Sie helfen wollen; wer von Ihren Angehörigen hat eigentlich die Höllen der Naziherrschaft überstanden? Dass Sie die Mutter und die Schwester mit Mann und Kindern verloren haben, schrieben Sie schon. Von Breslau und den dortigen alten Bekannten kommt gelegentlich mal von irgendwoher aus dem Westen eine Nachricht, meist von alten anhänglichen Dienstboten. Die ganze Klinikumgegend soll applaniert und Flugplatzterrain werden, sagte gestern Frau Czerny, die überraschend kam, um ihre Sachen, soweit sie noch vorhanden sind, nach Frankfurt zu ihrem Sohn zu bringen. - Hier in der Klinik sehe ich gelegentlich Roggenbau, mit dem zusammen ich für die russischen Collegen eine Therapie der Geisteskrankheiten zusammen- schreiben muss, was mich nicht übermäßig interessiert, aber was gemacht werden muss. - Die Schwierigkeiten des Zusammenkommens mit den Menschen der Westzonen empfinden wir doch allmählich sehr schwer. Wir haben unserer Tochter in München mit ihren 3 Kindern und ebenso unsere Schwiegertochter mit ihren Dreien in Lübeck seit nun bald 2 Jahren nicht gesehen. Wir selbst sind seit 43 nicht mehr gereist. Ob sich diese Absperrung in absehbarer Zeit löst, ist sehr fraglich, so wie die Dinge heute aussehen. Das wirkt sich natürlich auch wissenschaftlich ungünstig sein (hier meinte B. wohl: 'aus', Anm. der Verf), nachdem schon die Nazizeit und der Krieg uns eingeengt hat, werden wir weiter rückständig bleiben, wenn keine Aussprache unter den Fachleuten möglich ist. Das ist schmerzlich. Ich sehe es auch daran, dass ich bei den vielen Anfragen nach geeigneten Fachvertretern auf den Universitäten - durch die Nazivorkomm-nisse - über die jüngeren heranwachsenden Kräfte überhaupt nichts sagen kann, weil nichts publiziert wird und man noch keine Fachkongresse interzonal hat. Seit 34 habe ich keine Kongresse mehr besucht, allmählich werde ich auch zu alt für solche Dinge. Einer der führenden psychiatr. Nazis Nitsche, der n Heidelberg Assistent bei mir war (04) hat mir das Zeugnis ausgestellt, 'ich sei' "einer von den ewig Gestrigen", was mir in dem Zusammenhang, in dem das gesagt wurde, eine Ehre war. Er ist vor einigen Tagen zum Tode verurteilt worden wegen Beteiligung an den Vergasungen Geisteskranker. Die Einzel-heiten sind mir nicht bekannt. Früher ein harmloser Durchschnittspsychiater, für 'psychische Hygiene' interessiert, ist er zum 'Euthanasiefanatiker' geworden mit diesem düsteren Ende. Der Tod scheint mir hier eine sinnlose Strafe. Ich möchte wohl versuchen, sie in irgendeine Arbeitsstrafe zu verwandeln, in der er zur Besinnung gebracht werden kann. Ich fürchte, es wird nicht gelingen. Mit herz-lichen Grüßen,

Ihr K. Bonhoeffer.

2.VIII.47

Liebe Fräulein Collega!

Ich mache den Versuch Ihnen die kleine Arbeit als Brief zuzusenden, nachdem es als Drucksache nicht geglückt ist. Mein letzter Brief vom 10. Juli haben Sie wohl indessen erhalten. Indessen hatten wir einen ziemlichen Schreck im Hause dadurch, dass meine Frau, die im Hause eigentlich unentbehrlich ist, sich den rechten Oberarm gebrochen hat, (beim Mückenfangen auf der Bettmatratze balancierend ausgeglitten, als Urgroßmutter keine angemessene Betätigung!).

Glücklicher Weise sind keine besonderen Komplikationen dazwischen gekommen. Vor kurzem habe ich von Kalinowski einen Brief und die Ankündigung bekommen, dass er mir ein Buch über die Monir'sche Lobotomie schicken will . Bis jetzt ist es noch nicht gekommen, es wird mich aber interessieren, umso mehr als ich ein ausgesprochenes Misstrauen gegen diese chirurg. Therapie der Schizophrenie habe. Haben Sie Erfahrungen damit? In Deutschland hat man fast keine Erfahrungen darüber.

Mit herzlichen Grüßen bin ich in alter Anhänglichkeit Ihr K. Bonhoeffer.

1.IX.47

Liebe Fräulein Collega!

Das ist nun schon das 3. Paket, für das wir Ihnen danken dürfen. Haben Sie sehr herzlichen Dank dafür! Es war uns eine große Hilfe in den letzten Wochen, wo wir den erfreulichen Besuch unserer Kinder aus Oxford hatten und bei dieser Gelegenheit auch unserer Töchter aus der Westzone, die die Oxforder auch sehen wollten. - Vor kurzem war College Kalinowski hier, der mir Grüße von Ihnen brachte und von Ihrer anstrengenden Tätigkeit berichtete. New York ist wohl ein die Menschen aufreibendes Klima in meteorologischer wie in somatopsychischer Hinsicht. Sie sollten mit sich etwas schonender umgehen. Ein Riese an Gesundheit sind Sie doch nicht. Ich erinnere mich an die Zelt, als Sie einige Zeit bei uns in der Klinik krank lagen.

Ich habe Ihnen die 2te Auflage der Gedichte unseres Sohnes Dietrich beigelegt, mit einigen Briefen aus dem Gefängnis von unserem anderen Sohn; ich erinnere mich nicht genau, ob ich Ihnen die erste Auflage geschickt habe. Es gibt ein Bild von beiden.

Aus der Klinik ist wenig zu berichten. Gruhle wird voraussichtlich in Bonn bleiben, wo Pohlisch Schwierigkeiten zu haben scheint. Roggenbau vertritt nach wie vor, jedenfalls noch das nächste Semester. Dass Kramer nach Jena berufen ist, habe ich Ihnen wohl schon berichtet. Ob er gehen wird, ist sehr fraglich. Er hat in letzter Zeit nichts von sich hören lassen. Meine Oxforder Kinder werden zunächst auch in England bleiben - vor allem der Kinder wegen. Dass Sie einmal wiederkommen, - wenn auch nur besuchsweise - wird man wohl nicht so bald hoffen dürfen. Es wäre aber sehr schön, wenn Sie sich entschließen würden, solange man noch hier am Leben ist. Die Sorge wegen des kommenden kohlenarmen Winters bedrückt allerwärts.

Mit guten Wünschen für Ihr Ergehen und herzlichem Dank für Ihre Hilfe auch von meiner Frau,   Ihr alter K. Bonhoeffer.

12.10.47

Liebe Fräulein College!

Über Ihre Briefe vom 5.9. an meine Frau und mich haben wir beide uns gefreut. Haben Sie herzlichen Dank für sie. Dass Sie eine so schöne Erholungsreise in Rocky Mountains hatten, freut mich für Sie. Das Leben in New York macht solche Ausspannungen sicher sehr nötig. - Hier zu Lande ist das Reisen für ältere Leute aus den verschiedenen Gründen fast zur Unmöglichkeit geworden. So sind wir seit 42 nicht mehr aus Berlin herausgekommen, so sehr ich für meine Frau eine Ausspannung von dem mühsamen Tretrad der Sorge um das tägliche Brot wünschte. Die Jahre der Sorge um die Kinder während der Verfolgungen durch die Gestapo haben sie doch in ihrer Widerstandsfähigkeit heruntergebracht. Die Bombenangriffe, die Beschießung und die Schlußkämpfe in und um Berlin, die Russenerlebnisse waren demgegenüber kaum von Bedeutung, wie überhaupt die Einschätzung des Todes - wie übrigens auch schon während des ersten Weltkrieges - im Laufe der Kriegsjahre eine andere Bewertung bekommen hat. Damit hängt vielleicht auch meine Meinung über die Todesstrafe, die ich bei vielen Kriegsverbrechern besser durch Arbeitszwang ersetzt wünschte, zusammen.

Was Sie über die Lobotomie schreiben und Kalinowski's Stellungnahme, ist auch mein Eindruck. Er ist klinisch über die Mannigfaltigkeit der Schizophrenieverlaufsformen doch zu wenig unterrichtet in Folge seiner doch überwiegend neurologischen Ausbildung. Aus den Veröffentlichungen der psych. Sektion der Royal Society, die ich jetzt wieder zugeschickt bekomme, sehe ich, dass in England die Operation des Hirnlappens nicht bloß bei der Schizophrenie, auch bei Zwangsneurose anscheinend sehr en vogue ist. Ich bin kein Freund von diesem wilden Arbeiten in Hirnregionen, die man noch lange nicht ausreichend kennt. Aber es ist ja vielleicht einer der Wege, sie genauer kennen zu lernen. Es fehlt eben hier zulande noch ganz an gut beobachteten ausführlichen Krankengeschichten. Scheller habe ich lange nicht gesehen. Er hat vor längerer Zeit ein sehr gutes, kurzes Referat über die psychischen Begleiterscheinungen bei Flecktyphus gegeben. Er hat ja selbst einen durchgemacht. Er sieht körperlich noch recht reduziert aus. Er ist jetzt nach Erlangen berufen und Zutt schrieb mir gestern, dass er mit ihm in Tübingen auf einer Fachversammlung zusammen war ohne eine besondere Bemerkung über ihn. Sehr schade, dass Ich Ihren Brief von Ende Juni nicht bekommen habe. Er kann aber noch kommen, das kommt bei der hiesigen Post vor. Vor wenigen Tagen hatte ich einen Brief aus Australien, der in 6 Tagen hier war, eine Zeit, die hier ein Brief nach Potsdam braucht. -

Berlin hat noch keinen endgültigen Klinikleiter, Roggenbau vertritt kommissarisch, ist nach Jena berufen. Gruhle soll kommen, ist mir aber sehr zweifelhaft. - Dass Frau Lück während der kritischen Jahre unzuverlässig gewesen, ist mir nicht bekannt, bei der eindeutigen, ganz ablehnenden Stellung ihres Schwiegersohnes Burlage auch unwahrscheinlich. Da ich nach meinem Abgang von der Klinik (Herbst 38) wenig mehr nach der Charité kam, weiß ich über Einzelheiten natürlich nicht allzuviel. Sie mag bei de Crinis und seiner Umgebung es nicht leicht gehabt haben. Ich fand sie immer unzweideutig wie früher und auch jetzt, wo ich wieder öfters nach der Klinik komme.

Mit herzlichen Grüßen und vielem Dank für Ihre Anhänglichkeit

Ihr K. Bonhoeffer.

Auch meine Frau grüßt sehr. Ich nehme an, dass unser Dankbrief, der hier um 2ten Sept. abgegangen ist, Sie erreicht hat.

25.X.47

Liebe Fräulein Collega!

Ihren freundlichen Brief vom 1. d.M. habe ich am 14. erhalten, haben Sie herzlichen Dank für ihn. Ich habe mich sehr über ihn gefreut, wenn ich auch Ihre Auslassungen über meinen Einfluss auf Ihre Entwicklung nicht in dem von Ihnen geschilderten Umfang anerkennen kann. Sie unterschätzen dabei den konstitutionellen Anteil bei Ihnen selbst. Dass Sie in so rührendem und uns fast beschämendem Altruismus uns weiterhin gegen Frost und Hunger fürsorglich beschützen wollen, danke ich Ihnen sehr herzlich, auch im Namen meiner Frau. Sie sehen vielleicht an meiner Handschrift - als Psychotherapeut ist Ihnen ja auch die Graphologie eine Hilfe – dass ich mit etwas steifen Fingern schreibe. Leider fühlt man schon den Winter. Man wagt noch nicht zu heizen, da die Kohlen dieses Jahr besonders knapp werden und man schreibt bei 5°C im Zimmer nicht gut. So freue ich mich schon auf den Pullover, von dem Sie mir schreiben und bin sehr dankbar für ihn. Beim Russeneinmarsch sind uns all diese Dinge abhandengekommen, sicherlich werden auch die anderen Dinge irgendwo in der Descendentenschaft willkommen sein. Die Ankunft der Sachen werde ich melden. So haben Sie auch noch mit Verpacken Mühe! Von hier ist nicht viel zu melden. Auf der Tagesordnung der nächsten Fakultätssitzung steht wieder einmal "Stand der Berufungsverhandlungen Nervenklinik, 2. med.

Klinik". Der Anreiz von Berlin ist gering. Zum wesentlichen Teil liegt dies an der Unklarheit des Verhältnisses zwischen Ost und West. Ob die November-sitzung der Außenminister Klarheit bringen wird? Vorläufig hat man Grund nicht optimistisch zu sein.

Von Kramer hörte ich - nicht von ihm selbst - dass ihm wohl die Ausreise nach Deutschland, nicht aber die Rückreise nach Amsterdam genehmigt wurde, sodass er Jena unbesehen hätte annehmen müssen. Das hat er offenbar nicht riskiert. Nun ist Roggenbau berufen worden. Offenbar sind die Verhältnisse an der früher so reizvollen Universität neuerdings nicht allzu einladend. Zutt schrieb mir von dem Psychiater Tag in Tübingen, wo offenbar nichts wesentlich neues mitgeteilt worden ist. Interessiert hat mich ein Brief von Ludw. Binswanger, der von der Lobotomie schreibt, dass er beachtliches in England gesehen habe. Bei seiner sonstigen ganz anders gearteten Einstellung und seiner guten Kritik werde ich doch nachdenklich. Mit besten Grüßen bin Ich Ihr

K. Bonhoeffer.

5. Nov. 47

Liebe Fräulein Collega!

Heute kamen 2 Pakete an, die Sie mir gesandt haben - ein Care und eines mit Kleidungsstücken, drunter ein Jumper, von dem Sie schrieben, dass Sie ihn für mich besorgt haben. Da ich tatsächlich nichts derart habe, ist er mir in dieser Jahreszeit sehr willkommen, zumal bei meinen 2 mal wöchentlichen Expe-ditionen nach Wittenau, die ich mit Stadtbahn, Strassenbahn und Untergrund-bahn bewerkstellige - mein Wagen ist bei dem Einmarsch der Russen mit vielem anderem abhandengekommen - ich habe den Jumper anprobiert und ich kann feststellen, dass Sie mich in meinen Grössenverhältnissen gut beurteilt haben einschließlich der Gewichtsabnahme, die wir hier alle zu verzeichnen haben. Die letztere ist aber seit Sommerbeginn nicht mehr progressiv. Wenn es Sie auch sonst interessiert, werde ich gelegentlich ein Konterfei schicken. Meine Frau war über die vielen Kleidungsstücke höchlichst erfreut, sie hofft damit Kinder und erwachsene Enkel gut ausstaffieren zu können. Und nun noch das Carepaket mit all den schönen Nähr-Kräftigungs- und Anregungsmitteln, die uns so wertvolle Dienste tun, um uns leistungsfähig zu halten. Bei dem vielen, was Sie gewiss auch an anderer Stelle helfen, sollten Sie uns nicht so überaus reichlich bedenken! Wir sind Ihnen herzlich dankbar. Ich nehme an, dass Sie meinen

Brief vom 25 Oktober erhalten haben. - Hier ist gestern von Gruhle die Ablehnung der Berufung hierher gekommen. Er bleibt in Bonn, wo er an Stelle von Pohlisch, der abgebaut ist (als Pg) berufen worden ist. Hier ist nun voraussichtlich Roggenbau der seit 2 Jahren vertritt, politisch unbelastet ist und im Felde sich durch mutige Berichte oben unbeliebt gemacht hat, der nächste Anwärter, soweit man das bei der Undurchsichtigkeit der Instanzen beurteilen kann.

Im übrigen ist die Spannung über die Ergebnisse der Londoner Außenministerkonferenz groß. Man ist hier wohl mit Recht nicht sehr optimistisch. Mit herzlichen Grüßen und guten Wünschen,

Ihr K. Bonhoeffer

den 3.XII. 47

Liebe Fräulein Seidemann!

Gestern haben wir wieder ein Paket von Ihnen auspacken dürfen, das uns jetzt in der Weihnachtsvorbereitungszelt besonders willkommen ist, wo meine Frau sich bemüht, für unsere Enkel und alten getreuen früheren Dienstboten unseres Hauses etwas Weihnachtsgebäck herzustellen -, wenig aber von Herzen. Haben Sie sehr herzlichen Dank für Ihre Hilfe. Die kommenden Feiertage werden auch Ihnen hoffentlich etwas Ruhe bringen. Ich weiß nicht, wer es war, ich glaube Kalinowski, der mir erzählte, dass Sie von morgens früh bis spät am Abend tätig seien. Das dürfen Sie allen Ernstes nicht in dieser Weise fortsetzen. Sie sind ja kein Riese an Kräften. Ich erinnere Sie, wie Sie auch bei uns sich übernommen hatten und eine ganze Zeit lang auf der Nervenstation liegen mussten. Psychotherapie ist eine anstrengende Sache, wenn man es nicht wie Kronfeld macht, der von sich erzählte, dass er sich hinter die Chaise Longue seines Pat. setzte, ihn meditieren ließ und selbst die Zeitung las. Er ist, wie ich höre, vor einigen Jahren in Moskau gestorben, Schade um den begabten einfallsreichen und gebildeten Mann. Gutachtlich war ja manches gegen ihn zu sagen. Dass Gruhle hier abgesagt hat und nun Roggenbau voraussichtlich Nachfolger wird, habe ich Ihnen wohl schon gesagt. Nächsten Montag haben wir die erste Sitzung der neurolog. Gesellschaft seit dem Zusammenbruch. Roggenbau wird sie leiten. Hoffen wir, dass sie eine lange Friedenszeit einleitet. Es sind 80 Jahre seit der Gründung durch Griesinger! Man muss hoffen. Dass es auch mit der Wissenschaft wieder aufwärts geht. Man liest doch schon wieder die eine oder andere ordentliche Arbeit im Nervenarzt.

Mit herzlichen Grüßen und Dank auch von meiner Frau bin ich Ihr,

K. Bonhoeffer

P. Bonhoeffer

Berlin-Charlottenburg 9
Marienburger Allee A3
Tel. 93 29 00

d.9.11.47

Liebe Fräulein Dr. Seidemann!

Wenn ich nicht einen gebrochenen Arm hätte, der mir das Schreiben recht erschwert, hätte ich Ihnen schon längst gedankt für das für uns so hilfreiche Kleidungspaket. Wie froh bin ich, dass mein Mann einen so angenehm leichten, schön wollenen Jumper hat! Das wird ihm in diesem 'Heizungsarmen Winter' sehr zugute kommen! - Sie hätten die Augen unserer verschiedenen Enkeltöchter sehen sollen, als ich Ihr Paket auspackte; sie freuen sich jetzt schon, bis sie die Sachen bekommen. Haben Sie also tausend Dank! Dass mir Ihr Care-Paket eine große Hilfe sein wird, wenn im Winter alles noch knapper wird, brauche ich Ihnen nicht erst zu sagen. Ich schließe es jedenfalls, so schwer es einem wird erst einmal weg. Wie gern würden wir Ihnen auch mal eine Freude machen. Haben Sie vielleicht einen Wunsch, den wir Ihnen erfüllen könnten? Dann lassen Sie es uns doch wissen. Ich muss schließen, meine Hand will nicht mehr recht. Mit vielen Grüßen von meinem Mann und mir,

Ihre Paula Bonhoeffer

d.10.12.47

Liebes Fräulein Dr. Seidemann!

Nun ist auch noch Ihr zweites Paket hier bei uns eingetroffen mit der Fülle so schöner 'cloathes'. Haben Sie tausend Dank. Es ist so schön, dass es noch vor dem Weihnachtsfest kam, da kann ich doch so vielen bedrückten, jetzt hilfs- bedürftigen Menschenkindern eine große Freude machen. - Aber auch für unsere heranwachsenden Enkeltöchter konnte ich einiges Geeignetes u. sehr Wünschenswertes heraussuchen, haben Sie also nochmals tausend Dank. Ich bin ja leider zwei Nummern grösser geraten als die Sachen sind. Ich komme aber ja noch mit meinen Sachen aus, da ich ja gottlob nichts mehr 'auswachse'! von meinem Mann soll ich einen schönen Gruß sagen. Er hat sehr viel zu tun. Die Wege nach Wittenau sind mir gar nicht recht. Nachdem ihm 2 Autos gestohlen wurden, fährt er Stadtbahn, und das ist zur Zeit furchtbar. Trotzdem Ist er für seine bald 80 Jahre erstaunlich frisch in der Arbeit. Möchte das neue Jahr uns allen bessere Zeiten bringen. Alles Gute wünscht Ihnen

Ihre dankbare Paula Bonhoeffer

Universitäts-Nervenklinik   Würzburg, den 10.11.47
Würzburg   Fuchsleinstrasse 15
Direktor: Prof. Dr. Jürg Zutt   Fernruf 2104 u. 2570

Liebes Fräulein Dr. Seidemann!

Mit Ihnen ist es mir merkwürdig gegangen. Sie haben mir irgendwann einen Brief geschrieben, über den ich mich gefreut habe, und ich habe Ihnen dann sehr ausführlich geantwortet. Dann ist es ganz still geworden. Da ich jetzt Scheller, der in der Nachbarschaft in Erlangen eingezogen ist, gelegentlich sehe, werde ich immer an Sie erinnert und möchte Ihnen gern noch einmal schreiben, damit Sie nicht denken, ich hätte vielleicht damals auf Ihren freundlichen Gruß nicht reagiert. Mein Brief ist offenbar irgendwo ins Wasser gefallen. Schade.

Wie es hier bei uns aussieht, werden Sie ja von Scheller ziemlich genau wissen. Es gibt viele Sachen nicht, die es in New York gibt, aber der Unterschied ist ja schon zwischen Würzburg und Basel, da braucht man nicht so weit zu gehen. Merkwürdig, dass man alles, was es nicht gibt, im Grunde genommen doch nicht vermisst. Gelegentlich hört man von Leuten, die plötzlich in die Fülle von Basel oder Zürich geraten sind, dass sie ein gewisses Mißbehagen befällt, offenbar ähnlich wie Blindgeborene, wenn sie sehend werden, zunächst Angst bekommen. Da scheint ein heilsamer Schutzmechanismus der menschlichen Natur vorzuliegen. Z.Zt. freuen wir uns alle sehr, weil es furchtbar regnet. Das kommt daher, weil es bis vor kurzem monatelang keinen Tropfen gegeben hat. Nun lassen Sie einmal von sich hören.   Mit herzlichen Grüssen,

Ihr Zutt

2.1.48

Liebe Fräulein Collega!

Dass Sie ein Bild von mir haben wollen, ist sehr rührend von Ihnen. Ich erfülle den Wunsch gerne, ich habe aber kein neueres, werde aber doch daran glauben müssen, mich noch vor einem endgültigen Abgang abkonterfeien zu lassen. Dann schicke ich eins, damit Sie sehen, wie ich wirklich aussehe. Das anliegende stammt noch aus der wohlgenährten Zeit, etwa der, in der wir noch zusammengearbeitet haben. Es stammt aus der Münchener Wochenschrift, soweit ich mich erinnere. Den Unterdruck habe ich überklebt.

Hoffentlich haben Sie ruhige Weihnachtstage gehabt, damit Sie sich etwas erholen konnten. Für das neu begonnene Jahr wünsche ich Ihnen alles Gute. Nach den neuesten Zeitungsberichten haben Sie ja üble Schneestürme gehabt. Wir hier in der Ostzone sehen ziemlich trüb in Zukunft. Vielleicht kommt aber den Politikern doch noch ein Einsehen, das ein Zusammengehen von Ost und West ermöglicht. Die Zonengrenzen machen sich doch schon jetzt unangenehm bemerklich. Man muss jung sein, um sich den Reisestrapazen gewachsen zu zeigen. -

Jossmann hat mir vor kurzem sehr freundlich und ausführlich über amerikanische Psychiatrie geschrieben. Haben Sie nicht Lust, mir eine kleine Arbeit für die neu zu gründende Monatsschrift zu schicken? Das wäre sehr dankenswert.

Mit sehr herzlichen Grüssen und guten Wünschen auch von meiner Frau.

Ihr sehr ergebener Bonhoeffer.

Mit den Kleidungsstücken haben Sie ein paar jungen Studentinnen eine große Freude gemacht, die noch selbst danken wollten. Von den Enkelkindern hat meine Frau schon geschrieben.

10.1.47 (*muss sein 48, Anm. der Verf.*)

Liebe Fräulein Collega!

Schon haben wir wieder ein Carepaket von Ihnen bekommen, für das wir Ihnen sehr herzlich danken. Ich kann nur immer wieder sagen, Sie verwöhnen uns mit Ihren immer wiederholten Gaben in einem Maße, das uns beschämt. Meine Frau dankt Ihnen ganz besonders, sie ist glücklich, dass sie so in der Lage ist, die Lücke, die in unserem Haushalt durch die Weihnachtstage und dem Geburtstage meiner Frau durch die Kinder und Enkelkinder gerissen wurde, wieder aufzufüllen. Hoffentlich haben Sie in den Weihnachtstagen und den anschließenden Festen Zeit gefunden, sich etwas auszuruhen. Wir haben das neue Jahr schlafend angetreten. Meine Frau war etwas übermüdet von den vorangegangenen Tagen. Ich habe in den letzten Tagen einen ausführlichen Bericht von Jossmann über seine psychiatrischen klinischen und therapeutischen Erfahrungen bekommen, der mich interessiert hat. Auch er scheint von der Lobotomie nach anfänglichen Bedenken gutes gesehen zu haben. Es scheint also, dass man auch diesen therapeutischen Versuch seinen Weg gehen lassen muß. Dass bei so eingreifender doppelseitiger Stirnhirnschädigung eine wesentliche Änderung der Psyche sich einstellt, ist ja nicht unverständlich. Ob sie den eigentlichen schizophrenen Prozess betrifft, bleibt vorläufig wohl zweifelhaft. - Von hier und von Ihren alten Bekannten, soweit ich sie auch kenne, habe ich Neues wohl kaum zu berichten. Roggenbau ist als Nachfolger de Crinis von der Fakultät vorgeschlagen worden, ob er den Russen genehm ist, weiß ich nicht. Sauerbruch, der dort einigermaßen zu Hause ist, meint ja. Ich hoffe auch, dass er ernannt wird, da ich sonst fürchte, dass der Ihnen wohl auch noch erinnerliche Hanns Schwarz ernannt wird. Er ist eifriger SEDpolitiker, aber klinisch und wissenschaftlich der Position nicht gewachsen. - Wir hoffen und wünschen dringend, dass uns der Weg nach dem Westen nicht verbaut wird. Das wäre menschlich und wissenschaftlich katastrophal. Man hat den Eindruck, dass die Politik ein Gebiet ist, auf dem die menschliche Unzulänglichkeit sich in besonderem Masse enthüllt. Ich lese augenblicklich die Kant'sche Broschüre vom ewigen Frieden!

Mit herzlichen Grüßen und nochmaligem herzlichen Dank für Ihr/am

9.12.47 in New York abgegangenes Paket/von meiner Frau und Ihrem alten sehr ergebenen

K. Bonhoeffer

15.11.48

Liebe Fräulein Collega!

Ihr freundlicher letzter Brief ist erstaunlich rasch hier angekommen – 7 Tage, eine Zeit, die hier ein Brief unter Umständen bis Potsdam braucht, doch das ist in letzter Zeit etwas besser geworden. - Haben Sie herzlichen Dank für ihn und den vom 25. Januar. Sie haben ein paar Fragen, die ich gleich beantworten will. Ob wir sehr Hunger leiden? Ich kann Sie da mit gutem Gewissen beruhigen. Es geht uns seitdem wir aus Amerika die Carepakete bekommen, so, dass von eigentlichem Hunger bei uns alten nicht gesprochen werden kann. Wir sehen auch nach allgemeiner Meinung wieder sehr viel besser aus. Schwierig zu ernähren ist die heranwachsende Jugend, die Enkelkinder von 10 - 20 Jahren. Aber auch hier ist die amerikanische Hilfe ein großer Trost. Schmerzlich und beschämend ist nur, dass man das Ende dieser Bettelsituation noch gar nicht absieht und dass es doch eigentlich unmöglich ist, immer wieder Ihre Hilfe, die doch ihre Grenzen haben muss, in Anspruch zu nehmen.

Wir sind ja doch nicht die Einzigen, denen Sie helfen! Ihre Nachrichten bestätigen was man hier von Schneestürmen und schlimmen Kältegraden in Nordamerika in den Zeitungen liest; dazu kommt, dass Sie sich durch ausreichende Heizung auch nicht schützen können. Die Ölheizung, die vor den Kriegen in den ersten Anfängen auch hier eingeführt wurde, hat wohl den Nachteil, dass es nicht ohne weiteres möglich ist, gewöhnliche Öfen an die Schornsteine anzuschließen. In normalen Verhältnissen ist sie wohl ideal sauber.

Nun zu Roggenbau und Pohlisch.

Roggenbau ist noch nicht endgültig ernannt. Ich glaube, ich schrieb Ihnen schon, dass unsere Liste für die Nachfolge de Crinis lautete - Kurt Schneider, Thiele, Zutt, Roggenbau. De Crini ist ja gegen die Fakultät hereingekommen durch die S.S. Ihm kam abgesehen von seinem Nazitum zu Gute, dass die bei meinem Abgang vorgeschlagenen Lange, Gamper und Bostroem alle 3 starben. Kurt Schneider lehnte ab, Thiele kam als alter S.A.mann (!) nicht in Betracht, Zutt ging nach Würzburg. Der dann eingeschobene Gruhle lehnte nach langem Überlegen auch ab. Der Osten Deutschlands, zu dem Berlin ja neuerdings gerechnet wird, lockt nicht. Roggenbau hat sich im Krieg durch Widerstand gegen allerhand Zumutungen bewährt, ist deshalb in 4 jähriger Feldtätigkeit nicht befördert worden. Ich würde froh sein, ihn zu bekommen, (...).

Ihre Klage, dass wir "alle in Deutschland Ansprüche auf Niveau und Würde u.a. allmählich aufgegeben" haben, ist hart, aber nach dem, was Sie erlebt haben, ja verständlich. Bei Polisch konnte ich, da er wohl ungefähr 12 Jahre an der Klinik war, ihm bescheinigen, dass er in dieser Zeit als Arzt sich als gewissenhaft, fleißig und human gezeigt hat und dass ich über seine Entwicklung nach 34 nichts wusste. Ich sah ihn an meinem 75. Geburtstag wieder. Wie so viele, gab er sich damals (43) als ziemlich geheilt. Er soll jetzt körperlich schlecht daran sein. - Mit herzlichen Grüßen auch von meiner Frau und der Bitte und dem ärztlichen Rat, dass Sie sich Ihre Kräfte zumal in dieser schlimmen Jahreszeit etwas zusammenhalten - Sie sind doch, wenn ich an Ihre hiesige Zeit denke, doch etwas anfällig bei Überanstrengung,

Ihr K. Bonhoeffer

22.11.48

Liebe Fräulein Collega!

Gestern ist schon wieder ein Carepaket von Ihnen angekommen. Wir denken immer mit großer Dankbarkeit an Sie. Aus meiner Jugend erinnere ich mich, dass man bei den Wohltätigkeitsorganisationen die 'verschämten Armen' als eine besondere Gruppe unterschied, die besonders zart angefasst werden sollten, damit sie die 'Schande' des Verarmtseins nicht so spüren sollten und nach außen die Fassade bürgerlicher Existenz aufrecht erhalten könnten. Dass auch auf diesem Gebiet eine Nivellierung eingetreten ist, dass wir alle gleichermaßen verarmt sind, ist einer der Erfolge der Nazi's, auch dass wir es nicht mehr verschämt sind, sondern fast insgesamt Bettler. Die Kälteperiode, die uns nun auch noch erreicht, zeigt den Jammer wieder in besonderer Deutlichkeit. Dass es uns in materieller Hinsicht durch Ihre Hilfe besonders gut geht, sind wir uns stets bewusst; dass Sie durch uns auch manchem anderen helfen und Sie uns auch dadurch eine Freude machen, dass wir in der Lage sind, dass wir den fast täglich kommenden alten Leuten und Flüchtlingen eine Suppe oder sonst etwas zum Essen abgeben können, ist Ihnen vielleicht auch eine kleine Freude -

Mein Brief vom 15.d.M. wird Sie indessen wohl erreicht haben. Neues hat sich seitdem nicht *) zugetragen. Wir frieren und hoffen auf den Frühling, den uns der März hoffentlich bringen wird. Ich erinnere mich, dass ich am 5. März vor 50 Jahren - unserem Hochzeitstag - in Wien auf dem Kahlenberg Anemonen pflückte. Damals hatte man den Frühling in sich und brauchte den äußeren kaum. Im Alter hat man richtig Frühlingssehnsucht. Wir liegen in tiefem Schnee, für meine Reisen nach Wittenau keine Annehmlichkeit.Ich habe ein bisschen viel von mir geredet, auch das ist wohl Alterserscheinung. Ich hoffe, Sie haben die dortigen Schneestürme gut überstanden und haben auf Ihrem Breitegrad nun schon wirklichen Frühling.
Mit herzlichem Dank auch von meiner Frau bin ich Ihr alter

K. Bonhoeffer

*) Wenn man die Politik bei Seite lässt.

Psychiatrische und Nervenklinik   Berlin NW 7, den 20.1.48
in der Charité   Charité,
                                         Schumannstr. 20-21

Liebes Fräulein Dr. Seidemann!

Wie ich festgestellt habe, sind im Hause Bonhoeffer im März zwei große

Feiertage, nicht nur der 80. Geburtstag unseres alten Chefs am 31. März, sondern B's feiern am 5. März 48 das Fest der Goldenen Hochzeit. Und da ich weiß, dass Sie sich für hohe Feiertage im Hause Bonhoeffer interessieren, möchte ich Ihnen das mitteilen. - Ich habe ebenfalls an Kaillmann's und Kalinowsky's berichtet.

Wie ich in der Zeitung lese, ist es in Amerika heftig kalt geworden, hoffentlich erfrieren Sie nicht, ich glaube, Sie liebten die Kälte nicht. Aber selbst wenn Sie Besuche machen müssen, kehren Sie sicherlich in Ihre warme gemütliche Wohnung zurück. Und was gibt's dann, Kaffee oder Tee. Haben sie noch Ihr Kaffeemaschinchen oder funktioniert das da drüben nicht? - Wir haben noch keinen strengen Winter, es murkelt so etwas unter Null, etwas über Null, mir kann es ja gleichgültig sein, aber die anderen Menschen draußen machen mir dann Sorge, obgleich die Kohlenzuteilung keine schlechte war, nur für grimmige Kälte ist es doch sehr knapp.

Wegen des Berliner Lehrstuhls für Neurologie hat sich noch nichts ereignet, die Bestätigung für Rgb. ist immer noch nicht ergangen. Dagegen heißt es, dass die 2. Med. Klinik ihren früheren Assistenten Wollheim (Sie kennen ihn doch) als Chef nunmehr bekommen soll. Mir ist nicht ganz klar, warum er aus Schweden hierher zurückkommen möchte. Gesprochen habe ich ihn nicht, obwohl ich mich sehr auf eine Unterredung mit ihm freuen würde.

Von Scheller habe ich noch nichts wieder über seinen geplanten Besuch in Berlin gehört, ich glaube, wenn er da ist, binde ich ihn auf dem Stuhl fest. Nee so etwas Zappliges!

Diesmal freue ich mich auf das Wochenende, Eva will abermals backen, und jeden Tag wird beredet, was gebacken werden soll, und wenn's soweit ist, kommt doch etwas anderes zustande. Das macht alles viel Spaß, lenkt ab, und erfreut uns, durch angenehme Sachen ist man gern abgelenkt. - Neulich habe ich mir den Film The Royal Wedding angesehen, ein sehr netter Film, der im Astor (kennen Sie es, am Kurfürstendamm?) läuft, allerdings nur 1 Stunde, aber ich sehe gern solche Filme, die heute einen ganz anderen Eindruck hinterlassen. Gehen Sie auch ins Kino oder ins Theater, oder sind Sie zu abgespannt?

Liebes Fräulein Dr. Seidemann, wann werden Sie ein Schreibmaschinchen haben, dann käme sicher öfter mal ein Brief von Ihnen, aber ich weiss, dass Sie handschriftlich Ihre Riesenkorrespondenz kaum erledigen können. Und ich rechne daher für die nächste Zeit gar nicht auf eine Nachricht von Ihnen, aber wenn dann später ein Brieflein per Luftpost kommt – wenn ich den bunten Rand von weiten an einem Brief entdecke, hüpft mein Herz vor Freude, bin ich sehr glücklich!

Liebes Fräulein Dr. Seidemann, erfrieren Sie nicht, trinken Sie Kaffee oder Tee recht heiß, und wenn Sie abends ein wenig zur Ruhe kommen, dann lassen Sie mal Ihre Gedanken abschweifen zu Ihrer alten Arbeitsstätte und zu ihren getreuen Mitarbeitern. Eva schwärmt heute noch davon, wie das Diktat wie am Schnürchen ging, und sie sagte immer wieder, Sie wären ihr am liebsten gewesen beim Diktat.

Viele gute Wünsche, herzliche Grüße und nochmals tausend Dank für alles Gute.

Ihre Marie Ch. Lück und natürlich auch

Eva Burlage.

10.III.48

Liebe Fräulein Seidemann!

Dass Frau Lück so indiskret war, Ihnen unseren 'goldenen Hochzeitstag' mitzu-
teilen, war sehr unrecht. Sie haben gewiss jeden Tag genug zu tun und man
sollte Sie nicht mit solchen Mitteilungen veranlassen, immer wieder mit uns sich
zu beschäftigen. Freilich haben Sie uns durch Ihren warmherzigen Glückwunsch
eine große Freude gemacht und ich danke Ihnen mit meiner Frau sehr herzlich.
Es war bei allen bitteren Erinnerungen, die ein solcher Tag natürlicher Weise
besonders ins Bewusstsein treten lässt, ein harmonisches Fest, das durch die
Enkel, die sich allerhand an Aufführungen ausgedacht hatten und hübsche
Musik machten, einen fröhlichen Charakter bekam und wie ich glaube, diesen
eine hübsche Erinnerung bleiben wird.

Meine Frau trägt mir auf, Sie sehr herzlich zu grüßen, sie wird bald selbst
schreiben, ist aber im Augenblick durch die zu erwartenden Enkel und
Töchterbesuche aus Schleswig und München, die zu 8en kommen und im Hause
wohnen werden, stark in Anspruch genommen. Sie tut geheimnisvoll mit einem
Brief, den Sie von Ihnen erhalten hat und den sie mir nicht gibt.

Wir sind froh, dass es allmählich Frühling zu werden scheint. Mein 80.
Geburtstag liegt mir etwas auf - ich kann ihn Ihnen ja doch nicht kachieren -
man kann ja nicht reisen bei den unmöglichen Verkehrsverhältnissen und sich
für einige Wochen unsichtbar machen. Aber auch das wird vorübergehen.

Mit sehr herzlichen Grüßen

Ihr K. Bonhoeffer

12.4.48

Liebe Fräulein Collega!

Für Ihren freundlichen Brief zu meinem Geburtstag vom 12. letzten Monats
danke ich Ihnen sehr herzlich. Sie haben mich darin so gelobt, wie ich es sicher
nicht verdiene. Ich habe das Glück gehabt, viele gute Mitarbeiter gehabt zu
haben, die es mir leicht gemacht haben, ordentliche sachliche Arbeit zu leisten.
Der Geburtstag ist ein schöner sonniger Frühlingstag gewesen. Alle meine
Enkel, soweit sie in Deutschland sind, waren mit unseren Kindern versammelt.
So wurde es durch die vielen Jugendlichen bei allem Wehmütigen doch ein

fröhliches Fest. Sobald ich die Aufnahme, die natürlich auf Wunsch der Kinder gemacht werden musste, fertig ist, schicke ich eine. Es geht das alles jetzt sehr langsam. Über die Festschriften (eine aus U.S.A. und eine von hier) habe ich mich sehr gefreut. Heute sind unsere letzten Gäste abgereist. Die erste ruhige Stunde benütze ich, Ihnen zu danken. Sie haben auch in so rührender Weise mitgewirkt, den großen Kreis satt zu machen, wofür Ihnen auch meine Frau sehr herzlich dankt. Nach dem Geburtstagspaket ist vor einigen Tagen ein zweites gekommen. Ich kann nur immer wieder sagen, es ist zu viel. Ich schreibe bald einmal mehr

Ihr K.B.

Die vielen Beweise der Anhänglichkeit und des freundschaftlichen Gedenkens, die ich bei meinem 80. Geburtstag erfahren habe, waren meiner Frau und mir eine große Freude. Wenn ich den Dank nur durch diese Karte zum Ausdruck bringe, so bitte ich, dies meinen Jahren zugute zu halten. Durch das Zusammen-treffen des Geburtstags mit dem goldenen Ehejubiläum im selben Monat ist die Zahl der freundlichen Wünsche so angewachsen, dass ich mir versagen muss, sie - wie ich es gerne täte - einzeln zu beantworten.

In herzlicher Verbundenheit

KARL BONHOEFFER

April 1948

25.4.48

Liebe Fräulein Collega!

Sehr herzlichen Dank für Ihren gestern angekommenen Brief, in dem Sie mir schrieben, dass Sie mir gerne eine Arbeit in der 'Festschrift' der amerikanischen Collegen zugeeignet hätten, dass aber die Aufforderung von Jossmann zu spät kam. Das ist schade, aber ich freue mich auch, wenn ich später etwas von Ihnen aus Ihrem wissenschaftlichen Leben erfahre. Dass Sie im Sommer nach der Schweiz kommen, freut mich für Sie. Dort werden Sie sich hoffentlich gut erholen, schade ist aber, dass wir Sie nicht hier sehen werden. Das Reisen in Deutschland ist aber so unbequem, dass man kaum zureden kann. Erholsam würde auch der Aufenthalt hier kaum sein. Ich lege Ihnen ein Bild von dem 80. Geburtstag bei. Alles ist abgesehen von 2 Personen unmittelbare Descendenz, nur die 4 Oxforder fehlen. Ich als Patriarch sehe in Folge der Sonnenblendung etwas missmutig aus, was meiner Stimmung an diesem Tage eigentlich nicht entsprach. Ich habe ja auch allen Grund, dankbar zu sein für das viele, was mir geblieben ist und die vielen Zeichen freundlicher Gesinnung die ich erfahren habe. Ich nehme an, dass mein und meiner Frau Dank bei Ihnen angekommen ist. Herzlich Ihr K.B.

6.5.48

Liebe Fräulein Collega!

Bei der Schwierigkeit, geeignetes Schreibmaterial zu bekommen, benutze ich die übrig gebliebenen Danksagungskarten. Schon wieder ist gestern ein Care-Paket angekommen, für das ich mit meiner Frau sehr herzlich danke. Ich brauche Ihnen nicht zu wiederholen, wie sehr wir von Ihrer nicht erlahmenden Fürsorglichkeit beeindruckt sind. Es ist Ihnen vielleicht ein angenehmer Gedanke zu wissen, dass Sie nicht nur uns beiden Alten helfen bei Kräften zu bleiben, sondern dass auch für unsere hier befindlichen Enkel, die immer mal wieder zu irgend einer Mahlzeit sich einfinden, durch Ihre Hilfe die Möglichkeit besserer Ernährung gegeben wird. - Ich bin jetzt dabei, die mir zugeeigneten Arbeiten eingehend zu studieren. Wenn Sie, wie Sie schreiben, sich gerne an der 'Festschrift' beteiligt hätten, so würde ich mich freuen, wenn Sie bei Gelegenheit in der seit einem Jahr erscheinen sollenden Monatsschrift f. Psychatr. in der sowjetischen Zone etwas aus Ihren Erfahrungen publizieren würden. Ich gebe Ihnen Bescheid, wenn die Monatsschrift wirklich erscheinen wird. Wann reisen Sie nach der Schweiz?

Mit besten Grüßen,

Ihr K.B.

Die Photographie der Geburtstagsgesellschaft ist Ihnen hoffentlich zugegangen.

24.5.48

Liebe Fräulein Seidemann!

Ihr Brief vom 15. Mai hat mich etwas beunruhigt. Was Sie über die Anstrengungen des ärztlichen Lebens in New York, die Häufigkeit der

Coronarerkrankungen bei den Ärzten und Ihre eigenen Schwierigkeiten bei den elementaren Wetterumschlägen schreiben, scheint mir ein dringender Hinweis, dass Sie Ihre Schweizer Reise nicht lange hinausschieben dürfen. Bei der besonderen Gewissenhaftigkeit, die ich bei Ihnen den Patienten gegenüber kenne und auf der anderen Seite der egocentrischen Rücksichtslosigkeit vieler Neurotiker fürchte ich, dass Sie sich dauernd zuviel zumuten und sich ausnützen lassen. Ich hoffe, dass ich bald eine Karte von Ihnen aus der Schweiz bekomme. Die Post von dort ist allerdings höchst langatmig. Meine Tochter, die zur Zeit in Locarno eingeladen ist, schreibt meist über meine Kinder in England, weil es so schneller geht.

Gestern habe ich die Todesanzeige von Hauptmann (früher in Halle jetzt U.S.A.) bekommen - Herzleiden. Er hatte mir eine kleine Arbeit über 'Was dem deutschen Psychiater in Amerika auffiel' zum 80. Geburtstag geschrieben. Er muss Mitte 60er sein.

Mir ist der lebhafte Märzmonat leidlich bekommen. Augenblicklich bin ich allerdings in der Rekonvalescenz einer kleinen Fieberattacke, - ein Infekt, der im Hause umging.

Mit recht guten Wünschen für Ihr Ergehen und dem Rat eines alten Doktors, gönnen Sie sich bald eine Ruhepause in der Schweiz!

Es lässt sich dort in Sils Maria so schön Distanz zu dieser heute so schwierigen Welt gewinnen. Ich käme gerne auch hin.

Meine Frau grüßt mit mir herzlich,

Ihr alter K. Bonhoeffer

11.VIII.48

Professor Dr. Bonhoeffer   (1) Berlin-Charlottenburg 9
Geheimer Medizinalrat   Marienburger Allee 43
                                        976292

Liebe Fräulein Seidemann!

Für Ihren Brief vom 26. Juni danke ich Ihnen bestens. Wenige Tage nach ihm ist auch wieder ein Care Paket von Ihnen bei uns eingelaufen, das uns in einer sehr erfreulichen Weise zeigte, dass die Brücke nach dem Westen für diese uns so wichtigen Dinge noch passierbar ist. Haben Sie herzlichen Dank, dass Sie noch vor Ihrer Abreise nach der Schweiz so freundlich an uns gedacht haben. Bei dem nasskalten Wetter, das wir haben, denke ich oft an Sie, da Sie sich so auf einen europäischen Sommer gefreut haben. Hoffentlich ist es in der Schweiz schöner, als hier, wo wir frieren und ganz selten ein Stück Sonne und blauen Himmel sehen. Das Wetter, die russische Absperrung mit der begleitenden Verkehrs-, Gas- und Strombeschränkung und die völlige *) Entleerung des Geldbeutels durch die Währungsreform geben eine schöne Symphonie. Dass die Flugzeuge unausgesetzt über uns donnern, ist ja an sich erfreulich, weil sie uns am Leben erhalten, aber es zeigt doch den Wahnsinn der Menschheit, erst bringen sie Bomben und legen alles in Trümmer, dann wird, was am Leben geblieben ist, Dank unserer westlichen Humanität wieder aufgepäppelt. - Ich richte meinen Brief nach New York. Wie lange werden Sie in der Schweiz bleiben? Ein Ausflug herüber nach Deutschland, vor allem nach dem Osten hierher wird Sie nicht locken. Es ist schade, ich würde mir gerne von Ihnen erzählen lassen. Ich denke, dieser Tage Erwin Straus zu sehen, der mit einigen amerikanischen Ärzten hierher kommt und Vorträge, d.h. einen Vortrag über die Psychotherapie in U.S.A. im letzten Jahrzehnt, halten wird. Ich freue mich ihn zu sehen.

Sie fragen, ob wir nicht daran denken, weiter westwärts zu ziehen. Ich denke, wir werden schon hier absterben müssen und ich bin so optimistisch zu glauben, dass die jetzige Krise mit einem Rückzug der Russen, d.h. mit einer Rücknahme der Blockade enden wird. Dann hat man wieder eine Atempause. Ich wünsche Ihnen eine recht gute Erholung in der Schweiz, meine Frau schließt sich dem Wunsche an. Zur Zeit liest mein Sohn in U.S.A. Ich hatte ihm Ihre Adresse gegeben. Er wird Sie wohl vergeblich angerufen haben. Mit herzlichem Dank für all Ihre freundliche Hilfe für uns und besten Grüßen bin ich ihr alter

K. Bonhoeffer

*) Am 20. Juni 1948 wurde in Westdeutschland die DM und in Ostdeutschland die Ostmark eingeführt (Anm. der Verf.)

Professor Dr. K. Bonhoeffer

(1) Berlin-Charlottenburg 9
Marienburger Allee 43
976292

29.9.48

Liebe Fräulein Kollega!

Ich habe Ihnen 3fach zu danken 1.für Ihre Karte zusammen mit Scheller, über die ich mich sehr gefreut habe. Ein bisschen Neid war auch dabei in Gedanken an frühere schöne Aufenthalte in der Schweiz. 2. für Ihren Brief nach Ihrer Rückkehr nach New York und 3. für das herrliche Carepaket, das heute ankam und für das meine Frau Ihnen ganz besonders danken lässt. Sie sorgt sich immer im Gedanken, dass sie mich nicht satt bekommen wird, wenn die russische Absperrung etwa noch weiter um sich greift. Leider ist mein Appetit noch immer ziemlich jugendlich. Es ist übrigens eine verbreitete Klage, dass die alten Leute zum Kummer der Jungen nicht weniger alsdiese essen. Tatsächlich habe ich in den letzten Monaten nicht mehr abgenommen, so glaube ich wenigstens. Auf die Waage gestellt habe ich mich nicht. Wir stellen jetzt mit Sorge die kürzer werdenden Tage fest. Stromabsperrungen, Strangulierung des Gasverbrauch, keine Holz- und Kohlelieferung gibt eine böse Winterperspektive. Die kalten Tage, die wir hatten, hatten mich schon veranlasst, Ihre schöne Strickjacke aus der Mottenkiste zu holen. Glücklicher Weise haben wir aber jetzt noch einen schönen Nachsommer, den wir sehr genießen. - Von Zutt und Betzendahl habe ich ausführliche Berichte über die Neurochirurgie und die Psychiaterversammlung in Freiburg und Marburg bekommen. Zutt schildert eine Lobotomie von Freeman - wohl aus New Jork - der anstatt der Narkose einen Elektroschock gibt und bis zum Ende der Lobotomie auf 5 Elektroschocks kommt! Wenn man aus der Zeit stammt, als man bei der Lumbalpunktion noch vor den Folgen zitterte, sieht man, wie herrlich weit wir es gebracht haben. - Betzendahl meint, dass den psychotherapeutischen Vorträgen in Marburg eigentlich die Harmoniumbegleitung gefehlt hätte. Es ist eine wunderliche Phase, in der sich unser Fach befindet. Im ganzen habe ich den Eindruck es lebt alles in Übertreibungen und unsere Aufgabe wäre wohl im wesentlichen in der Richtung einer weisen Mäßigung gelegen, die Ihrem amerikanischen Enthousiasmus etwas zu bremsen im Stande wäre und eine mittlere Linie des Fortschritts herbeiführte.

Aber das sind wohl Altersgedanken. Wir leben in böser Spannung im Hinblick auf die Pariser Verhandlungen. *) Man erwartet nichts Erfreuliches. Ich fürchte es wird gespannt bleiben.

Viele herzliche Grüße auch von meiner Frau, Ihr K. Bonhoeffer. Es war schade, dass Sie sich nicht hierher gewagt haben, aber verständlich. Sie stehen wohl wieder mitten in der Arbeit.

*) Diese führten erst am 23.5.1949 zu einer vorläufigen Verfassung der BRD und am 7.10.1949 zur Gründung der DDR (Anm. der Verf.)

18.Nov.48

Liebe Fräulein Seidemann!

Ich danke Ihnen für die Möglichkeit dieses Luftpostbriefes. So kann ich Ihnen schneller unseren herzlichen Dank sagen für das schöne Paket, das heute auf der Post abgeholt werden konnte. Meine Frau ist sehr glücklich über diese Hilfe, die ihr die Wirtschaft so erleichtert und ich bin sehr dankbar, dass Sie ihr diese Erleichterung schaffen. Denn sie hat die vergangenen schweren für uns so affektbeladenen Jahre doch nicht ganz ohne gesundheitlichen Schaden überstanden. Sie hat seit 44 von Zeit zu Zeit Absencen von einer halbsecunden Dauer mit einer vibrograden Amnesie, die etwa die letzte halbe Stunde umfaßt und sich dann wieder repariert verbunden mit einer etwa ebenso lange dauernden zeitlichen Orientierungsunsicherheit. Sie fällt nicht und hat niemals etwas Krampfartiges. Die Attacken sind unregelmäßig, bleiben oft wochenlang weg, scheinen mir aber doch etwas gebunden an affektive Erlebnisse, ohne die es freilich in unserer blockierten Situation nicht abgeht. Da sie eine starke Arbeits-initiative hat, muss ich hier viel bremsen und bin über die Erleichterung, die wir durch Sie haben, wie gesagt, besonders dankbar. Auch dass die Ernährung für sie so gesundheitsgemäßer gestaltet werden kann, dass sie sich nicht bei den häufigen Enkelbesuchen zu sorgen braucht, dass es nicht reicht, ist schön. - Ob Sie meine Frau seiner Zeit kennen gelernt haben? Sie hat ja durch unseren großen Haushalt mit den vielen Kindern nicht so wie sie gern getan hätte, sich um die Klinik und all die Mitarbeiter kümmern können. - Ich gebe meiner Frau Bellergal in der Annahme, dass es sich um vasomotorische Attacken handelt. Von einem Erfolg ist bei der Unregelmäßigkeit des Auftretens nicht eigentlich zu sprechen. Wissen Sie vielleicht etwas Besseres? Arteriosclerotische Erscheinungen bestehen nicht. –

Neues von hier: Thiele hat einen Lehrauftrag für med. Psychologie und Psychopathologie und hat in der Charité die Nervenpoliklinik. Roggenbau ist noch immer kommissarisch, er gefällt offenbar nicht nach oben. Die West-universität sucht einen Psychiater mit Klinik. Er ist schwer zu finden. Es kommt zur Zeit niemand gern nach Berlin, was man versteht. In Ihrem Brief hat mich sehr interessiert, dass Sie über die Wahl Trumans sich so gefreut haben. Sie würden mir einen großen Gefallen tun, wenn Sie mir einmal den wesentlichen Unterschied zwischen Republikanern und Demokraten klar machten und warum Sie die Wahl Tr. Für so viel besser halten. Ich habe die führenden Republikaner bisher als unsern Großindustriellen und Finanzmagnaten ähnlich angesehen, ist das richtig? Sind die Großgrundbesitzer auch im wesentlichen Republikaner?

Hoffen Sie bei den Demokraten eher auf die Erhaltung des Friedens? Wir sind hier bei der immer zunehmenden Einengung durch die kleinen schikanösen Blockademaßnahmen allmählich mürbe und fast etwas apathisch. Das Fehlen jeglichen Heizmaterials in der Mehrzahl der Haushalte und das dauernde Frieren mag mit daran schuld sein, mir tut Ihr schöner Pullover sehr gute Dienste und ich denke immer dankbar an die Spenderin. Mit herzlichen Grüßen und nochmaligem aufrichtigem Dank von meiner Frau und mir bin ich Ihr

alter K. Bonhoeffer

d. 11. Mai 49

Liebe Fräulein Dr. Seidemann!

Es tut mir sehr leid, dass ich heute erst dazu komme Ihnen zu schreiben, aber ich hatte viel Unruhe und Arbeit mit dem Umräumen in meinem Haus, da ich nun den oberen Stock vernieten muss! Ich bin aber dankbar, dass man mir das Arbeitszimmer u. die Bibliothek unberührt lässt. Da man für die Witwen der Professoren von der Humboldt-Universität in keiner Weise sorgt, u. man ja sein Kapital eingebüßt hat, hätte ich ja doch vermieten müssen. Ich habe nun mit Frl. Bormann einige Separate, *) die Sie, wie sie meinte, doch gerne hätten, herausgesucht. Habe ich Ihnen eigentlich schon ein Bild meines Mannes geschickt, wie ich gern wollte? Ich bin leider so vergesslich über dem Vielerlei geworden. Bitte, lassen Sie es mich doch wissen! Sie werden gewiss jetzt oft hierher denken, wohin die Entwicklung der Dinge uns führen wird! – Der Mensch ist ja jetzt schon mit ein paar schönen Schaufenstern von allerlei Herrlichkeiten, die er nun Jahre lang nicht gesehen hat, schon ganz glücklich, wenn er sie auch wegen Geldmangel gar nicht kaufen kann. Das Straßenbild ist auch sehr interessant, in manchen Straßen glaubt man gar nicht in Deutschland zu sein u. versteht kein Wort (aber english verstehe ich schon!)

Soeben läutet mich Frau Lück an, sie wollte gern die Worte die Frl. Bormann am Grab meines Mannes sprach zu einer Abschrift sehen u. sagte mir, sie hätte eben einen Brief von Ihnen mit einem Gruß an mich bekommen. - Hoffentlich ist dieser Brief nicht zu lang unterwegs, ich habe nämlich keine Coupons mehr für Auslands-Eilbriefe.- Mit recht herzlichen Grüßen bin ich

Ihre Paula Bonhoeffer

*) Betrifft: den Sonderdruck aus Band 88 (1934) Monatsschrift für Psychiatrie und Neurologie, die Arbeit: 'Die Bedeutung der exogenen Faktoren bei der Schizophrenie'.
Und: Sonderdruck aus 'Gegenwartsprobleme der psychiatrisch-neurologischen Forschung', Vorträge auf dem internationalen Fortbildungskurs Berlin 1938, Hg. von Chr.H. Roggenbau, die Arbeit 'Einige klinische Tages- und Zukunftsfragen im Schizophrenie- und Epilepsieproblem'.

d. 20.6.49

Liebe Fräulein Dr. Seidemann!

Einen Brief, den ich mit beiliegenden Arbeiten meines Mannes an Sie abgesandt hatte, bekam ich leider, wegen einer nicht ganz richtigen Adresse, zurück. Hoffentlich erreicht Sie diese Sendung. - Haben Sie eigentlich ein Bild meines Mannes, das ich Ihnen vor längerer Zeit schickte, bekommen? Es ist jetzt eine schlimme Sache mit der Post, aber es soll ja nun besser werden. - Ich bin nur dankbar, dass mein Mann diese Störungen nicht mehr erlebt hat; ich konnte ihn mit Hilfe guter Freunde immer gut versorgen. Sie haben ja auch dabei so freundlich geholfen. - Wenn Sie einen Wunsch nach einer bestimmten Arbeit meines Mannes haben, so schreiben Sie es mir doch bitte. Ich bat Sie auch im vorigen Brief darum. - Hoffentlich geht es Ihnen gut, es ist wohl nicht so leicht sich so einzugewöhnen, dass man sich zuhause fühlt. Mit vielen herzlichen Grüßen

Ihre Paula Bonhoeffer

(Nach diesen Briefen Paula Bonhoeffers verlor sich das Band ein wenig.)

Europa-Reisen

Von 1948 an reiste sie jeden Sommer nach Europa. Ihr pied-à-terre war die Schweiz.

Hier besuchte sie die Eranos-Tagungen, besuchte Jung, besuchte Gruppenthera-piekurse, reiste in kurzen Abstechern nach Deutschland. In der Schweiz auch empfing sie ihre Besuche, vor allem gute Freunde und Bekannte aus Deutsch-land. Von hier aus unternahm sie ausgedehnte Reisen nach Griechenland, Italien, in die Türkei [12], meist in Gesellschaft ihres früheren Studienfreundes Heinrich Scheller, der inzwischen ordentlicher Professor für Psychiatrie und Neurologie in Würzburg war.

Hertas Interesse an der Archäologie, bereits im jugendlichen Alter in Breslau anwesend, konnte sich nun voll entfalten. 'Götter, Gräber und Gelehrte' las sie mit der gleichen Passion, mit der sie Schliemanns Ausgrabungen besuchte. Venedig, Florenz und Rom boten ihrem lebhaften, aufgeschlossenen Geiste mehr als nur touristische Attraktionen.

Die griechische Kultur, die sie als die ursprünglichere erfuhr, fand sie in Italien in Paestum ebenso wie auf Sizilien, wo die Tempel von Agrigentum und Segesta an jenen von Bassai im Peleponnesos erinnern. Ihr eindringliches Vorstellungsvermögen erlaubte es ihr, selbst dem Trümmerfeld in Malia auf Kreta Historie abzugewinnen. Auf der kleinasiatischen (türkischen) Küste besuchte sie vor allem Pergamon, Smyrna, Epheseus, Halikarnassos, Priene und Didyma.

Unermüdlich nahm sie in sich auf: Landschaft, archäologische Reste und dazwischen den modernen Menschen, als wäre sie auf der Suche nach den transparenten historischen Grundmustern des abendländischen Menschen überhaupt.

In weiteren Studien verschaffte sie sich bildhaften wie archäologisch-historischen Zugang zu den Maya-Kulturen Mittel- und Südamerikas und zu den japanischen Kulturen der verschiedenen großen Dynastien. [12] Nur nach Israel reiste sie niemals. Und nicht nach England, obgleich in beiden Ländern Geschwister mit Familien wohnten. Sie zog ihre geistige Wahlverwandtschaft der leiblichen Verwandtschaft vor, dies sehr zum Leidwesen von Bruder und Schwester.

In ihrem Denken gerade über die deutsch-jüdisch-amerikanische Identität glich Herta in etwa jenen Menschen, denen, wie R. Bendix beschreibt *), ein geistig elitäres, humanes Weltbürgertum Bleibe bietet, denen der unbekümmert naive amerikanische Fortschrittsglaube vor allem in den Jahren 1940 bis 1965 ebenso fremd blieb wie dass Amerika ihre Heimat würde.

Mit der Emigration - der Zuflucht, um zu überleben im Ausland, mit dem Exil hat sich der Inhalt des Begriffes 'Heimat' aufgelöst, wenn er je anders als kulturell-geistig existiert hatte.

Amerika war tatsächlich nur ihre physisch-reale Bleibe, ihr Interesse an Mensch, Menschlichkeit und Kultur überstieg bei weitem Land und Leute. Sie besaß ein Zugehörigkeitsgefühl zur jüdischen Gemeinschaft, zum jüdischen Menschen und darüber hinaus zu einigen wenigen guten Freunden. In dieser Hinsicht stimmte das Wort des Astrologen aus dem Jahre 1983 völlig: '... people with this sort of configuration seem to have ... a sense of not having been part of this existence like they got course here by accidentally, they feel on many many ways alien to the environment they arrived into and have simply made the best of it, basically with whatever tools they have been given'. [3]

Doch nicht nur Kultur und Sprache war's, was sie nach Europa zog: eine Zahnprothese aus Zürich gefiel ihr eben besser als eine aus New York, ein

*) Reinhard Bendix: 'Von Berlin nach Berkeley, deutsch-jüdische Identitäten', Suhrkamp 1985.

Heinrich Scheller (1901–1972) um 1945

Sanatorium im Südschwarzwald war jedem Hospitalaufenthalt in den Staaten vorzuziehen. Sie konsultierte Augenspezialisten, Internisten, Astrologen, sie besuchte Opern- und Orchesterfestivals in Italien, Frankreich und in der Schweiz. Und sie genoss außer der mehr familien-betriebenen europäischen Hotellerie vor allem die gemäßigten, europäischen Sommer.

Europa - das war lebendige, pulsierende Emotion. Alte Freunde lebten noch, sie gewann neue hinzu, verlor gegen Lebensende viele.

1979 war der letzte Besuch, im Südschwarzwald.

Die Entdeckung, dass Antisemitismus wieder spürbar und hörbar wurde, verbot ihr einen erneuten Aufenthalt dort, wiewohl es ihrer Gesundheit zuträglich gewesen wäre.

7. Das Memorial - Hospital

Hertas Verbundenheit mit dem Memorial-Hospital beruhte in erster Linie auf der Behandlung von Schmerzen, die sie nach der Lungenkrebsoperation heftig zermürbten.

Das 'Memorial-Sloan-Kettering-Cancer-Center' liegt mitten im Herzen New Yorks, in der York Avenue 1275, nicht allzu weit entfernt von der Lexington Avenue, zwischen der 67. und der 68. Street am East-River.

Hertas Altersdepressionen nahmen zu und sie fand in Dr. Jimmie Holland, der Chefärztin der Psychiatrischen Abteilung eine wunderbare und vitale Stütze, eine Freundin, die darauf bedacht war, dem alten, vor allem dem hinscheidenden Menschen alle innere und äußere Würde zu belassen.

Sie half Herta in den letzten acht Jahren 1976 - 1983, indem sie Interviews organisierte und Herta, soweit es ihre geringen Körperkräfte zuließen, in den Lehrbetrieb mit einbezog.

Dr. Holland schrieb:

'I brought her into our circle and she made important contributions to the understanding of the older patient with cancer, and she provided us with her psychoanalytic insights. She supervised some students, taught some Seminars. It served to increase her selfesteem at a time when she was not feeling well, and

Jimmie C.B. Holland mit Herta im Frühjahr 1983

proved helpful to us. ... I think she had an impact upon my group and upon me and we shall miss her for a long while'. [14]

Herta lernte die ganze Familie kennen, die fünf Kinder, von denen eines gar deutsche Literatur studierte und so Hertas besonderes Interesse besaß, sowie Dr. Hollands Mann, ebenfalls Arzt, Onkologe. Freundschaftliche Stipvisiten hinüber und herüber, bei denen zwar eine gewisse Distanz erhalten blieb, doch die Herta gut taten.

Als sich im August 1983 der Lungenkrebs erneut zeigte, lebensbedrohend, begannen ihre wöchentlichen Behandlungen "Chemotherapie, die ich bisher ohne Nebenerscheinungen gut vertrage". [5] Im Januar 1984 waren es nur noch "Alle 2 Wochen ins Hospital ambulant, zur Chemotherapy. Trip mit allen Warten 4 Stunden. Die Reaktionen sind nicht angenehm, manchmal beängstigend. Aber die Ärzte sagen, es wäre frivol, die Behandlung abzubrechen.

Wer weiß es". [5]

Sie selbst wusste es wohl am deutlichsten. Und im Februar 1984 gab sie den Streit auf. Wurde hospitalisiert.

'Dr. Seideman was quite aware of the nature of her illness and when the recurrence occurred, she became quite despondent. She initially worked hard at the treatment and then when finally hospitalized, she realized, as we did, that she had a very limited time. She became more and more withdrawn. A young woman, (...), who was a friend, came to see her often but she communicated less and less with everyone. I think that she somewhat withdrew psychologically as the end came'. [14]

8. Einsamkeit und Ende

'During the past ten years, (...), Herta had practically no social life except for a few friends who visited her once in a while'. [15]

Mit dem gänzlich unerwarteten Tode Heinrich Schellers, - er wurde auf einer Fahrt nach Würzburg von einer schweren cerebralen Blutung überrascht - Dezember des Jahres 1972 - endete der essentielle Teil ihres Lebens für sie. Da sie beide in einer lebenslangen Freundschaft einander verbunden geblieben waren, entfiel in diesem Augenblick der geistige Partner - ihre Hilferufe um geistige Kontakte mehrten sich zwar, schienen aber kaum mehr hörbar ins Transparent-Fragile zu entschwinden.

Es war, als habe die Krankheit diesen leeren Flecken in ihr vorgefunden, Gebrauch machend von allem inneren Chaos und von der Revolte gegen den Tod, um sich nun breit und bedrohlich einzuschleichen.

Herta erkrankte an Krebs. Doch gab sie nicht auf. Ihre körperliche Hinfälligkeit nahm zu. Auszugehen hätte sie ebensowenig gewagt wie dass sie gern Besuche empfing. Der 'Ohn/Macht' von außen gesellte sich seit jenem Zeitpunkt eine innere Verweigerung - dem Leben wie dem Tode gegenüber. Und dennoch blieb ihre Liebe zum Leben, zum Licht, zu Europa.

1979 besuchte sie ein letztes Mal Deutschland.

Als 1980 Erich Fromm starb, schrieb sie in fast lakonisch anmutenden Worten: "Vom Tode Erich Fromms werden Sie sicher gehört haben. Die Zeit kommt für jeden". [5]

Zwei Jahre zuvor war ihr der ebenfalls in New York lebende Lieblingsbruder Kurt entfallen. Die Einsamkeit ergte sie ein. "... my comtemporaries are dead or worse off than I am ..." [3)]

Alle Zeichen von Freundschaft sog sie wie ein Schwamm in sich auf. Sie trotzte ihrem stets zerbrechlicher werdenden Körper jeden Funken Lebens ab: "Menschliche Verbindung, Treue und Anhänglichkeit, Gefühlswärme und gute Vibrationen helfen sehr, und ich bin dankbar berührt". [5)]

"Die Verfinsterungen, die man erlebt, sind auch für mich schwer zu tragen und noch schwerer auf einleuchtende standfeste Ursachen zu beziehen. Was außen passiert, ist belastend genug, einen zu bedrücken. Aber darüber hinaus sind es ja meistens mehr innere Erlebnisse als äußere Ereignisse". [5)]

Das Grab von Arthur und Judith Seidemann – in England –

Körperlicher Verfall isoliert. Dieser Prozess kann sich über Jahre hinziehen - diese 'stillschweigende Aussonderung der Alternden und Sterbenden aus der Gemeinschaft der Lebenden ...' [44b) (S.8)] verwirrt, ruft Widerstand auf.

Herta las viel, soweit ihr eines Auge dies zuließ, gern und viel Hesse. Doch ebenso Magazine, politische Zeitschriften und Fachliteratur, insofern diese tatsächlich Neuigkeit befasste.

Urlaub in der Umgebung New Yorks reizte sie kaum. Die Unpersöhnlichkeit der ihr schwer zugänglichen Ferienorte außerhalb der Stadt, die sie früher sehr wohl besucht hatte, stieß sie nun ab. Am besten fühlte sie sich zuhause, in den eigenen vier Wänden.

Zwangen im Sommer 1980 körperliche Gebrechen sie, daheim zu bleiben, im November 1981 schrieb sie: "Ich war zwei Autostunden von hier, in einem Platz, den ich von früher kannte (von deutschen Juden in der 2. Generation geleitet.) Aber er hat sich umgewandelt in einen Sammlungsort für alte Frauen (siehe, wer spricht!!!), die von früh bis nachts Bridge spielen, wozu ich es (leider oder G.s.D.) nicht gebracht habe. Außerdem musste ich wegen einer Zahneiterung nach 2 Wochen zurück. Nicht viel Abwesenheit von New York, nicht viel Erholung". [5]

Juli 1982: "Auch würde ich Sie so gern sehen und mit Ihnen Gedanken austauschen. Aber auf Anraten aller meiner Arzte habe ich die Europareise in allen Aspekten und Reservierungen aufgegeben". [5] Sie blieb daheim. Im Juli 1983 musste sie sich einer Grauen-Star-Operation unterziehen. Ihrer Einäugigkeit wegen fürchtete sie den Eingriff ungeheuer. Im Januar 1983 hatte sie noch gesagt: ... 'I have preserved an active interest in what is going on in the world, politically, economically and so on (...) If that were by becoming hard of hearing in addition to having limited eye-sight, than I would absolutely feel halfdead, if not completely dead, because that's what keeps me alive!' [3]

Doch alles verlief vortrefflich. Das Augenlicht besserte sich. Sie konnte Lesen und Schreiben wieder aufnehmen, zeitweilig gar Fernsehen - alles unerlässliche Aktivitäten für einen Menschen, der in den eigenen 4 Wänden gefangen ist.

Da sie von 24 Stunden oftmals 23 wach war, gehörten Radio und TV vor allem nachts zu ihrer Zeitplanung. Und zu steter Information. Soweit es ihr physisch möglich war, unterhielt sie Freundschaften und soziale Kontakte über das Telefon. Lange abendliche Gespräche gaben ihr das Gefühl einer Zugehörigkeit zurück.

Sporadisch erhielt sie Besuch, 'l would talk to her weekly on the phone and in the last years in person' memorierte eine jüngere Freundin [12].

Auch Hinfälligkeit macht erfinderisch.

An Jom-Kippur, dem großen Versöhnungstage, traf sie sich, so lange sie es noch schaffte, mit ihrer langjährigen Freundin Lotte im Auto auf dem Parkplatz direkt vor ihrem Appartementhochhaus. Da die Freundin, seit ihrem 6. Lebensjahr durch Kinderlähmung schwer behindert, stets unbeweglicher wurde, erlebte Herta den Zuwachs an innerer Auflehnung gegen Alter und Hinfälligkeit immer intensiver, ganz im Sinne Amerys: '... wer einmal begonnen hat mit der Auflehnung, der fügt sich nicht mehr'. [31)a (S. 35)]

Als die Depressionen sie überfielen und die Hoffnungen vernichteten, stets mehr auflösten, halfen die Tage und Stunden, die Arbeit und die Freunde im Memorial-Hospital ihr über die Erkenntnis hinweg, sich in einem riesigen, langgestreckten Sterbeprozess zu befinden.

Ihr Bedürfnis nach kongenialer Gesellschaft wuchs ins fast Traumatische. Die Schärfe ihres alltäglichen Umgangstones wurde schneidender. Ihre Irritation schlug manchesmal in Zorn um.

'I often saw Herta angry', schrieb eine Freundin, die hauptsächlich die letzten 20 Jahre mit ihr umging. Zornig war sie auf momentane Ereignisse, auf Ärzte und Freunde. Sie ließ sich selbst so weit 'herab', dass jene junge Freundin sagen konnte: 'She was very arrogant and quite intolerant of human faibles. Towards the end of her life she isolated herself by her anger and impatience. She knew this, but couldn't stop herself'. [12)]

Ähnliches berichtete ein Verwandter, der sie gern einmal unangemeldet besuchte: '... at times she was very difficult to deal with and it required a lot of patience and diplomacy. At times when we attempted to see her, she simply rebuffed us by saying that she didn't want company -' [19)]

Dass ältere und alte Menschen seismographisch empfindlich reagieren können auf einen Einbruch in ihre Privatsphäre, liegt wohl mit an der starken, inneren Gleichgewichtslabilität, der sie unterworfen sind, sobald der äußere Rhythmus gestört wird. Besuche erfreuen zwar, doch erst in zweiter Instanz. Meist is's aber nur der erste Augenblick, der sich dem Unerwünschten intensiv mitteilt - ein Missverstehen zwischen Jung und Alt.

Was ihre 'Arroganz und Intoleranz' betraf - es ist schwer, für jemanden, der weiß, sich auf das Niveau eines Nichtwissenden oder gar eines Halbwissenden zu begeben. Kann ein Meister-Pianist stümperhaft spielen oder sich gar verstellen, dass er nie Klavierspielen gelernt habe? Er ist sozusagen 'mit dem Klavier' geboren, wie Herta 'mit der Intuition und dem intellektuellen Vermögen'.

Ein hübsches Beispiel ist ein Gesprächsfetzen zwischen dem Astrologen und ihr, in dem sie sich beklagt über die Tatsache, dass hochgestellte Persönlichkeiten auf psychiatrischem Gebiet sich bei ihr dafür bedankten, das sie so viel hatten lernen können.

Es war fast, als hätte Herta das Empfinden, vor Analphabeten gesprochen zu haben. Ihr Astrologe weist sie gütig, doch realistisch zurecht: 'Well, you have to appreciate that there was a time, when you didn't know - ! and that most of those people that you're talking about, have not had the opportunity or been taught the awareness you see that's it!' [3] Herta, dreiundachtzigjährig, nickte. Murmelte zustimmend. Es blieb ihr schwer vorstellbar.

Dr. Samuel P., der sie über die Kirche zu seiner Besuchs-'Klientin' machte, widmete ihr oft und gern seine brillante Geisteskraft. Und da er am Beginn des Alterns stand, gut zwanzig Jahre jünger als Herta, war sein Mitempfinden ihrer innersten Not und Einsamkeit echt.

Denn ist es nicht so, dass man im Alter, lange bevor man den physischen Tod stirbt, den gesellschaftlichen starb? Und so gewiss, wie niemand wirklich zu trösten ist, so kann auch die Erniedrigung des Todes einem nicht genommen werden. Wohl erleichtert. Als Arzt, Neurologe, Psychiater weiß man, welcher Art sich das Ende manifestieren wird, daher sind die Wellentäler zwischen Resignation/Depression und beinahe zornig entrüsteter Hoffnung extra tief und groß.

In all ihrem Suchen glitzerte dennoch bis zum letzten Tage hin der Hoffnungsfunken, der denken lässt an ein Ringen um Glauben, gegen alle Logik, wider alle Wissenschaft und ihre kausalen Beweise.

"Ich hoffe und bete, dass ich wenigstens den Status Quo erreiche -" [5]

Jede physische Reduktion registrierte sie als traurige, faktische Niederlage. Der Tod war für sie das Ende der menschlichen Individualität, türlos, geheimnisleer. "... diesen Prozess müssen wir ja in zunehmendem Maße mit wachsendem Verlust an Gehirnzellen und Veränderungen an Körperzellen durchmachen. Die übriggebliebene Zeit wird kürzer, die Kraft und geistige Helligkeit von dem, was noch vorhanden ist, Gebrauch zu machen, erdrückend geringer". [5]

Ihre Revolte wuchs. Ihr Geist wehrte sich zornig, währenddessen der Körper zerfiel. Die junge Freundin reagierte erschreckt: 'She never gave in and did not want to die. In fact, she was furious, she was dying and never came to peace with it'. [12]

Tagebucheintragung der Verfasserin vom 13.3.1984:

'Um 16.50 Uhr ein wunderliches Erlebnis: jemand, den ich kenne, kam wie auf seinem Abschied durch unser Haus -

Ein Rauschen wie ein windbewegter, leichter Stoff, ein Schatten, der durch den Gang huschte -

Ich sah sofort nach. Niemand. Da begriff ich, dass jemand im Sterben war - oder tot? Herta? '

March 23, 1984

Dear Ms. F.,

I have received your airmail letter to Dr. Herta Seidemann in my capacity as her attorney. I am sorry to inform you that Dr. Seidemann passed away on Wednesday, March 21, 1984 from an illness of some duration. Her last days were without significant pain and her will and intellect remained with her to the last.

With my personal regard.

H.R. S.

April 17, 1984

... I have taken the liberty of endorsing the check to the order of the American Cancer Society in memoriam of Dr. Seidemann. We know she would have preferred a donation for medicine and science rather than a use for herself. In handling her matters it is apparent how modest she had been on her own behalf. Her last will remembered the field of medicine with a generous gift for the furtherance of psychiatric development to Yeshiva University, Albert Einstein School of Medicine.

With best wishes,

H.R. S.

II. Teil

Gedanken

I. ALTER UND GESELLSCHAFT

"... die Gesichtszüge sind von Erfahrung und Wissen geprägt: es sind die Gesichtszüge eines Menschen, der auf dem Höhepunkt seiner geistigen Kraft angelangt ist und jenseits von Frohsinn und Traurigkeit steht; er ist ohne Illusion, nahe einer Bitterkeit, der er sich jedoch nicht überlässt".

(Simone de Beauvoir: Das Alter)

Wann genau Herta anfing, sich Gedanken über das Altern und die Altersproblematik zu machen, ist auf Grund ihres Berufes nicht angebbar. Die letzten zehn Jahre ihres Lebens sind jedoch so wesentlich damit konfrontiert und die Formulierung der eigenen Probleme geschieht so präzise, dass auf lange vorher durchdachte Lösungsversuche und Altersbewältigung im Allgemeinen wie Geriatrie-gerichtet geschlossen werden kann.

1. Die eigene Altersproblematik

'Und das ist vielleicht das Härteste am Altwerden: das Gefühl, dass man nicht mehr umkehren kann, dass etwas Endgültiges geschieht'.

(Simone de Beauvoir: Das Alter)

In deutlichen Zügen entspricht Hertas Problematik mancher generellen Problematik des Alters.

Persönliche Anlage und innere und äußere Unabhängigkeit sowie der Gesundheitszustand Hertas haben ihren spezifischen Altersweg gekennzeichnet. Drei Hauptmerkmale seien hervorgehoben:

a. der Verlust der Autonomie

b. persönliche und gesellschaftliche Isolation

c. Denken über den Tod und Furcht vor dem Ende.

a. Der Verlust der Autonomie

Die Autonomie zu verlieren, dürfte wohl jeder (alte) Mensch zutiefst fürchten. Man ist anderen ausgeliefert, weil der Körper die Kräfte nicht mehr aufbringt, die man zum Allein-Leben und Funktionieren benötigt. Im Oktober 1974 zeigten sich die ersten Symptome von Lungenkrebs. Herta hustete und hatte stets leichtes Fieber. Diagnose: Linksseitiges Lungencarcinom. Operation im Juni 75.

Von den vier Lungenkrebssorten, die es gäbe, berichtete sie in einem Interview, hatte sie 'bronchogenic carcinoma', eine Krebsart, die eine Überlebenschance von nur 5% bot, die nicht auf Chemotherapie reagiert und wobei x-Strahlen zu tief brennen müssten. Die Operation war eingreifend, da ein Lungenlappen weggeschnitten wurde. Sie genas gut, doch behielt seitdem häufig auftretende, sich bis ins Unerträgliche steigernde Schmerzen im Brustkorb und im Körper. Ursache dieses Extra-Leidens war die Tatsache, dass während der Operation einige Rippen 'hochgeklappt' wurden. 'In doing so, many, many intercostal nerves are cut. And nature has provided it, probably wisely, that in the process of regeneration of nerves, of theses nerves only the pain-pipers regenerate. The whole side is thumb. But the pain-pipers regenerated and cause the pain. When I said: the nature probably did it wisely - if there were not the reactions of pain, then one could get burnt and be subject to all kind of traumatic injuries". [3]

Die letzte Lungenkrebsbehandlung, der sie schließlich erlag, begann im Oktober 1983. Im Juli hatte sie wieder zu husten begonnen, Chemotherapie folgte, ambulante Behandlung, der ausgemergelte Körper schaffte es noch fast ein halbes Jahr.

Und als ein Freund ihr im Januar 1983 vorhielt, sie beachte ihr chronologisches Alter nicht oder doch zu wenig, wehrte sie entschieden ab: 'My chronological age forces me not to disregard it, because I am much weaker. My eye-sight - I have a cataract-surgery in front of me and ... I am one-eyed, so it isn't as usual, it's more complicated than that and I am physically weaker'. [3] Auf ihre mechanischen Hilfsmittel - u.a. Handgriffe im Bad, einen Spezialhenkel an der Teekanne, einen automatischen Türöffner - war sie recht stolz. [12] Nur - die Einäugigkeit wurde zu einem bedrohenden, echten Unsicherheitsfaktor, dessen Konsequenzen nicht zu übersehen waren.

'Nach Augenoperation am 12. Juli hochgradige Beschränkung im Lesen und Schreiben, Versprechen auf Besserung nach 8 Wochen. Mit dem Zwange der totalen Unfähigkeit, etwas zu tun, ist kaum ein denkbarer Gedanke übriggeblieben' [5]

Herta um 1970

Zu allen Altersinfirmitäten gehörte auch noch Osteoporose, und als sie 1979 einen nahezu unglaublichen Unfall erlitt, fürchtete sie tatsächlich, ihre Eigenständigkeit zu verlieren.

Ein an sich harmloser Diebstahl wurde ihr zum Quell monatelanger Schmerzen. '5th - Avenue and 34-Street. I was crossing the street at green light and I was run over by a couple of people, chasing a thief, who had taken a couple of dresses from a chock. And chasing the thief I was run over and I had a hip-fracture and ... a couple more fractures'. [3]

Einige Stürze in der eigenen Wohnung folgten, mit zahlreichen Knochenbrüchen, bis in die Wirbelknochen hinein. '... Infernalische Schmerzen und Immobilität. ... Das Hilfsproblem akuter, der Lebensmut nicht sehr überwältigend'. [5] Seit 1980 hatte sie einmal pro Woche Hilfe, 'eine tüchtige, warmherzige Person. Ich habe einige freundliche Nachbarn und wenige gute Freunde'. [5]

Hinzu kamen stets wieder altersbedingte depressive Perioden über sie, in denen sie auf erschütternde Weise ihre Lebens- und Daseinsenttäuschung äußerte, ungeschmückt und leiderfüllt.

'But now here I am just as bad as some patients whom I criticize. I live a life and it has been called a life ... and Dr. F. always using the expression "if you hang in for a day, you have accomplished something!" which leads me to the agony, how long can anyone endure such a life. ... the most appreciated critical, capable human beings can tell me, are telling me that I am not demented in the clinical sense. But I know that I am very much reduced mentally, emotionally, physically. To talk about it, is painful and - if I had nothing else to cry about, that is, what causes me to cry, because knowing what I once was, no celebrity, but trying to follow in my Jewisch thinking, which has something 'of the Talmudic thinking that always poses the question and the opposite: it tries to raise the problem and see what you arrive at in good cause and clear thinking, that made me draw conclusions and come to decisions'. [1]

Der Gedanke an ein Alters- oder Pflegeheim entsetzte sie.

'I don't want to take the one alternative I'm going into a nursery-home. ... If I have to be bored, I prefer to be bored by myself rather than by other people! So, as long as my mind functions, even in limited way, to be surrounded by people worse off than I am, I think that makes me die in the shortest time'. [3]

Doch ebenso widerstrebte ihr permanente Hilfe, die Tag und Nacht um sie wäre, ihr, wie sie es ausdrückte, im Nacken säße. Ihr Appartement wäre viel zu klein, um beständig zwei Menschen zu beherbergen.

'When I need constant help, my apartment is not suited, it's my need for privacy, I can' t have anyone breathing down me ... It has got to be someone on call as long as I am not totally incapacitive ... but the longer I wait, the more it's difficult so not impossible'. [3]

Den Einbruch auf ihre Privatheit hätte sie wahrscheinlich nicht ertragen, ohne in hilflose Zorn- und Wutäußerungen auszubrechen. Eine gewisse Müdigkeit überfiel sie.

'An meinen äußeren Lebenseinrichtungen hat sich leider nichts geändert. Um mehr Hilfe und eine Art "human presence" zu haben, bedarf es einer Kombination von Eigenschaften, die praktisch nicht existiert. Meine Wohnung - für mich allein ideal, ist nicht geeignet, einen fremden Menschen, wenn auch nur stundenweise, zu beherbergen. Und so geht die unlösbare, unbefriedigende Situation weiter'. [5]

Hier sei zur Verdeutlichung des Problems Autonomie hinzugefügt, dass Herta kurz zuvor die Verfasserin eingeladen hatte, wenn möglich einige Zeit nach New York zu kommen, das Appartement sei groß genug für sie beide. Es geht eindeutig um den Einbruch des Fremden, des Anderen, nicht des Du, da der Verlust an Eigenständigkeit nur in intimstem Kreise erträglich ist/bleibt. Der Gedanke schließlich, außer völlig blind auch noch taub werden zu können, dazu hilfsbedürftig, abhängig von der Sorge und Pflege anderer, sensibilisierte ihr Observations- und Überlebensvermögen aufs höchste: Leben versteht sich ja längst nicht mehr von selbst.

Was man kennt und weiß, kann man einkalkulieren. Man kann sich darauf einstellen. Doch die Unsicherheit des Alters sowie die überaus bedrohliche Gebrechlichkeit und Hinfälligkeit des fragilen Körpers ließen ihr im Grunde keine andere Wahl als unablässig um die Unabhängigkeit zu kämpfen.

Und so gab es in jenen letzten Jahren auch immer wieder Tage, an denen sie dem köstlichen Optimismus - oder war's eine lächelnde Selbstironie? - eines Paul Claudel zustimmen mochte: 'Achtzig Jahre! keine Augen mehr, keine Ohren mehr, keine Zähne mehr, keine Beine mehr, kein Atem mehr! Und das Erstaunliche ist, dass man letztlich auch ohne das alles auskommt!' [37] (S. 257)

b. Persönliche und gesellschaftliche Isolation

Dem Problem der Autonomie gesellt sich unwiderruflich das der Isolation. Dass viele Freunde der früheren wie der reifen Jahre längst gestorben sind, wird für den Alleinstehenden, den Kinderlosen eher körperlich und geistig merkbar. Altersisolation fügt sich zum Autonomieproblem – so wird Einsamkeit doppelt spürbar. Das Bewusstsein der Wehrlosigkeit wächst. Einzig mögliche Schutzmaßnahme, auch Hertas, ist geistige Aktivität.

"Ich sehne mich sehr, meine Isolation (persönlich-körperlich und allgemein-amerikanisch bedingt) gelegentlich zu durchbrechen durch Communication mit wenn auch wenigen Menschen für Anregung und Austausch von Gedanken und Gefühlen, ein Sehnen nach menschlicher Nähe und Gemeinsamkeit". [5]

"Wenn man mit Menschen sprechen kann, die auch suchen, die bestehenden Antworten leer und nichtssagend finden, eine Brücke erkennen zwischen Menschen- und Völkerschicksalen etc. ... ist es leichter, weil gegenseitig vielleicht eine Anregung und Belebung stattfindet. Deswegen bedauere ich auch, dass wir so weit voneinander entfernt sind". [5]

In diesen Bemerkungen teilte Herta zwei von ihr erlebte Formen der Isolation mit: die persönliche und die amerikanisch-gesellschaftliche. Die Sommer einerseits mit ihrer Hitze, lebend in einer Großstadt wie New York, sind grauenhaft, wenn man immobil und isoliert ist.

Denn da sie sich eigner technischer Hilfsmittel wie des Autos nicht bedienen konnte, zeitweilig auch nicht mochte - diese technischen Mittel aber einzige Brücke zu anderen Menschen sind - so wurde ihr die Stadt zu einem Alptraum und Europa das unerreichbare Land. (Den Begriff 'Heimat' findet man bei ihr übrigens nirgendwo als Ausdruck irgendwelchen patriotischen Sehnens. Er besagte ihr auch wohl wenig, außer dass sie sich trotz und innerhalb ihrer Integration in die amerikanische Welt als ungebunden in emotionaler Hinsicht entdeckte, als Fremde im doppelten Sinne, die sich selbst als Teil des Ganzen und als in sich geschlossenes Ganzes sieht und begreift, mit dem gleichzeitig distanzierten und einfühlenden Beobachten eines Menschen, dem die Dimensionen inneren und äußeren Leidens, innerer und äußerer Einsamkeit vertraut, bewusst und teilweise lieb sind).

"Obgleich New York alles bietet, kann ich von nichts Gebrauch machen wegen Unsicherheit der Straßen, auch an kalten Tagen, Verkehrsschwierigkeiten etc.

Eine Stadt, in der nur noch gesunde, junge Menschen leben können, zu Abenteuern aufgelegt". [5]

Nach der Staroperation schrieb sie: "Ich bin eine Gefangene in Einzelhaft in luftgekühlter Wohnung". [5] Stundenweise war Hilfe da - größtenteils jedoch war sie allein. In einem Interview mit einem Astrologen präzisierte sie den Doppelcharakter ihrer Isolation:

"... I am almost totally isolated, because my contemporaries are dead or worse off than I am, and the crime situation in New York and my physical condition doesn't permit me to do what I used to do, go to the theatre or concert or museum or movies, or this or that, so I am completely isolated; and part of the dues that one has to pay with old age is that one gets less and less sleep, so the ordeal goes on practically 22 hours a day".

"Was ich im Sommer mache? Hier im Lande kann man nirgends hin, wenn man kein Auto hat. Und es gibt nur entsetzlich abstoßende Hotels mit Karten- und Golfspielen und langweiligen Menschen oder kleine, unbequeme Plätze. Und die Aussicht, die fürchterlichen Hitzen mit Feuchtigkeit in N.Y. zu verbringen, bringt den Angstschweiß heraus".

"Ich sehne mich nach einem Platz mit gemäßigtem Klima, guter, bequemer Wohnung mit Hilfe, die mir nicht auf der Pelle sitzt und vor allem menschenfreundlichen Seelen in erreichbarer Nähe (...), mit denen man sich etwas zu sagen hat, ohne in Klischees und Bedeutungslosigkeiten zu verfallen".

"Ich wünschte, ich könnte wenigstens für 2 Wochen aus N.Y. heraus. Nach Europa, doch alle meine Ärzte raten mir ab. Hier kann man ohne Auto nirgends hingehen, weil man unmittelbar vom Hotel aus auf der Autostraße ist und dann ein Auto braucht zur Anfahrt in den Wald oder zu einem grünen Flecken".

"Der Ozean sollte nicht existieren".

"Warum ist Holland - USA so weit getrennt. Es gibt so wenige Menschen, mit denen man reden und schweigen kann".

"Aber ich wünsche und hoffe, Menschen, die mir etwas bedeuten, wiederzusehen". [5]

Doch Reisen war nicht mehr möglich.

Sie sah das und erkannte ihre Situation. Sie konnte sich zwar der kristallenen Helle ihrer Einsicht freuen, doch sie litt ob des Unerreichbaren - ein Mensch auf der Wanderung durch die Wüste.

Ein Zurück ist ebenso unmöglich wie dem Ende im Licht zu entkommen.

Leben ist irreversibel.

Ihr Bedürfnis nach menschlicher Nähe und geistiger Anregung blieb bis zum Ende hin ungebrochen.

"She was always looking for good intellectual companionship". [12] Doch die Regheit geistigen Austausches, geistiger Aktivitäten wurden karger.

"Bei der Art meiner Lebens-Isolierung durch Krankheiten und Alter ist menschliche Wärme, Treue und ein geistiges und spirituelles Niveau, das brieflichen, besser noch mündlichen Kontakt möglich macht, von unschätzbarem Wert". [5]

Manchmal kam etwas wie Bitterkeit in ihr auf, sie äußerte sich aber selten negativ, auch nicht, wenn depressive Zustände sie lähmten in ihrer geringen Aktionsmöglichkeit.

"So vegetiert man dahin, bis die große Abrechnung kommt.

Bauen wir auf den Frühling mit neuem Erwachen!" [5]

Ihr eigener stiller Humor brachte sie immer wieder gut über die Runden, eigentlich liebte sie ihre Stille, hätte eben nur hin und wieder gern Kontakt gehabt. Wie formulierte Jung es doch sehr trefflich: "Vielleicht könnte man sagen: ich brauche Menschen in höherem Masse als andere und zugleich weniger".

Die Stille und Einsamkeit gab ihr ja gerade Zugang zu den innersten Gebieten, zu denen sie stets erneut stets intensiveren Zugang suchte.

"Ich brauche viel Zeit des Alleinseins, zur Einkehr und Besinnung". [5]

Dass dennoch das Du, der Andere, das menschliche Echo brennend erwünscht waren, beweisen schließlich jene Zeilen, in denen sie ihren gesamten Lebensmut noch einmal zulässt:

"Etwas Positives, was Sie sicher interessieren wird. Die weibliche Direktorin der psychiatrischen Abteilung des Sloan-Kettering-Memorial-Hospitals hat mich aus meiner völligen Obskurität herausgezerrt, mich zu Vorlesungen und Seminaren für psychiatrischen Staff veranlasst und 3 Video-sessions bewirkt, über die Unterschiede in der medizinischen Erziehung hier und in Europa, meine Erfahrungen mit Bonhoeffer, Jung, den beiden Fromms, Homburger (Kinderpsychiater), Kurt Goldstein etc. ... Dies und außerdem Tapes ohne Video, Bilder aller dieser Celebritäten sollen 'for posterity sake' in Cornell Medical School und im Memorial Hospital sichtbar untergebracht werden". [5]

Einem Freund berichtete sie - dreiundachtzigjährig - in spontaner Freude und Aufrichtigkeit: " I'll tell you - I gave 3 seminars or lectures or something, call it what you will, to this psychiatric staff of Memorial and some other, social workers and so, and it was very well received. I am sure it was, it's not so much that I don't care, I don't care too much, but I must confess, it gave me a lift, because it was very well received ..." [3]

Diese Freude und Ehrung erfuhr sie in jenem Stadium ihres Lebens aber nur mehr als vorübergehend, - Abschied von allem, vom Leben wie von den Freunden, dem optimalen, wissenschaftlichen Denken hatte längst stattgefunden. Und so blieb diese Ehrung "eine Ehrung, die aber leider mein tägliches körperliches und seelisches Befinden nicht nachhaltig beeinflusst". [5]

c. Denken über den Tod und Furcht vor dem Ende

Der dritte Faktor der Altersproblematik ist zweifelsohne das Denken über den Tod und die Furcht vor dem Ende. Einige dieser Aspekte liegen auch auf dem Gebiet des Autonomie-Verlustes.

"Der Mensch hat, als er in der Angst heimisch wurde, Gott geschaffen", schrieb die Dichterin Djuna Barnes in ihrem Buche 'Nachtgewächs', aufbegehrend gegen das anerzogene Fatalistische emotionaler Unfreiheit. Andere Aspekte betreffen denn auch eine immaterielle, eher religiös determinierte Angst.

Herta stellte der Angst durchaus Gott gegenüber "um die Angst zu dämpfen - überwinden kann man sie nicht - lebe ich nach drei Devisen:

I. Jungs aus Stein gemeisselten Inschrift über der Eintrittsschwelle seines Hauses in Küsnacht 'Vocatus atque non vocatus deus aderit'

II. Theresa v. Avila: 'Nichts soll dich ängstigen, nichts dich erschrecken. Alles vergeht, Gott bleibt derselbe'. (Ein guter Freund gab mir den Spruch auf meinen Weg und bestimmte ihn als Zitat auf seinem Grabstein)

III. Hölderlins Anfangsvers im Gedicht Patmos:

Nah ist
Und schwer zu fassen der Gott.
Wo aber Gefahr ist, wächst
Das Rettende auch.

Das ist mein Vademecum. Immer vor sich haben in Not, Gefahr, die Aussicht auf das Unbekannte. Dies sind ja die Hauptunterlagen für die Ängste, ohne die es kein Leben gibt. - Nietzsches Lebensangst! Man kann, muss soviel denken, ja denken, leiden und hoffen, dass man dadurch an Erfahrung reift!" [5]

Dieses ihr Vademecum, dessen 3. Teil assoziativ auffällt, da das Gedicht 'Patmos' dem Landgrafen von Homburg gewidmet ist, hat den Vorteil, wenn man das Wort hier benutzen darf, dass es den Schock der Angst, ihren Aufprall im Menschen dämpft. Dass es nach allen Seiten aber jede Freiheit menschlicher Entwicklung zulässt, da es nicht als Schirm oder Glocke über die Ängste gestülpt wird, sondern als eine Art Auffangkissen darunter geschoben.

Ihr als einer - im weitesten Sinne - religiösen Neurologin/Psychiatrin ging es nicht um die Ängste vor Himmel oder Hölle, sondern eher um jene Stufen, die im 'Tibetanischen Totenbuch' als die 7 Wandertage gelten, um die Zwischenstufe zwischen 'Noch-Leben' und 'Absolut-Tot'. Es geht ihr um die Vorzone des Schweigens, um den Übergang, um das Nicht-Umkehrbare, das mit Abschied und oftmals intensivem Leid erreicht wird und dem man sich subjektiv nicht entziehen kann.

Die innere Wehrbarkeit des Menschen also ist ihr höchstes Ziel, doch eine Wehrbarkeit aus dem Bewusstsein heraus, dem das Unbekannte nicht destruktiv untersteht.

Ihr Gott-Denken ist höchst individuell, entscheidend geprägt durch das jüdisch-orthodoxe Elternhaus, doch niemals erstarrt in der Einseitigkeit eines einzigen Aspektes. Denn sie lässt - ich möchte fast sagen: in talmudischer Breite! - dem Denken alle und jede Möglichkeit, erlebte Emotionen zu Erfahrungen reifen zu lassen. Wodurch stets größere Gelassenheit dem Menschen eigen wird. Eine dem Psychiater sehr angemessene Haltung. Denn erst in dem Verstehen eigener seelischer und körperlicher Leiden kann ein Psychiater wirklich dem anderen, dem Hilfesuchenden Hilfe bieten.

Darum muss man die Angst, die Furcht denkend angehen: den 'Tod' zu dämpfen und die bisher gemachte Erfahrung als solche so weit wie möglich zu inkorporieren, bevor das definitive Dunkel-Licht einsetzt.

"Der Tod, (vor dem auch ich wie - glaube ich - jeder Mensch erschütternde Furcht oder Angst hat, weil unbekannt und nicht vorstellbar) braucht nicht exemplifiziert zu werden, um das Menschentum zu beweisen. Der Tod ist Teil des Lebens in anderen, nicht konzipierbaren Dimensionen (bekannte Begriffe von Zeit und Raum nicht anwendbar)". [5]

Doch liegt in der Angst wie in der Furcht ein so emotionales Erfahren, dass mit dem Denken der Grund nicht erreicht werden kann. Und eine Situation wie Autonomie-Verlust, der stets größeren Umfang annahm, mag Anlass zu einem langen Gespräch 1983 mit ihrem Astrologen gewesen sein. Dass Herta sich mit Astrologie je befasste, war bis nach ihrem Tode für die meisten ihrer Freunde ein absolutes Geheimnis. (Im letzten Kapitel wird versucht, diese besondere Seite ein wenig zu erhellen.)

Zweifellos war ihr Interesse an Astrologie wach und nicht mehr fortzudenken, seit sie sich mit 'Jung' auseinandergesetzt hatte. Ihre Bibliothek umfasste einige berühmte Astrologie-Bücher neben Büchern über Yoga und östliche Religionen. Auch hatte sie sich lange vor dem letzten Interview mit dem Astrologen Horoskope aufstellen lassen, unter anderem in den frühen fünfziger Jahren von E. von Xylander in München.

C.G. Jungs mit W. Pauli zusammen verfasstes Werk von der 'Naturerklärung und Psyche', speziell Jungs Artikel über die 'Synchronizität als Prinzip akausaler Zusammenhänge' (Zürich 1952) hatte sie seit der XX. ERANOS-Tagung im Jahre 1951 sehr beeindruckt. Noch dreißig Jahre später reagierte sie leidenschaftlich impulsiv hierauf: "Jung beschreibt an vielen theoretischen und praktischen Beispielen die durchgewebte, oft nicht trennbare Beziehung zwischen äußerem Geschehen und Innerem, unbewusstem Erlebnis". Und sie fuhr aus diesem Gedanken heraus fort: "Antworten kommen ja selten durch den Geist, sondern durch ein Hinhören oder Hineinsehen, was zum Ausdruck kommen will, aber bei unserem Nicht-Hinhören und Festhalten an unwirksamen Notankern nicht zu einer erfassbaren Form kommt". [5]

Doch nehme ich nicht an, dass sie die Zukunft wirklich detailliert wissen wollte - eher galt ihr Fragen dem Quantum an Zeit, die ihr noch verblieb, so als sei sie sich dessen sicher, dass sie noch eine Aufgabe zu vollbringen habe und unerwartet dabei in den unfairen Wettlauf mit der Zeit geraten sei. "I am not ready" [3] - nicht nur, was die Bitte des Dekan der psychiatrischen Abteilung der Cornell-Universität betraf, einige Video-Tapes über jene berühmten Leute einzusprechen, mit denen sie gearbeitet hatte, sondern vor allem weil sie um ihr Ende wusste. Revolte durchglühte sie jäh und Furcht. Obgleich sie selbst schrieb: Todesfurcht ist immer Teil der Furcht vor allem Unbekannten! Bedeutet das sich der eigenen Angst und Sterblichkeit Bewusstwerden mit steigendem Alter doch wohl, dass sich die unbekannte Zukunft der verbleibenden Zukunft messbar nähert. Die Gegenwart wird in Tage, Stunden, Augenblicke unterteilt, die man er/lebend mit ein wenig Sinn noch füllt, die Frage nach der 'anderen Seite' beschlagnahmt viel Energie und Kraft.

'No one has come back!'

Nach neuen medizinischen Erfahrungen von Herz- und Traumapatienten aber ist das klinisch gesprochene Totsein ein Zustand wie "going through a tunnel with a radiant bright light at the end of it. All speak of a desire to reach that light, not to be held back by attempts to get them back to the life as is known as such. [4]b

Entfremdung vom Leben findet statt, ein Empfinden tiefer Enttäuschung (vielleicht sogar im wörtlich Exakten: Ent/Täuschung) entsteht, zu dessen Überwinden man bei der Rückkehr oft beträchtliche Zeit braucht. Im Sterbensprozess selbst, so berichten genannte Patienten, ist die 'fear of death gone, replaced by a longing for a condition of bliss and serenity'. [4]b

Dr. Elisabeth Kübler-Ross beschreibt in ihren 'Gesprächen mit Sterbenden' ('On death and dying', 1969) ähnliches. Gewiss lag die Gedankenwelt der Elisabeth Kübler-Ross der von Herta sehr nahe. Belege für persönliche Kontakte aber habe ich nicht finden können.

Natürlich gibt es Unterschiede in der Angst vor dem Tod, die nicht nur vom Charakter eines Menschen abhängen, sondern vor allem von seinem intellektuellen, emotionalen und religiösen Bewusstseinsgrad und Hintergrund.

So haben, wie Herta konstatierte, religiös Gläubige, vor allem Katholiken, oft weniger Furcht, "at least they have a sounding board and perhaps comfort from their priests". [4]b Auch apathische, indifferente, eskapistische Leute werden von Todesfurcht weniger ergriffen, so wie jene Patienten, die extreme Schmerzen leiden, an Symptomen terminaler Krankheiten oder die eine vegetative Daseinsform haben - ihnen erscheint der Tod als Erleichterung.

"The 'knowns' are conceived as worse than the 'unknowns'". [4)b]

Furcht und Angst vor dem Tode entfällt dann, so ließe sich zusammen fassen, wenn "the quality of life becomes intolerable". [4)b]

Wann aber ist oder wird das Leben unerträglich?

Was ist auf dem Wege der Verschlechterung des Zustandes noch zu erwarten? Auf ihre Frage an den Astrologen im Januar 1983, ob das Erreichen des vollendeten Zirkels, wovon er ihr sprach, nicht den Tod meinte, lautete die Antwort: 'It can mean that, but it doesn't have to ...!' [3)]

Die seltsame Position der drei Planeten zu diesem Zeitpunkt des Gespräches - Uranos, Jupiter und Saturn - ließ sie zu ähnlicher Frage greifen:

'That pattern ... is the guardian of distressal, isn't it?'

Die Antwort ist eindeutig: 'That's right!' [3)]

In diesem kurzen Stück Dialoges hat sie erfahren, was sie wissen wollte, alles vorher, alles nachher Gesagte ist Auf- und Abgesang.

Und so gilt ihre reale Furcht und Angst der Zunahme der Schmerzen, möglicher Inkontinenz, äußerer Abhängigkeit, körperlichem Unvermögen und dem Verlust der menschlichen Würde im Versterben. Dass die Furcht vor dem Tode Teil des Lebens ist, war ihr nur allzu deutlich, dass Isolation das Sterben erschwert, ahnte und fürchtete sie, dass Sterben auch für sie ein so kreatürliches Ende sei, bei dem der Geist in all seiner Spiritualität wie überflüssig wird, erschreckte sie.

In Dr. Jimmie Holland fand sie eine gütige, verstehende Seele in den letzten Tagen und Stunden ihres Lebens- und Sterbensprozesses. Denn das Sterben wurde ihr schwer.

"She reminded until the end fiercely independent and in control. She died in a very unhappy state and it was difficult to relate to her near death. Dr. Holland was a wonderful support of hers", [11)] berichtete Dr. Kathleen M. Foley, Direktorin der neurologischen Abteilung des Memorial Hospitals. Doch waren es nur gut sechs Wochen völliger Abhängigkeit.

Am 21. März 1984 endete ihr Streit.

Ihre Schwägerin und einige Neffen sowie eine Nachbarin begleiteten sie am Tage des Begräbnisses hinaus zum Jüdischen Friedhof auf Long Island. 'It was a dreary day weatherwise and to see so few who appeared. Of course, so many, whom she had known, have long since died or were too elderly to attend". [8]

– a dreary day –

2. Therapeutische Anmerkungen

Nachfolgende Ratschläge sind eine Fortsetzung früher praktizierter und formulierter Gedanken, Marginalien Hertas zu einem Kolleg über den Umgang mit geriatrischen Patienten, das sie 1983 im Memorial Hospital vor Sozialfürsorgerinnen und Ärzten hielt.

Sie unterteilte ihre Stichpunkte in Hinweise für den Patienten, für den Psychiater, den Sozialfürsorger und für den Sozialfürsorgedienst.

a. Hinweise für den alten Menschen

WESENTLICH ist ein mehr oder weniger großer, eigener Lebensbereich mit daneben Räumlichkeit für Aktivitäten. Er braucht Ermutigung, Anleitung zu Eigenaktivität und zu aktiver Teilnahme an gemeinsamen Beschäftigungen. Auch soll der alte Mensch ermuntert werden, sich immer wieder eigene Eindrücke, Urteile, Kritiken, Gedanken und dergleichen zu machen und zu formulieren in Bezug auf Nachrichten, soziale und wirtschaftliche Probleme und Angelegenheiten.

Hierher gehört auch, dass er Familienangehörige, Verwandte, Freunde und Nachbarn innerhalb seines Seniorenclubs weiterhin treffen kann, um sie davon zu überzeugen, dass im alten Menschen noch aktiver Geist, aktives Empfinden, menschliche Reaktionen anwesend sind, die menschliche Würde und Selbstrespekt rechtfertigen. Denn nur in der offenen Begegnung miteinander, wenngleich in unterschiedlichen Umgebungen lebend, ist die Qualität warmer Menschlichkeit gewährleistet.

MÖGLICHKEITEN zu Hilfe und Selbsthilfe könnten sein: Eine Liste, auf der der alte Mensch erfüllbar-mögliche Wünsche und/oder Hoffnungen einträgt, doch ebenso seine Beschwerden und Klagen, wie und wo er in seinem körperlichen, geistigen und emotionalen Umfang und Vermögen eingeschränkt wird/ist.

"Help patient deal of fighting spirit for his rights, for his dignity as a human being and not be treated as a discarted human life". [4)b]

Gemeinsam ist etwas zu erreichen.

Welche AUSSICHTEN bei Verschlechterung der Lage?

Erstrebenswert wäre es, sich um eine möglichst gute, angepasste Lebensnorm zu kümmern, sich zu sorgen um die Anwesenheit geistiger Bereitschaft, an dem, was geschieht, teilzunehmen. Dabei bleibt es wichtig, selbst wenn es nur gelegentlich möglich ist, dass der Patient Erfahrungen austauscht mit jemandem, der verfügbar sein oder als menschliche Kontaktperson fungieren will/kann.

Man weise niemals einen Menschen ab; sollte ihn jedoch, wenn er allzu egozentrisch in sein eigenes Leiden verstrickt ist, liebenswürdig darauf aufmerksam machen.

b. Wesentliche Hinweise für den Psychiater

Die körperliche Verfassung sollte von Fachärzten überwacht werden. Man kann weder mit jedem Patienten mitweinen, noch in Tränen ausbrechen über das Leiden der Menschheit, selbst nicht bei triftigen Gründen. Die beste Absicht hilft nicht, wenn man nur tut, als ob man Interesse und Wärme empfindet. Beinahe instinktiv fühlt jeder Patient (der geistig einfache wie der differenzierte) die Echtheit ärztlicher Emotion und Zuwendung.

Wärme, Freundlichkeit, Sorge und Anteilnahme während des Patientenbesuches - die gesamte Persönlichkeit des Arztes (menschliches wie ärztlich-heilendes Vertragenkönnen) sollte dem Patienten zur Verfügung stehen, in der Totalität eines integrierten Bestrebens.

Zusammengefasst: Es wird eine Haltung vom Psychiater erwartet, die mehr ist als eine scheinbare, die ganz im Sinne Homburgers, auch Bonhoeffers, 'soziale Verantwortung für das Arztsein überhaupt bedeutet' [36)], denn die sozialen Verflechtungen des Krankseins erfordern eben - eigentlich müsste dies mühelos und selbstverständlich sein - distanzierte und zugleich teilnehmende Beobachtung und Hilfe. Gewiss - dies in Erweiterung des Gesagten - hatte Homburger in den zwanziger Jahren mit seiner Arbeit und Erkenntnis, seiner Einsicht für und in sozialpsychologische und sozialpsychopathologische Zusammenhänge, 'dabei fern aller Einseitigkeit, fern vom falschen Soziologismus, fern von einer Psychiatrie ohne Hirn' [36] (S. 51/52) nachhaltigsten Einfluss auf Hertas Denken und ihre Persönlichkeitsbildung gehabt. Gerade die Zusammenarbeit professionell verschiedener Kräfte - von Patient, Verwandten, Ärzten, und Sozialfürsorgern, wie Homburger sie sich seinerzeit gedacht und realisiert hat, bietet als Hilfsgrundlage soviel Breite und Festigkeit, dass einer selbstaktiven Entwicklung oder Erhaltung des Patienten, wie überhaupt des alten Menschen, und seinem praktischen Handeln größtmöglicher Vorschub geleistet wird. Auch schließen Praxis und Theorie in produktiver Wechselwirkung als Ergebnis eine kontinuierliche, eigene innere Entwicklung des Psychiaters/Psychotherapeuten mit ein.

c. Hinweise für den Sozialfürsorgedienst

Häusliche Fürsorge ist notwendiger als das Inspizieren des Appartements. Dazu braucht es die Zusammenarbeit mehrerer Institutionen: Staat - Freiwillige - Kirche, wie mehrerer Gruppen und Personen: Arzte - Sozialfürsorger, Mitglieder der Gruppe, die führende, richtungweisende Qualitäten besitzen.

Neben der Zusammenarbeit bedarf es natürlich der Diskussion, des lebendigen Dialoges, des ständigen Gespräches mit dem Patienten, dem alten Menschen.

Für den geriatrischen Patienten ist eine eigene Abteilung zu formen.

Der Freiwilligen-Dienst im Krankenhaus sollte auf die Außenbezirke, auf Hilfe und Sorge auch für die Draußen-Lebenden erweitert werden.

Eine engere Beziehung zwischen den einzelnen Diensten und den hilfeleistenden Personen ist zu entwickeln.

Vielfache Konferenzen in der 'Spitze der Organisationen' sind nötig, um die richtigen Leute zu erreichen, ein Verteilen und Verbessern der Gesamtübersicht und Mitsprache/Einsprache ständig zu ermöglichen.

Hier ist also von einer Sozialfürsorge in korrektivem Aufbau die Rede, von einer Form kontinuierlicher Hilfedienste, die Individuum und Gemeinschaft gleicherweise einspannen, um das Ziel: Eine bewusstere, verantwortliche, lebenswertere Welt! zu erreichen.

Weder der einen Gruppe der Institutionen noch der anderen Gruppe der Individuen kann man die Aufgabe allein überlassen, ohne falsche Belastung und Miss/Verhältnisse auf den Plan zu rufen. Immerhin sollte Hilfe auch menschliches Begegnen sein und meinen.

Wesentlich bleibt ein "frequent check-up instead of dropping 'case', when solution seems to be found". [4)a]

Zu Beginn des 20. Jahrhunderts bereits bemerkte C.G. Jung während seiner Assistentenzeit am Burghölzli, wie es den Ärzten seiner Zeit 'nicht um den Geisteskranken als Menschen, als Individualität' ging, nein, 'man 'etikettiere' ihn, stempelte ihn ab mit einer Diagnose und damit war der Fall zum größten Teil erledigt'. [60)a (S. 121)]

Ähnliches dürfte heute noch bei alten und sozial schwachen Menschen gleichermaßen gelten, bei geriatrischen Patienten sowieso. Solange man in Kategorien denkt und unterbringt, wird keine echte warme, menschliche Beziehung stattfinden können. Das Leben verliert seine essentiellen dynamischen Qualitäten. Es erstarrt und stirbt lange vor dem wirklichen Ende des individuellen Todes.

Hoffnung ist erloschen. Zerfallen. Weg.

II. HOFFNUNG UND HUMOR

'Herta brauchte die Hoffnung, sie lebte aus ihr und gestaltete sie'
                    (Henny Rückert - Astrologin)

Für einen Menschen, dessen Beruf es geradezu ist, Hoffnung zu haben - in den Anderen, in die Qualität Mensch, in die Änderbarkeit der Umstände - steht die Angst vor dem Tod gleich mit der Angst vor Hoffnungslosigkeit, vor der immensen großen Reglosigkeit, die einen aufnimmt und deren man sich bewusst ist in einem ohn/mächtigen Erleiden.

War je eine, irgendeine menschliche oder medizinische Einsicht und Kenntnis imstande, eine Lösung für den Tod zu geben?

'born free'

Das meint menschlicherweise mehr als nur Freiheit und Hoffnung, das meint auch dynamische Möglichkeit. Dieses 'born free' straft sich selbst Lügen im Tode, und damit ist es, als falle die gesamte intellektuelle und emotionale 'Welt' wie ein Kartenhaus zusammen. Sinn-entbunden. In solchen Angstmomenten ist die geistige Existenz des Menschen so bedroht, dass sie sich bereits im Formulieren der Angst als Fiktion zu erweisen scheint -

Hier gilt es, die Differenz zwischen Ich und Psyche in einen solchen Einklang zu bringen, dass die Realität erträglich und tragbar wird. Hier auch ist die menschliche Verantwortung des Arztes wohl die schwerste.

Wie weit reicht die im Beruf ausgeübte Empathie mit dem alten, dem leidenden Menschen in der eigenen, überscharf wahrgenommenen Situation? Selten nahm Herta das Leben leicht. Vielleicht vermochte sie gerade dadurch so spirituell zu leben?

Angst wie Hoffnung waren für Herta Bewusstseinsproblem einerseits, nie auflösbares, da emotionales Problem andererseits.

Je heller einem Angst bewusst wird, desto deutlicher lässt sie sich ins Positive, in Hoffnung, transponieren, allerdings ohne je ihre Grundlage zu verlieren.

Wirkliche Angst - die hatte sie in Hitlerdeutschland.

Sie fürchtete für die Eltern und Geschwister, fürchtete für ihre jüdischen Kollegen, ihre jüdischen Mitmenschen; doch damals wie auch in späteren Jahren hat sie immer wieder versucht, den Menschen durch Denken und bewusstes Sehen wehrbar zu machen, ihn zu aktivieren gegen destruktive, negative Kräfte in ihm und um ihn.

Ob dabei ein "gewisses Maß an Selbsttäuschung lebenswichtig" ist [47)(S.189)] oder zu sein hat, dürfte letztlich von dem Grade abhängen, in dem ein Mensch bewusstseins-belastbar und -forderbar ist. Es bleibt eine innere Wechsel-beziehung.

Als sie den gewaltsamen Tod der Mutter, der Schwester Frieda und des Schwagers sowie deren Kindern erfuhr, als sie definitiv wusste, dass ihrer Freundschaft mit H. Scheller nie das häusliche Element der Geborgenheit eigen sein werde, als sie sich in sich selbst einrichtete, all dies in den vierziger Jahren, da verstärkte sich ihre Angst um eine Nuance. Sie lernte damit umzugehen und barg sie soweit in sich weg, dass sie im alltäglichen Leben nicht darüber zu stolpern brauchte. Gerade darum bedeuteten die Europa-Reisen, die sie vor allem in die Schweiz zu Tagungen und Kongressen unternahm, einen emotionalen Sicherheitsfaktor und einen Hoffnungsquell, dessen sie sich erst in den ausgehenden siebziger Jahren durch Krankheit und Immobilität beraubt sah.

Hoffnung blieb ihr gegen alles Hoffen bis in den Tod, bis in den letzten Atem. Wie verzweifelt sie auch manchen Tags war, nie klang auch nur ein einziges Mal der Wunsch nach dem bewusst verfrühten Ende. Im Gegenteil: "Ich kämpfe jeden Tag um das Leben", sagte sie vier Monate vor dem Ende, "Unkraut vergeht nicht", fügte sie lächelnd hinzu.

Herta besaß einen sehr feinen, philosophischen Sinn für Humor. Er konnte allerdings manchmal so durchdringend sein, dass er fast sarkastisch wirkte.

Witze erzählte sie hin und wieder, meist in Form von lehrreichen Anekdoten, wie die zwei über Bleuler beispielsweise. Sie riefen eher ein Lächeln hervor denn ungezähmtes Lachen.

Selbst lachte sie gern. Über sich ebenso wie über andere.

Lachen war für sie eine menschliche und berufliche Umgangsnotwendigkeit. Das bezeugte sie schon mit jener Erinnerung an A. Homburger, der sie gern hinzufügte: 'Ehe man nicht einmal mit einem Patienten lachte, gibt es kein menschliches Band'.

'Nach Ihnen!' – Jürg Zutt und Herta um 1965

Nichts an ihr war dabei grob oder laut. Eine Patientin teilte über Hertas Sinn für Humor befragt mit: 'When I think of all the funny people ... and the problems she had to deal with, I hope and trust she had one (sense of humor)'. [13]

Psychiater werden ohne Gefühl für Humor? Nein, bereits Wollenberg in Breslau hatte sie darauf gewiesen. Gar nicht erst damit anfangen. Ungeeignet! ergänzte sie. Unfit!

Ihre eigene Stärke lag zweifelsohne im situationsgebundenen Humor. Daher gibt es auch kaum nacherzählbare Witze oder Anekdoten über sie. Wohl beschreiben Freunde und Bekannte einhellig, wie sie blitzschnell das Komische einer Situation zu erfassen und Ins treffende Wort zu kleiden wusste, wodurch es zur allgemeinen Heiterkeit gereichte.

Sie war dabei äußerst pointiert und übersah zugleich die Gesamtlage; ihr Humor wirkte sehr, sehr leichtgenommen und traf in Wort und Gestik seltsam sicher ins Schwarze.

Ihre schneidende Direktheit mochte allerdings manch einen auch verletzen, anstatt eindeutig komisch zu wirken. Wie ja ihre glasharte Unnachgiebigkeit, mit der sie sich beinahe naiv über jegliche Etikette hinwegsetzen konnte, wohl eher Staunen, Schmunzeln, Irritation oder Respekt aufrief als ein herzhaftes Lachen.

Fast alle Anekdoten und Geschichten von/über Herta haben auf subtile Weise die Würze leisen Selbstspotts. Denn an Selbstironie hat es ihr wohl nie gemangelt.

Doch machte Herta im großen Ganzen den Eindruck eines stillen, ernsten Menschen, der lieber distanziert und allein lebte, denn dass er sich mit anderen umgab. Nie suchte sie Gesellschaften auf, nur um sich zu amüsieren, wohingegen sie gern in kleinem Kreise guter Freunde verkehrte. Oft konnte sie sich selbst völlig genug sein.

Etwas wie Zeitlosigkeit lag über ihr und strahlte aus ihr, wenn sie lachte, eine bezaubernd frische Naivität, die immer wohltat.

Dass sie sich übrigens in manch komischer Situation befunden haben mag, vor allem durch ihre therapeutische Arbeit, wird auf diese zweifelsohne von nachhaltig positivem Einfluss gewesen sein. Das Ridikül im Menschen wie das wirklich Komische hat ihr sicher manch inneres Schmunzeln entlockt, das sie bis ins hohe Alter hinein jung erhielt.

III. WORT UND DENKEN

'Denken macht frei. Die großen Gedanken kommen aus dem Herzen'.

1. Persönlich und zwischenmenschlich

Herta teilt deutlich, wenngleich in fragender Haltung dem Begriff Denken gegenüber, in rationales und irrationales Denken. Wobei das irrationale 'Denken' das notwendige Gegenwicht formt und den eigentlich kreativen Prozess im Menschen meint/darstellt.

Rationales Denken ist ihr, ganz im Sinne Jungs, nur eine der Bewusstseinsfunktionen, die 'der Grundeinstellung ein besonderes Gepräge gibt' [61)a (S. 46)]. Dieses rationale Denken ist nur dann der Abnutzung, dem Klischee, dem Verschleiß nicht unterworfen, wenn es als Gegenpol und wirklich zum Ausgleich des irrationalen 'Denkens' steht. Dann ist rationales Denken geschützt, Worte sind das jedoch nie, "da sie den Sinn verschleiern und verlieren können".[5)]

Nehmen wir als Beispiel das 'sich leer Denken'.

Natürlich kann ein Mensch sich produktiv/kreativ leerdenken, um über den Weg der Meditation zu neuen Einsichten, zu größerer, innerer Helligkeit und/oder zu einem intensiveren, energiereicheren Selbst zu gelangen. Wenn man aber die Frage aufwirft, "ob 'der Mensch sich leerdenken' kann oder ob Denken überhaupt ein unproduktives, den Fragen gegenüber unangepasstes Vorgehen bedeutet, so habe ich den Eindruck, dass Sie sich in eine Sackgasse begeben, wenn Sie irrationales Geschehen durch rationales Denken zu erklären sich bemühen. (...) Durch Erfahrung, Denken, Intuition kann man den dunklen, soviel größeren Kreis des Unbewussten-Selbst durch fortgesetzte Strahlensendung vom Ich-Punkt etwas vergrößern, erhellen, aber nicht erklären!!"[5)]

Diese Art des Denkens, ob nämlich irrationales Geschehen durch rationales Denken erklärt werden könne oder nicht, entspräche in Hertas Worten denen Erich Fromms: 'Die volle Empfindung besteht tatsächlich nur bis zu dem Augenblick, wo sie sprachlich ausgedrückt wird'.[48b(S.140)]

Diese Behauptung wage ich zu bezweifeln.

Denken hat - expressis verbis - Emotion, Fühlen und Empfinden ebenso zur Grundlage wie auch Intuition. Irrationales Denken ist eher wortlos impressiv.

Sobald die Ex/pression hinzutritt - und alle Materie rotiert in der Bewegung von innen nach außen, von Implosion zu Explosion, individuell - persönlich wie kollektiv - bedarf es des helleren Bewusstseins als Feld und des Wortes als Mittel.

'Sprache und Sprachdenken wurzeln in körperlichen Gesten, die ihrerseits weiterschwingende Wachstumsgesten sind'. [64) (S.86)]

Wenn Unbewusstes sich allmählich in Bewusstsein wandelt, wenn aus dem Umrisslosen, Ungeordneten sich Form und relativer Ort erwachsen, dann erhellt sich das gesamte Bewusstseinsfeld (alle 4 Bewusstseinsfunktionen, nämlich: Empfinden, Fühlen, Intuition und Denken, nach Jung).

Die Grundlage, auf der Denken sich aufbaut, stabilisiert sich ebenso wie das Denken selbst sich stabilisiert. Dann ist Denken niemals nur rational, niemals nur Wort und ist als Wort niemals entfremdend, sondern die klarste, die herausforderndste, die kreativste Art menschlicher Kommunikation.

Nur - kein Mensch wird mit einer perfekten Sprach- und Wortkenntnis geboren und da es hier eine der letzten Entwicklungen im Menschen betrifft, ist Sprache als Lebensäußerungsmöglichkeit noch jung, unerwachsen, widersprüchlich an- und abwesend zugleich. H. Stack Sullivan (1892-1949) schrieb in seiner Zeit zurecht: 'Die Sprache reicht niemals so weit wie das Erlebte, sie hält in knappem Stenogramm dessen Umrisse fest, ohne Einzelheit und Nuance in Worte kleiden zu können! ' [82) (S. 75)]. Das aber sogar Worte, einzelne Wörter in willkürlich sinnvoller Reihenfolge beispielsweise diverse Emotionen oder Bilder oder einfach Nervenreize aufrufen können, bemühte sich Chomsky längst zu zeigen; man kann es selbst ausprobieren. Jedem Wort steckt mehr inne als die Quantität Buchstaben zur Bezeichnung eines Dinges, Vorganges, was auch immer, und die Qualität eines Bildes.

Heidegger versuchte, die Worttiefe anzupeilen, die ganz und gar Nicht-Zufälligkeit eines Wortes zu markieren - er versuchte sich als 'Tiefenpsychologe des Wortes', leider nicht in völliger Konsequenz, was wohl seinen Beruf verändert hätte. Ein Beispiel für unser unbewusst richtiges Sehen der Dinge, ohne allerdings das Gesehene auf das Gesagte zu beziehen, gibt Stack Sullivan selbst 'Die Unterscheidung von offenen und verdeckten Prozessen ist wichtiger als jede Symbolanalyse1. [82)(S.75)]

In diesem Sinne ist die Sprache sehr wohl in der Lage, das Erlebte intensiver als nur in reiner Stenogrammform wiederzugeben. Warum brechen Menschen bei bestimmten Wortfolgen in Tränen aus, warum lachen sie?

'Das kann man nicht nacherzählen, das muss man gehört haben' sagt ja doch mehr über die Tiefenstruktur der Sprache und den Tiefenempfang, die 'Tiefenantenne' des Menschen als jedwede Satzanalyse.

So sind dem Bewusstsein durchaus Gebiete/Bereiche zugänglich, die vorerst noch oder hauptsächlich im Erlebnisbereich und in der Vorstellung liegen; - 'dass das Weltbild eines Menschen in hohem Masse von der unterbewussten Struktur seiner Sprache abhängig ist' [62] (S.8/9) macht Form und Klarheit dringlich und ... menschlich, sollen kommunikative Missverständnisse vermieden werden oder bleiben.

Denn: 'während die Regeln der Kommunikation, der Grammatik und Syntax sich auf mathematische Urmodelle zurückführen lassen, ist der möglichen Wurzelverwandtschaft von Worten, die unterbewusst die Assoziationen steuert, keine Grenze gesetzt'. [62] (S. 8/9)

Der chaotischen Fülle, dem chaotischen Reichtum, beziehungslos und amorph, gilt es die Fülle, den Reichtum der Möglichkeiten von Form und Relation entgegenzusetzen, derart, dass der Mensch sich begreifen lernt. Bewusstsein ist dabei kein Synonym für Verlust.

Wort und Denken, Sprache skeptisch zu betrachten, mit der Bonhoeffer'schen Einstellung, 'dass alle solche Dinge von allein wachsen müssen, soll etwas Brauchbares herauskommen', [77]a setzt erhebliche Bildung bereits voraus, man befindet sich in 'der Meisterklasse eines Künstlers, auch dem Lehrbetrieb eines Handwerksmeisters' [77]a (S. 310), wo beide, Künstler wie Meister, vom ethischen, humanen und kenntnisreichen Standpunkt aus selbst-redend sind: Ich - Du – Relation als/im Idealfall.

Dem entspricht allerdings die Ich-Außen/Innen-Relation durchaus, die das Wort geradezu nötig hat, um ins bewusste Verstehen zu gelangen. Andererseits: Denken ist nicht nur wie Sprache, wie Schweigen erlernbar, es ist übertragbar, wie auch das Wort, wie das Schweigen übertragbar ist. Hätte J. Zutt sonst von Bonhoeffer schreiben können: 'Man konnte von niemandem besser lernen, dass auch das Schweigen eine wichtige Form der Rede ist' . [90] (S.5)

Herta erinnert an das Buch von Jung und Pauli "Naturerklärung und Psyche", in dem viele theoretische und praktische Beispiele stehen für die oft nicht trennbare Beziehung zwischen äußerem Geschehen und innerem, unbewusstem Erlebnis.

'Die Synchronizität als ein Prinzip akausaler Zusammenhänge' (C.G. Jung) wirkt in der Beziehung Erlebnis - Sprache ebenso wie zwischen divergierenden oder anscheinend sich fremden Ereignissen. Hatte Freud zum Beispiel das Thema 'Sich Versprechen' nicht gerade als Informationsquelle für akausal erscheinende, innere Zusammenhänge aufgegriffen?

"Antworten kommen ja selten durch den Geist, sondern durch ein Hinhören oder Hineinsehen, was zum Ausdruck kommen will ..." [5]

Gewiss gebe ich Fromm recht, wenn er über den Menschen schreibt, der nur rational arbeitet, dessen andere 3 Bewusstseinsfunktionen verkümmern, dass dieser Mensch, der alles ausschließlich rational verarbeitet, der Entfremdete ist, 'der Mensch in der Höhle, der, wie in Platos Allegorie, nur Schatten sieht und sie für unmittelbare Wirklichkeit hält'. 48)b(S.140)

Denn man kann durch Malerei, durch Musik, durch Tanz und Theater zusammenkommen mit anderen und nach dem ersten gemeinschaftlichen 'Geniessen' über die Sache/Dinge/Menschen/Emotionen diskutierend eine Art lautgedachten Bewusstseinsprozess durchlaufen, der sich mono/dialogisch auch im Einzelnen vollzieht. Vollziehen kann. Denn längst nicht jeder ist daran interessiert. Nach Maslow zwischen 5 und 30 Prozent maximal, und auch ein Ruben Blades, der bekannte Salsamusiker aus Mittelamerika ist erschüttert, dass so viele Leute das von ihm durch seine Musik erstrebte geistige Niveau nicht wollen und/oder nicht erreichen: 'Most of them think always: dance, dance, dance! But I mean always: think, think, think!' (WDR-Interview 12.7.1985).

Im Ansprechen aller vier Bewusstseinsfunktionen ist konstante Erneuerung des Menschlichen im Menschen möglich.

Der Weg über die Musik, das Wort, den Tanz, das Denken zur Politik und zur Gesellschaft ist immer ein Weg zur menschlichen 'Psyche', positiv wie negativ.

Nicht aus Belehrung heraus schrieb Herta, dass es wesentlicher ist, zu einer Vorstellung als zu einer Definition zu gelangen. [5] Sie war, vergleichbar einem Heinrich Böll, unermüdlich 'auf der Suche nach einer bewohnbaren Sprache in einer bewohnbaren Welt'.

Doch gerade diese Sprache ist nicht chaotisch grenzenlos, sondern gebunden-menschlich, ist eruierbar, ohne absolut in ein 'bestehbares Koordinatensystem' hineinpassen zu müssen. Jedweder 'Ausblick' aber wird erfahren als religiös oder mystisch oder 'über die Vorstellungen hinausgehend' und der Mensch sucht nach brauchbaren Konstruktionen, um "das Unbegreifliche in ein Konzept oder ein Modell zu skizzieren (...) weil wir in jeder Modalität des vorstellbaren Seins und Werdens in einem Rahmen mit Grenzen eingespannt sind". [5]

Eine Vorstellung lässt immer 'ein Darüber-Hinaus' zu, zu einer Definition jedoch tritt man nicht in Dialog, sondern in Widerspruch, sie ist räumlich-punktuell. Ein Beispiel möge das beleuchten:

Als der Papst Johannes XXIII im Jahr 1979 in Harlem war (Hertas Haltung dem Papst als Gesamterscheinung im politischen Leben gegenüber ist durchaus sehr kritisch und zum Teil eher ablehnrnd), schrieb sie: "Die einfache Eloquenz und seelische Anregung, die offenbar durch die Haut und das Gehirn gehen und Eingeweide und Knochenmark direkt treffen, waren für mich Zeichen einer echten, moralischen Autorität, gewürzt durch Humor und Witz. So sagte er u.a.: 'Wenn die Freude aus dem Leben schwindet, fangen die Steine zu weinen an!' Kann man es einfacher und poetischer sagen?" [5]

Hier wohnt die Kunst, das Haiku, die bildreiche Weisheit, die eben mit Sprache das sagt, was das Erleben, das Erlebnis meint und war. Je eindeutiger das Wort als Erlebnisträger, desto platter im dimensionalen Sinne wird der Erlebnis-nachvollzug. In der richtigen Bild- und Vorstellungswortwahl herrscht die Offenheit, die Sprache benötigt, um Emotion zu übersetzen in akustische oder visuelle (oder beide) repetierbare Vorgänge. Der Verschleißerscheinung steht die unermüdliche innere Symbolwelt des Menschen in durchaus kreativer Weise entgegen. Dass wir in Symbolen, in Worten, in Kürzeln denken und sprechen müssen, liegt in der bio/logischen Struktur des Menschen begründet. Alle unsere innerste Info, Gen-Info, besteht aus Kürzeln und Formeln, wie sie heutzutage in der Computersprache stets deutlicher einen Neubeginn finden.

Die Idee, unseren Organismus als Heimat unseres Denkens zu betrachten, wie H. Kükelhaus es formulierte, bezieht aus den Molekular- und Gen-Wissen-schaften ihren Beweis, und zweifelsohne stimmt F. Vesters Gedanke, vielfach erörtert und ausgeführt: 'Auch in seinen geistigen Prozessen ist und bleibt der Mensch ein Teil der lebenden Natur. Wenn er nicht nach ihren Gesetzen denkt, wird er sich selbst als Erstem die Lebensgrundlage entziehen'. [64] (S. 12)

Will man Emotion in verstehbare Denkprozesse über das Wort fassen, mag das primäre Emotionserlebnis verlorengehen - bei wirklicher Bewusstseinsentwicklung erhebt sich ein Reichtum neuer Emotionen, Symbole, Innerlichkeiten, der der Primäremotion Sinn verleiht und sie in sinnvollen Kontext zu anderen Innerlichkeiten setzt.

Ein Ziel, das die Psychotherapie stets mehr anstrebt; denn Primäremotionen auf Primitivniveau nacherlebbar zu gestalten ist nur dann sinnvoll, wenn über diesen Umweg/Unweg eine Rundherumdistanz angestrebt wird, in der es sich leben und 'wohnen' lässt. Die Gefahr, von den Primäremotionen auf Primitivniveau 'erschlagen' zu werden, ist weitaus grösser, als dass das Erreichen einer bewussten Vorstellung über Distanz misslingt.

2. Wort und Denken in der Therapie

Da die Psychoanalyse und -therapie immer ein Versuch ist, das menschliche Bewusstseinsvermögen in seinen Grenzen zu erweitern, zu vertiefen und den Durchgang vom Bewussten zum Unbewussten transparenter zu machen, immaterieller, lässt es sich durchaus mit Th. Reik sagen, dass dem Psychoanalytiker die 'Rolle der Hebamme' oder die des Archäologen entspricht. Psychoanalyse ohne gesellschaftliche Bezogenheit ist schlechterdings nicht wahr. Die meisten Probleme entstehen ja gerade im Reibungsprozess Individuum - Gesellschaft.

Was ich an so genanntem Negativen in mir selbst entdecke, wird nur dann zu einem echten Problem, wenn ich eine Vergleichsmöglichkeit habe.

Je mehr 'Anderssein' sich mir entgegenstellt, desto drückender wird das eigene Tun. Das heißt, die Qualität Mensch fühlt sich am geschütztesten im Gehege des gesellschaftlichen Gleichseins. Das Individuum mag daraus seine moralischen, ethischen, fertigen und/oder unfertigen 'Rezepte' und Normen aufbauen, meist ist es bereits edukativ so ein- und angepasst, dass die Probleme gegen die Gesellschaft wachsen. (In einer ehrlichen, nicht-heuchlerischen, Erziehung hebt sich die Psychoanalyse als Hilfsmittel zur Anpassung auf.)

Herta bedurfte, wie die meisten Therapeuten, des Wortes, um sich zu vergewissern, ob der Patient verstand, was ihm sein eignes Unbewusstes hatte sagen wollen, im Traum, in einer Vision, in einer inneren Bildfolge.

Nur ist es eine Frage des 'geistigen Fingerspitzengefühls', wann es wie vieler Worte bedarf, um einen Patienten dies erfahren und geistig bewusst nachvollziehen zu lassen.

Wenn eine frühere Patientin berichtet: "The dream itself was the treatment and she (Herta) didn't have to say anything at all", [13] so steht dies Nichts-Sagen nicht für Schweigen, sondern für das dem Geträumten Nichts-Hinzufügen. Manche geschickte Frage, mancher minutiöse Hinweis ist vonnöten, um den Patienten im Traum selbst wandern und be-greifend sich selbst erkennen zu lehren/zu lassen. Jedes Symbol steht ja für die Translation einer Empfindung, gleich ob diese auf bio-/physio-/psycho-/logischem oder geistigem Niveau stattfand. 'Leiberfahrung ist die Basis der Abstraktion'. [64] (S.86)

Das Wort kann eine Öffnung zum Unbewussten freilegen, den Weg konzentrierter Erkenntnisschritte jedoch muss das Individuum selbst ablegen. Immer bleibt deshalb die Relation zwischen Therapeut und Patient eine Form des Dia/Logos, bei dem mal der eine mehr Worte, mehr Aktivitäten, der andere mehr Verstehen, mehr schöpferische Passivität benötigt und umgekehrt.

Fakten werden diskutiert, denn gerade im akustischen Erinnern liegt ein sehr zwischenschichtliches Zusammenspiel vieler unbewusster Faktoren und Funktionen.

Doch bei weitem nicht immer ist hell-bewusstes, logisches Verstehen gemeint. So schrieb eine frühere Patientin, "I did not even discuss therapy with her as such, I guess you would say 'I lived it' ". [13]

Dennoch fielen Worte. Sozusagen 'Drumherum-Worte', die die Öffnung zum besseren Verstehen der eigenen Innenwelt abtasteten, anvisierten, ohne dass dem Patienten die Erinnerung an ein Gespräch oder ein drängendes oder mahnendes Wort, eine Aufforderung oder wie denn auch verkleidet, blieb.

"I know she was quick to point me the great power of the unconscious and if we would ... listen, we would not only be more knowledgeable about the why's but also less apprehensive about the facts themselves. Perhaps thereason I cannot recall the specific in the Situation is because the dream itself was the treatment and she didn't have to say anything at all". [13]

Viele Bewusstwerdungen halten sich auf bei der Schwelle zum Unbewussten, sie gehen wieder ein ins Unbewusste, jedoch auf dem Niveau der 'Langzeit-erinnerung', denn sie sind retirabel ins Licht.

Und dies immer mit einer positiven, frohgestimmten inneren Offenheit, dem Naiven auf den ersten Blick nicht unähnlich. Rund.

Zwei Briefstellen mögen Hertas scharfe Reaktion auf allzu einseitige Betrachtung verdeutlichen.

"Nun zu einigen Punkten Ihres weitreichenden Suchens im Zustand des Zweifelns. Ich glaube, dass Sie so oft eine innere Barriere empfinden und dann mit Entmutigung und Depression reagieren, ist die Folge von vielen Annäherungen an ein Problem, wo nicht (nur) für Sie, sondern für jedes menschliche Wesen eine befriedigende Antwort, nicht einmal ein erleichterndes Ausatmen möglich ist. [5]

"Sie sind eine ruhelose Seele mit einem analytisch vordringenden Geist, ( ) Sie wollen nicht nur vorwärtsdringen, sondern auf den Grund kommen, jedenfalls einen Grund, der wenn auch keine allgemeingültige Lösung, Ihnen in Ihren Fragen, 'in der Erscheinungen Flucht' einen Ankerpunkt und wenigstens eine persönliche Teilantwort gibt". [5]

Hier spricht ein sehr 'analytischen Geist', der auf Grund persönlichster Erfahrungen, nicht auf theoretisch-kombinierter Basis, Bild und Wort wählt, um eine kohärente Antwort zu geben auf eine empfangene Mitteilung. Besonders der Nachsatz beweist, wie Herta früher selbst dachte und zu ergründen suchte. "Ich bin bescheidener geworden. Ich frage, und wenn ich Möglichkeiten von Zusammenhängen finde, bin ich nicht erlöst, sondern dankbar". [5]

Ein gutes therapeutisches wie privates Gespräch, ein Brief ist immer Wort- und Gedanken/Austausch, wobei Klarheit im Ausdruck und im Niveau von Seiten des Therapeuten/Partners unerlässlich ist, und wobei das Wort sich aus der Vorstellung erwächst.

Das Wort entsteht nicht zum Zwecke einer kommunikativen Funktion, sondern ist diese Funktion.

Es ist in seinem Wesen eine mindestens 4-dimensionale Kommunikation zwischen Logik, Ort, Zeit und dem Ich/Du.

Vorstellungen haben in ihrer 3-Dimensionalität die Offenheit kreativer Zusammenhänge, die außer an das Wort im weitesten Sinne an alle Komponenten des Menschen anschließbar sind.

Nur: bleibt das non-verbale Leben, die Bildwelt der Träume und Tagträume nicht ein nur sich selbstgenügendes Leben?

Wie anders Messe sich die Isoliertheit des Individuums durchbrechen und bewusst und vergleichend aufnehmen, was der andere erfährt, erlebt, empfindet, wenn nicht durch das Wort?

Rein non-verbaler Kontakt meint nur Gleichklang.

Entwicklungs/Möglichkeit im spezifisch menschlichen, individuellen, bewusst schöpferischen Sinne benötigt den Dia/Logos - das Wort als Brücke zwischen Persona und Person, zwischen Du und Ich.

In zunehmenden Maße bedeutete für Herta Sprache Kommunikation – und intellektuelle Verfeinerung.

Wobei ihr Perfektionismus ihr ebenso diente wie entgegenstand.

'Sie benutzen Ihre logische Gesundheit mit kreativer Potenz bis zum letzten Augenblick ...' sagte ihr der Astrologe 1983 und wies sie auf die Chance ihres hohen Alters, in dem sie Distanz zu vielem hatte nehmen können und in dieser Distanz einen noch besseren und stärker prononcierten Überblick über vieles gewonnen habe. [3]

Dies sei nicht nur Sache des Alters, antwortete Herta lächelnd, es sei Wesensart, "I am ... a perfectionist. I am orientated towards the essential of something. I wouldn't deny that I have the ability to communicate, to teach, to convey to other people what I consider the essential and that probably is the essential -" (Dies mag überheblich klingen, ist es jedoch in keiner Weise. Von Freunden und Altpatienten, von Bekannten und von Professoren wie Wollenberg, Bonhoeffer und Jung kommen Bestätigungen der Tatsache, dass Herta eine angeborene Gabe zum intuitiv richtig Handeln besaß. Intuition war ihr jedoch stets nur Ausgangspunkt zu weiterer, höchst kritischer Auseinandersetzung, nie Selbstzweck) " - But on the other hand talk for talkings sake and having an audience that doesn't know the most primitive ABC's ..." das lag außerhalb ihres Interesses. Jedes psychiatrische Interview, jedes Gespräch, nicht nur mit Patienten, beginnt ja schon, "before the mouth gets open, by observing the gate, the gestures, the position, the comfort of sitting forward, sitting backward, the expression of the

eyes, the handwriting ..." [3]

Der Mensch ist ein Wesen, 'das sich 'machen' muss, um zu sein' [64] (S.88) Das Wort ist eines seiner wesentlichsten 'Mach/Mittel'.

'Sprache und Sprachdenken wurzeln in körperlichen Gesten ... Das logische Denken und die Abstraktionsfähigkeit bewegen sich in Bahnen, die von der Frühentwicklung vorgeprägt sind ...' [64] (S.86)

Sich aus den möglichen Möglichkeiten selbst immer wieder und stets besser zu aktualisieren und zu realisieren, dazu bedarf der Mensch des mehrdimensionalen Wortes. Mit diesem 'Mittel' WORT und DENKEN wollte Herta dem theoretischen Lehrgebäude der heutigen Psychiatrie praktisch hinzufügen "a touch of life, observation, intuition, putting things together, creating an image proving the intuition - not by putting out something that means nothing ..." [3]

IV. ÜBER KUNST UND KREATIVITÄT

'Wenn die Freude aus dem Leben schwindet, fangen die Steine zu weinen an'.

(Johannes Woytila)

Nie sprach Herta von einem 'Hobby'.

Konnte man Hertas Reisen nach Europa ein Hobby nennen?

Ihre Liebe zur Musik?

Überstieg ihr Interesse an Astrologie nicht die Qualifikation 'Hobby'? 'I was not aware of any other hobby of Dr. Seidemann's except her interest in psychiatry and reading'. [14]

Herta kochte gern, buk mit Freude, alles bei Zeit und Weile und 'for a while she loved to knit and also was good in sewing'. [15]

Sie war eine praktische Frau mit zwei 'rechten Händen', die das, was sie tat, gern und gut, am liebsten perfekt tat, solange es sich im rein praktischen Bereiche befand. Im ideellen, intellektuellen Felde hingegen bedeutete jedes Interesse mehr als nur ein Hobby.

Sie stellte an sich selbst höchste Ansprüche, da sie es genoss, ein denkendes Lebewesen zu sein, Denken von seiner besten Seite als kreativ erfahrend, aufbauend, auf der unermüdlichen Suche nach neuen Ideen, Lösungen, nach Verständnis, Erkenntnis und Einsicht.

Ganz gewiss war die besondere Art vielseitiger, hoher Bildung Wollenbergs in Breslau ein leuchtendes Erinnerungsmosaik, dem sie in passionierter Beflissenheit eigene Spiritualität und Kultiviertheit sowie breitgefächertes Kunstinteresse hinzufügte.

So war Wollenberg mit Hans Pfitzner befreundet und außerordentlich musikliebend, daneben sehr literarisch gebildet. Auch Scheller hatte sich höchst vielseitig entwickelt, mit einem Schwerpunkt auf Musik. Selbst pflegte Herta eine jahrelange Freundschaft mit dem Budapester Streichquartett.

Ihre eigene größte Intensität des Kunstgenusses lag außer in der Musik im Wort, in der Dichtung sowie in wissenschaftlich hochstehender, vor allem interdisziplinärer Literatur. Ihre Neugier war ebenso unermüdlich wie ihre Aufnahme-bereitschaft unerschöpfbar schien.

Als der Astrologe ihr 1983 zu verstehen gab, dass ihr größtes Problem vielleicht sei, dass es für sie nichts mehr zu lernen gäbe, reagierte sie heftig und beinahe leidenschaftlich entrüstet: "... Oh no! I think there is always in every field outside of my profession a great deal to learn and that is - I must say - one of the few things that keeps me alive - I have preserved an active interest in what is going on in the world, politically, economically and so on ..." [3]

Jahrzehntelang nahm sie aktiv teil an sehr vielen Kunst-Darbietungen. Die Lage ihres Appartements - unweit des Guggenheim-Museums und des Jewisch-Museums, unweit des Central-Parks mit seinen berühmten ägyptischen Samm-lungen im Metropolitan Museum of Art - war geradezu herausfordernd, Ausstellungen und Konzerte zu besuchen.

(Als sie 1980 durch Immobilität das Haus nicht verlassen konnte und zu Weih-nachten einer jener vorgedruckten 'Greetings of the Season and best wishes for the New Year'-Karten schicken musste, schrieb sie fast beschämt darunter: "Entschuldigung für die Karte! Ich konnte nicht ins Museum gehen oder etwas wohler tuende Karten bestellen". [5]

Ihrer praktischen Art gab sie ebenfalls Ausdruck in ihrer Kleidung und in der Aufmachung. Nur indirekt nahm sie an der wechselnden Mode teil, konnte daher manchmal ein wenig altmodisch wirken; selten trug sie Hosenkombi-nationen, war meist sehr weiblich gekleidet, von schlichter Eleganz. Eine Expatientin beschrieb sie, rückblickend auf die Jahre 1940-1945: 'She was petite ..., thin but not at all emaciated. She had very pretty dark brown hair. I believe it was naturally curly, and she wore it in a medium short cut. It was always the same neatly and attractively cut with good body. She had fair skin, brown eyes and was distinguished looking. I was not aware of make-up, except perhaps a small amount of lipstick. She was always neatly and conservatively dressed'. [13] Erhielt sie in späteren Jahren Besuch, so war das immer ein besonderer Anlass zur Freude: ... 'she always dressed up ... and would look quite stylish, often in knitted suits, she had made herself. [12]

Schmuck trug sie selten, und wenn, immer sehr dezent, eher eine Brosche denn eine Kette, hin und wieder einen Ring. Durch ihren kleinen zierlichen Körperbau brachte sie selbst im einfachen Kostüm einen Hauch von verfeinerter Noblesse mit sich. Sie war sich ihrer Persönlichkeit so stark bewusst, dass es nie einer Pose der Extra-Ausstaffierung bedurfte, um etwas hinzuzufügen oder zu verbergen.

Herta in Urlaub, um 1947

1. Dichtung und Sprache

Herta sprach ein auffallend gepflegtes, hochkultiviertes Deutsch. In sehr langen, von mehreren Nebensätzen durchwebten Gedanken wusste sie - ähnlich wie Thomas Mann - alle Interpunktionen geistig so zu markieren, dass den, der gewöhnt ist, zuzuhören, die ästhetische Schönheit der Sprache bezauberte. Wobei sofort zu bemerken ist, dass sie kaum jemals das Ende des Hauptgedankens aus dem 'Auge verlor', sich in ähnlicher oder gar gleicher Weise zu wiederholen wusste, Gedichte, Zitate oder Anmerkungen einflechtend, wie dies nur Menschen mit einem aussergewöhnlichen Gedächtnis und hoher intellektueller Bildung und Entwicklung vermögen.

Dabei war ihre Sprache durchsichtig. Noch nach mehr als 40 Jahren in der Emigration sprach sie treffsicher und glasklar, so wohlproportioniert in Satz- und Gedankenbau Deutsch, dass man kaum glauben mochte, sie spräche je anders.

Das moderne Deutsch, in den Jahren siebzig bis achtzig, der sogenannten 'Kultivierten' und 'Gebildeten' erfuhr sie als banal, platt, sich bereits erschöpfend in einem armen Hauptsatze, ohne weitere Gedankenverbindungen, arm in der Wortwahl, ordinär in der Sprache und dumm in Bezug auf innere Sprachdynamik.

Doch hat gerade sie Thomas Mann, den in epischer Breite erzählenden Dichter, weniger gemocht. "... Ohne dass ich je Thomas Mann die Größe abgesprochen habe als epischem Erzähler, sein Aufgezehrtsein von Einzelheiten (Seitenlange, eingeschachtelte Sätze) hat mich nie im Tiefsten ergriffen". [5]

Seine medizinisch genauen und ein wenig dekadent-goutierenden Beschreibungen kranker Menschen - vor allem in 'Zauberberg' erfuhr sie eher als "shameless" [3] - Es widersprach ihrem natürlichen Wirklichkeitsempfinden als Ärztin ebenso wie dass sie neapolitanische Armut als pittoresk erfahren hätte.

Nach einem Vortrag Thomas Manns in New York, zu dem sie in den fünfziger Jahren gegangen war, lautete ihr schlichter Eindruck "simplistischer Schulmeister!" [5], was aber wohl mehr die Art des Vortragens denn die Sprache selbst betroffen haben mag.

Hermann Hesse sagte ihr wesentlich mehr. Dort fand sie einfache Eloquenz und seelische Anregung.

Ihre zitierten Denker und Poeten sind auffällig harmonisch in Bezug auf ihre Lebenseinstellung: Jung, Pauli , Theresa von Avila, Hölderlin, Nietzsche, Hesse,

Flaubert ('Madame Bovary'), Rilke, Broch, und Musil, Kafka und Schnitzler, Fromm und Jonathan, um nur eine kleine Auswahl zu nennen.

Daneben las sie viel über östliche Kunst und Kultur, über Yoga, über östliche Religionen und griechische Skulpturen und Baukunst. Für amerikanische Dichter oder Poeten hat sie mir zwar nie eine besondere Vorliebe bekannt, außer für das Buch 'Moby Dick' , doch hat sie nach Aussagen von Freunden viel amerikanische Literatur gelesen. Immer las sie recht gerichtet und damit selektiv, doch über ein sehr weitreichendes Spektrum.

Vermeldenswert ist noch ein Versuch aus dem Jahre 1983, Rilkes 'Tagebücher aus der Frühzeit'-Eintragung vom 13. Dezember 1899 ins Amerikanische zu übertragen. (Siehe Appendix A2)

2. Musik

Zur Musik unterhielt sie ein besonderes und intensives Band. Nicht nur, dass sie mit dem Budapester Streichquartett sehr befreundet war, zu dem damals Joseph Roisman und Alexander Schneider (Violine), Boris Kryot (Viola) und Mischa Schneider (Cello) gehörten. In ihrem Appartement fanden manche Hauskonzerte statt. Nach unterschiedlichen, sich widersprechenden Angaben spielte Herta selbst Viola/Bratsche in einem Kammerorchester, das hauptsächlich aus ärztlichen Kollegen bestand und sich zur reinen Freude und zum Musizieren zusammenfand.

Die Freundschaft zu dem Streichquartett mag aus diesem Umkreise her entstanden sein. Im übrigen gehörte das Budapester Streichquartett, das in den vierziger Jahren hochberühmt wurde in Amerika, seine Plattenaufnahmen hauptsächlich bei Columbia machte, in den fünfziger Jahren in Europa zu dem Erlesensten, was es auf diesem Gebiet zu hören und zu goutieren gab.

Jahrzehntelang besuchte Herta Konzerte und Opern stetig, sie besaß ebenfalls eine ansehnliche Sammlung klassischer Schallplatten. Da auch ihr Studienfreund Heinrich Scheller außerordentlich musikalisch begabt war - 'eine bekannte Erscheinung des Würzburger Musiklebens, geistreich und unbestechlich ...' [27] werden sie in Europa und später brieflich manch wertvolles Gespräch über Musik geführt haben. Wie er ja in späteren Jahren oft mit seiner Tochter über Musik sprach, und über die Tatsache 'wie arm das Leben ohne sie sei'. [24]

Auf die Frage, welche Musik, welcher Komponist ihre Vorliebe habe, gab Herta gern Bach den Vorrang. Sie liebte diese strenge und doch spielerische Linienführung besonders. Das ist einerseits sehr erstaunlich, da gerade Bachs Kontrapunktik, wie Leonard Bernstein es ausdrückte, vom jüdischen Element in der Musik am weitesten entfernt ist, doch lässt sich gewiss Hertas Liebe zur Gesetzlichkeit in Physik und Mathematik als einen Quell der Affinität anmerken. Selten sprach sie, auch mit Freunden kaum je, aus sich über Musik. Und so konnte es geschehen, dass eine Freundin einmal von ihrem Musikverständnis meinte: 'Ob die Musik sie nun wirklich so innerlich ergriffen und berührt hat oder ob Ihre Kenntnisse rein intellektuellem Verständnis entsprangen, lässt sich kaum sagen'. [16)]

Herta war in der Musik und im Musikhören so bewandert, wusste sich so stilsicher und mit musikalischem Selbstverständnis darin zu bewegen, dass es ganz einfach verblüffte.

Hierhin mag noch ein kleines Erlebnis gehören, das sich gegen Ende der fünfziger Jahre in Zürich zutrug. An einem Sommerabend war Herta in der Zürcher Altstadt in ein 'Offenes Singen' geraten. Unversehens fand sie sich in die glückliche Stimmung der anderen Menschen aufgenommen und sang und summte die ihr meist bekannten, neueren und alten, fröhlichen und traurigen Lieder mit. Zuinnerst angeregt und berührt erzählte sie der Freundin davon, die zusammenfassend sagte: 'Ihr Erzählen ließ erkennen, (...) wie ihr Miterleben und Mitschwingen einem tief verwurzelten musikalischen Rhythmus entsprang'. [16)]

Dass ihr Konzertveranstaltungen im späteren Leben fehlten, da sie physisch nicht mehr daran teilnehmen konnte, beweist allerdings eher ein kommunikatives Leergefühl, denn sie hörte daheim viel Radio und viele Platten.

Auch hier ist bei Herta, wohl ähnlich wie bei Ruben Blades, der Genuss von Musik die Basis der Kommunikation, deren Quintessenz dann im Wort und im Denken, auf allerhöchster Stufe im gemeinsamen Schweigen gipfelt. Musik, wie überhaupt jede Kunstäußerung, gehört nicht zum 'bon-ton', sondern ist ihr Anlass zu weiterer bewusster, innerer Menschlichkeit.

3. Malerei, Bildhauerei

Darüber ist am wenigsten von Herta bekannt und auch mitgeteilt. Sie ging leidenschaftlich gern ins Museum, besaß ein sehr sensibles Auge für bildnerische Qualität. Sie hatte viele Bücher über Kunst, Architektur und Malerei. Sie vermochte sehr gezielte Ratschläge für Entwürfe von Kunst/Büchern zu geben[12] und hatte in ihrem Appartement einige wundervolle Tuschzeichnungen japanischer Meister in Reproduktion hängen. Sie muss sehr stark visuell eingestellt gewesen sein.

Auch ihre abstrakte Denkwelt suchte immer wieder ein Äquivalent in inneren Bildern, wie ja ihre therapeutischen Begriffe und Termini Hell-Dunkel, Licht-/Richtungsweisend-bewusst und Dunkel-/Unbekannt-unbewusst ebenfalls auf optische Vorstellungen verweisen.

V ÜBER POLITIK

'Was sich vorbereitet über welch lange Zeit, wer kann es ahnen? '

(Herta Seidemann)

Herta war ein politischer Mensch, vor allem interessiert daran, den sozialen Fortschritt des 'kleinen Mannes' zu fördern.

In jüngeren Jahren hätte sie sich vielleicht gar politisch betätigt, 'wesentlich um Menschen politisches Denken beizubringen und um soziale Fortschritte zu fördern'. [15] Doch auch in diesem Lande der 'ungeahnten Möglichkeiten', in das sie emigriert war, ließen sich die Diskrepanzen zwischen Arm und Reich, zwischen Treten und Getretenwerden, zwischen Hell und Dunkel, Schwarz und Weiß nicht aufheben.

'Herta was always a democrat, interested in protecting the rights of the average citizen (whom she always would condemn for his little mindedness)'. [12]

Dem wirklich aktiven Handeln und Eingreifen auf politisch-gesellschaftlicher Ebene stand Hertas großes Bedürfnis nach Privatheit absolut konträr. Ihre Domäne blieb zeitlebens der einzelne MENSCH - in seiner ganzen Problemfülle.

Dass gerade ihr Glaube an die positive Qualität Mensch so schwer auf die Probe gestellt wurde, traf sie tief. Ihre Erwartungen lagen sehr hoch, ihre Hoffnung schrillte stets durch alles Leid hindurch und ihr Beruf, der ihr Leben sinngebend füllte, erforderte den Glauben an den Menschen, die positive Haltung gegenüber allen, menschlichen wie human-technischen Entwicklungen. Eine völlige Erschütterung wäre einer inneren Vernichtung gleichgekommen.

'Herta brauchte die Hoffnung, sie lebte aus ihr und gestaltete sie'. [18] Politik in ihrer Unmenschlichkeit berührte sie spätestens 1933. Und zwar, wie die meisten ihrer jüdisch-deutschen Mitbürger, bis ins persönliche Mark.

Nach den drei Jahren in der Schweiz kein Geld zur Emigration, Untertauchen auf zwei Jahre. (Es klingt so lakonisch, zwei Jahre, doch es sind zweimal dreihundertfünfundsechzig Tage und Nächte, in denen Razzien möglich waren)

In jener Zeit flohen alle Geschwister, bis auf Frieda, ihre Familie und die Mutter, die hochbetagt und müde gestritten in Breslau blieb. Frieda zog mit ihrer Familie bei ihr 1940 ein, 1942 kamen sie alle fünf, Mutter, Frieda, ihr Mann und zwei Kinder gewaltsam in Auschwitz um.

Betty, die älteste, flüchtete von Berlin aus mit Mann und Sohn nach Santiago de Chile, von wo aus der Sohn recht bald nach Israel zog. Hans, der Bruder Hertas, war bereits dort, direkt von Breslau aus. Betty folgte dann nach dem Tode ihres Mannes ihrer Verwandtschaft nach Israel. Arthur war mit seiner Familie über die Tschechoslowakei nach England entkommen. Und Kurt, Hertas Lieblingsbruder, den sie gern 'das beste Pferdchen im Stall' zu nennen pflegte, hatte noch 1940 Breslau verlassen können und über Russland, die Manschurei und Japan mit Frau und zwei Jungen Amerika erreicht. Er ließ sich in Seattle, Wash., nieder, zog in späteren Jahren nach New York.

Bereits 1948 hat Herta Europa wieder besucht. Die Schweiz, als quasi neutraler Boden, blieb bis zum Lebensende Hertas Ausgangspunkt für einige Grenzüberschreitungen. Es galt hauptsächlich Freunde zu sehen und zu sprechen in den ersten Jahren, die seit der Emigration zu ihr gehalten hatten. Politisch blieb sie seismographisch empfindsam. 1979 schrieb sie: "Nach H. kann ich nicht mehr gehen (...), einige unterirdische antisemitische Strömungen unter einigen Gästegruppen haben mich sehr getroffen ..." [5]

Alle anderen (belegbaren) Äußerungen Hertas zur Politik beziehen sich vorwiegend auf Amerika, obwohl sie politisches Interesse an Europa und Amerika hatte, und umfassen im weitesten Sinne den Weltbürger MENSCH. 'Herta war, was man hier liberal nennt ...' [15] Sie hat mit Freunden eher ständig denn viel über Politik diskutiert und stand der Vietnam-Politik wie auch der Entwicklung nach 1980 äußerst abweisend gegenüber. 'In den ersten Jahren haben wir', schrieb eine Freundin nach dem Tode Hertas, 'mit großem Interesse und großer Bejahung sowohl die Roosevelt-Jahre wie vor allem die kurzen Kennedy-Jahre mit Hoffnungen durchlebt'. [15] Franklin D. Roosevelts Haltung im zweiten Weltkrieg erwies sich den Juden gegenüber alles andere als menschlich, und nur seine 'New Deal'-Verwirklichung, nämlich die Einführung staatlicher Sozialprogramme, hatte vom menschlichen Standpunkte aus, Hertas Zustimmung. Dadurch war ihnen aber einiges im außenpolitischen Bereiche entgangen. 'Allerdings waren wir uns damals (1940-19455) nicht bewusst, dass Roosevelt den Juden nicht genügend geholfen hat, sondern leider öfters der wenigen Hilfe, die es gab, im Wege stand'. [15]

Äußerst scharf reagierte Herta, als ihr Astrologe sie 1983 mit einem recht wichtigen krebsgeborenen Politiker verglich, 'who has the same configuration and was born a few years after you (8.7.1908) ..., one of the most unusual politicians I ever had the privileges to spend some time with: Nelson Rockefeller ...!' [3]

Statt ihre Meinung über diesen berühmten 'Krebs' zu geben, unterbrach sie schneidend: "I hope I have nothing else in common with him!" [3]

Ihrer stets großer werdenden Enttäuschung über die Ohnmacht der Politiker, über ihr Unvermögen, mit Mensch und Gesellschafft umzugehen, gab sie in den letzten Jahren einige Male Ausdruck: "Was hier im Lande vor sich geht, werden Sie sicher durch Zeitungen und Radio wissen. Amoralität, Verbrechen, rechtsradikale Regierung, hochgradigste Unfähigkeit, wo Imagination und Ideenreichtum geboten sind, es ist erschreckend". [5] In einem anderen Briefe notierte sie: "... die Trägheit der Massen gegenüber allen lebensbedrohlichen Ereignissen, das corrupte System der Politiker, die Sünden, die an der Natur begangen werden, unter dem Schild des Grünen Dollars, die Bedrohung durch Kernergie - wenn nicht verantwortungslose Benutzung als Waffen — man kann sich nur mit Schrecken abwenden oder die Fäuste ballen". [5]

Dem idealistischen Gedanken, dass Wiederholung verschenkte Geschichte sei, setzte sie den realistischen, den ihrer und aller vor ihr liegenden Zeit inhärenten Erfahrungswert gegenüber: "Wiederholung ist m.E. nicht verschenkte Geschichte. Im persönlichen Leben, und auch Im Völkerleben, wird man, meistens ohne es zu wissen, gezwungen, so oft zu wiederholen, oder passiv durch schon früher Erlebtes wiederholt hindurchzugehen, bis man die innewohnende Lehre gelernt hat". [5]

Bei allem Realismus ein sehr deprimierender Gedanke, erinnert man sich der Jahre 1933-1945. Die Folterungen in aller Welt von Südamerika über Asien und Afrika bis hinein in Europa sind stets verfeinerter, stets 'subtiler tötend' geworden, die A-Bombe und Hiroshima sind nur Anfang, nicht Ende einer Entwicklung gewesen - und wenn die Logik des obigen Satzes zutrifft, ist Depression und Pessimismus fast gerechtfertigt. Was hilft da der Abwehrakt eines Einzelnen?

"Das Buch von Jonathan Schell 'The Rate of Earth' ist im Druck erschienen. Es ist entweder die Bibel oder die Frevelbulle, die nach Glauben der Konservativen und spez. der Anhänger von Reagan verbrannt werden sollte, am besten mit allen, die mit der Katastrophen erfüllten Politik der Regierung nicht übereinstimmen. Ich befürchte immer mehr und tiefer, dass die Aufrüstung und immer größere Anhäufung atomarer Waffen eines der vielen bedrohlichen Anzeichen sind, dass die Menschheit sich selbst und die Erde vernichten wird. Der Schöpfungsakt wird noch einmal beginnen müssen, weil die Menschen die außen und innen schöpferische Motivation aufgegeben haben". [5]

Doch wie sehr auch 'Der Untergang des Abendlandes' als Motiv durch ihr spätes Denken geistert, sie liest Spenglers Buch nicht mehr. Die Gegenwart erfordert anderen Einsatz als nur Verweigerung oder Pessimismus, auch jede Form von Fatalismus ist falsch.

Einzig noch Aktion - die bewusste, positive TAT kann zu einer Änderung führen. Noch 1981 schrieb sie recht aktiv:

"Ich bin entsetzt und beängstigt über die politischen Dinge hier, das Schwertertreiben und Rasseln (oder Bombenweiterbau, nicht als Vermeidung eines nuclearen Krieges, sondern als ein Ziel, ihn zu gewinnen) die menschliche und moralische Leere und Korruptheit, die wissenschaftliche Richtung, die vorwiegend sich mit materiellen Aspekten beschäftigt etc. .... Man sollte sich von allen Ländern her zusammentun, damit der Widerstand hinausgeht über den 'cry in the wilderness' des Einzelnen". [5]

Sie blickte um sich: Friedensgruppen - weltweit, Nuklearbombengegner - weltweit, Frauen-, Jugendgruppen gegen Hunger, Folter; Umweltschützer, neue Denkrichtungen, die sich kreativ abzeichnen gegen den düsteren Hintergrund totaler Vernichtungsgewalt ... - sie sah und noch zwei Monate vor ihrem Tode schrieb sie versöhnlicher gestimmt: "Die Jugend, wenigstens einige, ist tröstlich und vielversprechend, mit einer anderen Werteskala wie unsere bedrohlichen Zeitgenossen. Wer nur die Kraft hätte, einen Anfang zu machen, um die Welt in bessere Gleise zu leiten". [5]

Dass dieser Bewusstwerdensprozess einer auf Leben und Tod ist, wusste sie, birgt ja schon der individuelle Bewusstwerdensprozess die Gefahr physischer und psychischer Erkrankung und Verwirrung mit sich. Und meinte nicht auch Fromm: '... es besteht kein Grund, optimistisch zu sein. Aber ich glaube, es besteht ein Grund zu hoffen'. [48]a (S. 403)

Ob Herta sich je als Außenseiter fühlte?

In Ihrer Studienzeit und gewiss bis 1933 galt J.L. Rubins' Bemerkung in seinem Horney-Buche durchaus noch: 'Obwohl es keine offiziellen Restriktionen gegen weibliche Studenten mehr gab, hegten einige Professoren noch immer die traditionellen Vorurteile gegen Karrierefrauen, vor allem in der Medizin'. [75] (S.49)

Als Prof. Pfeiffer, damaliger Dekan der Breslauer Medizinischen Fakultät zu ihr sagte, (und Herta übersetzte hier wörtlich aus dem Deutschen ins Englische): "My dear girl - not lady - medicine will not have lost anyone or anything, if you don' t go into it ..." [2] fügte sie in der Nachbetrachtung nüchtern hinzu: "... and there comes already in what it meant being a woman!" [2]

Ob sie je irgendwelche zweitrangige Behandlung erfahren hätte, da sie sich als Jüdin und Frau zugleich in einer Ausbildung befunden hatte, die eine speziell männliche Domäne war, ob ihr beides als Minoritätsfaktoren je im Wege gestanden habe? Darauf hat sie zwei Antworten: "You belonged to a minority and you had to be ten times as good as the male students in order even to be looked at, because you didn't count, you were absolutely no one, I think". [2] Diese Erfahrung gehörte in Bereich und Zeit des Studiums, der Studentenschaften, in denen sowohl Studenten wie Professoren ihre bürgerlich sanktionierten Vorurteile äußern konnten. Wesentlich betraf es das Vorurteil gegen die Frau - was ja auch heute in akademischen und ärztlichen Kreisen noch nicht völlig verstummte.

"And if you somehow made an effort to be particularly good and then your name became known, you had a hard time keeping up to their standing". [2] Nochmals, hier betraf es die Zeit in Breslau - die Jahre bis hin zur Approbation.

Jene Jahre als Ärztin in Berlin, Heidelberg und Zürich überblickend, nahm sie eine spürbare Akzentverschiebung vor, dennoch eine Variante auf das Grundthema: Die Frau in der Wissenschaft.

"I had experienced no discrimination by being a woman, but I must tell you, at that time that I came up, for me there was in whole Europe one woman in the academic field in Zürich and of all disciplines in the field of anatomy. And I want to state - somehow embarrassedly, but as a fact - 'If I had been permitted to stay in Germany after '33, I would have been the first woman in Germany in an academic career". [2]

In geschwiegener Deutlichkeit sprach sie von der politischen und menschlichen Diskriminierung als Jüdin und Frau. Der Tatsache, die Erste werden/sein zu können, die erste jüdische Professorin in Psychiatrie/Neurologie in Deutschland, der sich aus doppelter Minoritätsperspektive die volle persönliche, wissenschaftliche und klinische Entfaltungsmöglichkeit würde bieten können, setzte das Jahr 1933 ein Ende. Außerhalb Deutschlands galt jäh ein inneres sich Verweigern – wie es schien. Sie lehnte jedes universitäre Angebot in Amerika schroff, beinahe unverständlicherweise, ab.

Ihre innere Unabhängigkeit, von Kind an stets mehr gestärkt, gewann nach der Emigration 1933 eine so große Stabilität , dass sie den harten Bruch in ihrem Leben und die Schicksalsschläge mit beträchtlicher Gelassenheit aufzufangen imstande war.

Ihre wirklichen Gefühle der Enttäuschung über berufliche und persönliche Restriktion kamen nur zweimal heftig zum Ausbruch, - und zwar nach einer tiefen Altersdepression und davor einmal in den späten sechziger Jahren in einer Auseinandersetzung mit Heinrich Scheller. So notierte sie: "So that is my personal history. I have been a nobody and a nothing even, I say nothing because it was less than a nobody; 'nobody' supposes a human being, 'nothing' is a neuter, because l wanted so much to continue to introduce something personal to the treatment of patients, to the field of psychotherapy". [1]

Nie hat sie sich selbst je als Außenseiter bezeichnet, denn war der deutsche Jude vor 1930 nicht deutscher Staatsbürger, vor dem Gesetz allen anderen gleichgestellt? 'Allein, die Gleichheit vor dem Gesetz hat Auschwitz nicht verhindert'. 68) (S.21)

Die Zeit von 1933 bis zu ihrem ersten Europabesuch 1948 war gefüllt mit persönlichem Geschick. Der Politik, allen faschistischen wie antisemitischen Tendenzen folgte die lediglich mit überscharfem Blick. Wohl auch auf der Suche nach den wirklichen Proportionen jener so realen, so spürbaren Vergangenheit - die in räumlicher wie historischer Distanz ein noch grausameres, noch absurderes Gesicht bekam/zeigte.

Ihr Leid um den Verlust der Mutter und der Schwesterfamilie hat sie im Wort nie geäußert, auch Freunden gegenüber nur wie im Vorübergehen die Tatsache erwähnt, ohne aufsteigendem Schmerz je Raum zu geben.

In den 46 Jahren ihres Lebens in Amerika sprach und las sie zwar vortrefflich die amerikanische Sprache, doch blieb sie, trotz vieler Anpassungen, wurzellos in Amerika. Sie arrangierte sich in der Neuen Welt, lebte reserviert und ruhig, ein autonomer, selbstdisziplinierter Mensch in einer pulsierenden demokratischen Gesellschaft, für die sie sich mitverantwortlich fühlte auf MENSCH - Niveau.

VI. PSYCHOLOGIE UND TECHNIK

'Technologie ist keine Schöpfung'

(Herta Seidemann)

'Tradition kann in der Wissenschaft eine gefährliche Segnung sein. Loyalität ist eine ausgesprochene Gefahr'. [67)b (S.42)]

Das Wort 'Seelenapparat', mit dem Freud sich seine ersten, mechanistischen Vorstellungen machte, um sie aufschreiben zu können, sagt über den Zeitpunkt, in dem gedacht wurde, ebenso viel aus wie über die Entwicklung der Erkenntnis und der 'ratio'. Reduktion auf maximale Vereinfachung, um sich den Sachverhalt bewusst wieder ein/verleiben zu können.

Liegt hier vielleicht auch ein verborgen-offener Grund dafür, dass Freud sich beispielsweise selbst nie gefragt hat, warum er ständig über den Sexus reden musste, warum ihn dieser Gedanke so ergriffen hat. [60)a(S.157)] Einem heutigen skeptischen wissenschaftlichen Denker beinahe unverständlich, doch in jener Zeit der Bewusst/Werdung eine emotionale Art von Selbst-Schutz, um Erkanntes überhaupt erst einmal technisch formulieren und in der Distanz als Material be/handeln und be/schreiben zu können - so etwas wie eine zwischen-technische Lösung?

'Der Vorsprung, den im Abendland unsere Ratio, unser einseitig differenziertes Bewusstsein über unsere Instinktnatur errungen hat und der sich in einer hoch-entwickelten Zivilisation, in einer alles bezwingenden Technik ausdrückt, die jede Beziehung zur Seele verloren zu haben scheint, kann nur dadurch wettgemacht werden, dass wir die schöpferischen Mächte unseres ewigen Seelengrundes zu Hilfe rufen, sie wieder in ihre Rechte einsetzen und zur Höhe unserer Ratio emporheben'. [59)a] Ein deutlich formuliertes Plädoyer für eine ganzheitliche Entwicklung, für eine Entwicklung des Bewusstseins/Lichtes und des Unbekannt-Unbewussten/Dunkels in uns, wie Herta es nannte, gemeinsam in dieselbe Richtung. Dem Bewusstwerden und dem Raum des Bewusstseins steht inadäquat der Raum des Unbewussten, des frei-schwebenden, ungebun-denen, da kaleidoskopisch Austauschbaren, entgegen.

Es dürfte eher unsere Angst vor dem Unbekannten, dem Dunkel sein als unser Unvermögen, eine gleichgerichtete Entwicklung anzusetzen. Doch handelt es sich, fast möchte ich es plastisch ausdrücken, um sichtbare Schritte der dynamischen Evolution, wobei die Entwicklung der Technik dem Verschnellen der Entwicklung des Massenbewusstseins erheblich geholfen hat.

Bedauerte Karen Horney es noch, dass dem Psychiater, dem Psychologen nicht so ein adäquates Wissen über die Seele eigen sein konnte, wie es technisch jedem Handwerker in seinem Fachgebiet zur Verfügung steht, [58)a (S. 250/51)] so gibt sie doch damit dem kreativen Element gegenüber dem rein mechanistischen 'Seelenapparat'-Funktionieren erheblichen Raum, anerkennt die Individuation und das zugleich 'Mitten-in-der-Sache-Stehen', wodurch vollbewusstes Handeln, distanziertes und dadurch be/greifendes, erkenn- und einordbares Handeln erheblich erschwert wird.

Im Grunde aber hat hier, bedingt durch die immense Dichte und Nähe, die Technik Brückenfunktion übernommen auf dem Wege zum Erkennen. Der Einzelne kann über die Technik zu sich kommen. Dies wiederum ganz im Sinne Teilhard De Chardins, dass auf Grund äußerer Dichte der Weg nach innen der einzig kreativ-verbleibende sei.

Ich denke, dass es heute keine Entwicklung der Technik um der Technik selbst willen mehr gibt - einfach weil der finanzielle Preis zu hoch wird.

Alle technischen Entwicklungen haben ihr subtiles Pendant im Menschen selbst. Er ver/äußert sich.

War dies ein Grund, dass Herta der Technik ablehnend gegenüberstand, dass sie in ihr eine oder die Bedrohung des Humanen sah?

"Technologie ist keine Schöpfung" [5)] schrieb sie kaum zwei Jahre vor ihrem Ende, obwohl sie als Ärztin wie auch als Patientin genügend oft mit Technologie und technischen Errungenschaften zu tun gehabt hatte. Natürlich lehnte sie Technik und Technologie nicht ab, solange diese dem Menschen als Werkzeug und Hilfsmittel untergeordnet bleiben. Ihr Begriff des 'Humanen' umfasste Technik als Mittel zur Verbesserung der menschlichen Lage, nicht aber der menschlichen Qualität.

Blicken wir kurz zurück in die Zeit: Heinrich Heine zum Beispiel lehnte die Entwicklung der Maschinen heftig ab, das künstliche Getriebe erfüllte ihn, bei seinem England-Besuch, mit Grauen. In seiner Vorstellung sah er bereits die Maschinen die Geistesfülle des Menschen usurpieren, während 'der entgeistigte Mensch als hohles Gespenst ganz maschinenmäßig seine Gewohnheitsgeschäfte' verrichtet (so beschrieben in 'Florentinische Nächte').

Günther Anders reagiert auf das Maschinenzeitalter, auf die Entwicklung der Technik mit seinem doppelbändigen Werk 'Die Antiquiertheit des Menschen' teils weise vorausblickend, teils ironisch befangen.

Mit dem selben Mut jedoch, mit dem die antike Welt alle möglichen und machbaren Erfindungen 'die zur Maschine hin tendieren, ins Spielerische' abbiegt, und zwar das gesamte Altertum hindurch, mit diesem selben Mut bedienen wir uns heute der Technik, denn sie ist - da eine Bewusstseinsäußerung - als Entwicklung nicht mehr rückgängig zu machen und nimmt allmählich einen selbstverständlichen Platz überall ein.

(Man vergleiche hierzu Hanns Sachs' Betrachtungen zur 'Verspätung des Maschinenzeitalters', 1934, in denen er auf eine höchst originelle Weise angibt, warum der antike Mensch, der doch Intelligenz genug besaß, die unbelebte Maschine nicht erfunden hat.)

Technik hat ihrem Wesen nach wie ihrem Wortsinn entsprechend immer dienende Funktion, nie zwingende. Darin ist sie der Ratio ungefähr ebenso verwandt wie die Theorie der Praxis.

Dasjenige allerdings, was ihr in TV und Radio oft angetragen wurde, meinte zu sehr 'Ausschalten des Menschen wie des Menschlichen', meinte Reduktion der zwischenmenschlichen Beziehungen auf 'vorgedruckte Weihnachtskarten'.

Gewiss anerkannte Herta die Tatsache, dass ein Tonband, eine Video/Cassette ihre oder eines Menschen Gedanken festzuhalten imstande sei, wenn nicht mehr genug Kraft da ist, sie niederzuschreiben.

Doch mochte da irgendeine ferne, dunkle, doch nicht ungerechtfertigte Angst vor dem Missbrauch einmal gesagter Worte mitspielen.

Als der Astrologe sie in einem Telefongespräch einmal fragte, ob er eine Bandaufzeichnung ihrer beider Gedanken machen dürfe, wehrte sie anfänglich ab "... because I won't talk my voice played on a taperecorder" [3]. Vielleicht weil die Grenze zwischen löschbar und unlöschbar nihilistisch sein könnte, vielleicht weil es ihr keine 'dummen' Worte, kein 'in-Kladde-Sprechen' erlauben würde, und man aus menschlicher Sicht nicht immer maximal geistig anwesend sein könne. Vielleicht auch die Ablehnung eines Hilfsmittels, dessen sie ihr Leben lang nie bedurft hatte, da sie über ein phantastisches Gedächtnis verfügte. Sah sie in der Technik eine Abflachung der menschlich-geistigen Struktur oder eine

Verarmung kreativer wie origineller Anlagen? Bezüglich der Technik vor allem auf informativer Ebene traf in ihren Augen wohl beides zu.

Eine gewisse winzige Scheu, sich dem Tonband anzuvertrauen lag auch wohl in der Tatsache, dass sie sich als Fremde in der Fremde wusste, da die Aussprache ihres Amerikanisch alles andere als perfekt amerikanisch war und die Wortwahl sie eindeutig als kultivierte Europäerin auswies.

"I am aware that I have a very heavy accent, (...) but I know Americans are very tolerant, even generous, so it doesn't bother me too much. Secondly I feel I have a different way of verbal expression for which there are several reasons. I think one my being Jewish, secondly the nat... the German language in and of itself is different: longer sentences, more elaborate and my scientific training particular in Germany has taught me to be as elaborate as is possible. (...) I hope it doesn't interfere with the clarity of presentation". [2]

Aus heutiger Sicht heraus verhielt sie sich scheu und ein wenig unsicher gegenüber dem 'Fixieren ihrer Person'.

Wie hätte ein Sokrates im hohen Alter wohl reagiert?

Dem Neuen und Unbekannten gegenüber ist Weisheit ein unbrauchbares Maß an Erfahrung.

Herta selbst wäre es nie im Traume eingefallen, ein Tonband in ihre Patientenarbeit zu integrieren, "I have never suggested it to my patients, because I don't think it is fair doing it without their knowledge ... And I don't suggest it to have their knowledge confirmed, because I think a word is a word is a word ...! I remember what I said!" [3] Dass der Astrologe hierauf antwortete: 'I would be lost without tape!' [3] machte sie fast lächeln: "I can imagine that, but for me it is not a necessity". [3]

Außerdem klänge ihre eigene Stimme, extraponiert, ihr unerfreulich fremd, eine Tatsache, die der Astrologe unterstrich: 'Well, I must tell you that the first time I listened to myself on a tape-recorder, I found it disconcerting and so does everybody else. It's the nature of listening to tapes. But that is a matter of perception ... on video you would get a chance to see yourself precisely like other people see you in a frame of references which you must be somewhere familiar with, and it is an extremely interesting and again unsettling experience". [3]

Während er ihr dann (umständlich) erklärte, dass wir, wenngleich wir manchmal ein Schulterklopfen vom Universum erhalten, doch die Möglichkeit und die

Notwendigkeit haben, in dieser Zeit der Tapes und Technologie zu leben, den gegebenen dynamischen Bewegungen der Evolution folgend, überkam ein jähes Lachen Herta und in einem amüsant-naiven Bilde fasste sie ihre ganze Abwehr gegen Technologie zusammen: "I tell you, I say it to myself as a joke: If I knew how to use a gun and if I were violent by nature, which I am not, I would take my gun and go from bank to bank and from factory to factory and from insurance-company to insurance-company and shoot all the Computers ... how much I am disinclined to what again, what is called progress and technology, it will warn us". [3]

Zugegeben, alles Betrachten der technologischen Entwicklung ist abhängig von der Zeit, in und aus der heraus man diese erlebt. 1920 dachten auch sehr viele, dass der Mensch sich nie schneller werde bewegen können als 30 Meilen pro Stunde. Und so muss keine Entwicklung je direkt gegen den Menschen gerichtet sein, sondern eben doch, ihn einschließend, seinen Fortschritt bedeuten. In welcher Freiheit?

"I am more concerned in the upkeep and maintenance of moral values" [3], warf sie ein. Und auf die Frage ihres Astrologen, ob sich technische Entwicklung, ob sich Technik und moralische Werte denn ausschließen, erwiderte Herta sehr nachdrücklich: "In this country yes! Not mutually by nature, but in this country, this - yes! because the greensign is the god, the goddess of this country (...) I am interested in the progression, sure, ... in the progression -" [3], nur meint Fortschritt denn einzig und allein Technologie?

Ihre eigene Art war nicht nur vitale Aversion gegen Technik, "it is an insisting and a fighting spirit. (...) I am oriented towards the essential of something". [3]

Dass ihr bei dieser Lebenshaltung auch die reine Theorie der Psychiatrie wie ein technisches Gebäude vorkam, dem es an Leben, an Direktheit, an schöpferischer Intuition, am MENSCHen fehlte, konnte und mochte sie nicht verhehlen, denn selbst die Menschen in diesem 'Gebäude' können zu Rädern im Getriebe werden: "Manche der 'grossen' Ärzte haben einige Menschlichkeit, andere sind schlecht geölte Maschinen". [5]

Ein solches 'Funktionieren' des Menschen im vergrößerten Prozess ist immer zu fürchten und zu verhindern, denn der Weg bis hin zur völligen Technisierung des Menschen, recht eigentlich seiner 'conditio humana', ist nicht mehr verschlossen. Und die 'Technisierung der Destruktivität' [48]a (S.39), die jede Grenze affektiver Erkenntnis, ethisch-menschlicher Erkenntnis beseitigt, da in einen solchen Prozess niemand für 'das Endprodukt', sondern nur für seine Handreichung verantwortlich ist, hatte sich als 'praktikabel' bereits zweimal erwiesen, im 2. Weltkrieg unter Hitler wie über Hiroshima.

Wenn Herta dann auch noch die einzig auf Produktion eingestellte amerikanische Gesellschaft, deren Endziel Konsum sein muss, will sie wirtschaftlich und somit politisch überleben, als Ausgangsbasis zu technologischem Fortschritt erlebt, hat ihr 'Nein' zur Technik zukünftigen Charakter.

Die Dezentralisierung des Menschen, seine funktionelle, nur rein instrumentale Verantwortlichkeit, die ihn selbst als ICH ausschließt, nimmt ihm endgültig die Möglichkeit, optimal MENSCH werden zu können. Mensch - das ist mehr als nur Bio -, mehr als nur Psycho- und mehr als nur Techno/Logos. Hier gilt eben sehr Dietrich Bonhoeffers (Sohn des berühmten Arztes Karl, und als Widerstandskämpfer in Flossenbürg mit seinem Bruder Klaus und anderen Freunden 1945 umgebracht) bildhafter, politisch bezogener Vergleich in technischer Verantwortlichkeit: 'Es ist nicht nur meine Aufgabe, nach den Opfern eines Verrückten zu sehen, der ein Auto in eine dichtgedrängte Straße fährt, sondern alles zu tun, was in meiner Macht steht, um seine Fahrt aufzuhalten'. [65] (S.7)

Ihre Skepsis, verstärkt durch die Erfahrung 1933-1945 in Europa, die Entwicklung 1964-1975 in Vietnam, gegenüber der Qualität Mensch und ihr unabdingbarer Glaube an seine positiven Kräfte, wehrte der Entwicklung der Technik aus, wie sie einmal sagte, 'humaner Sicht', nicht weil sie reaktionär eingestellt gewesen wäre.

Sie wusste, dass die Entwicklung der Technik ebenso wenig rückgängig zu machen ist wie die des Bewusstseins.

Technik - als eine, bei weitem nicht immer bewusst fundierte, Bewusstseinsäußerung, verändert ein für allemal die vorhandene soziale Lage, wie auch das Bewusstsein dies tut im menschlichen Bereich. Technik verändert.

Sie ist nicht neutral, steht ständig in Verbindung zum Menschen und dessen Gebrauch von ihr.

Sie kennt nicht die Begriffe 'gut' und 'schlecht'/'böse', sondern ist verträglich oder schadend.

sozial-, mensch-, macht-, friedensverträglich?

sozial-, mensch-, macht-, friedensschadend?

Zweifelsohne verändert sich durch solches Denken auch das menschliche Ethos.

Denn der Mensch kann die Technik nur benutzen in Relation zum (Mit)Menschen. Und Begriffe wie 'machbar', 'manipulieren', 'menschliches oder materielles Versagen' gehören hierher.

Noch kann ein Computer nicht aus seinen Fehlern lernen - der Mensch könnte es, noch.

Ist es so abwegig zu denken, was Heinrich Scheller 1960 schrieb: 'Die Tradition freilich - wohl immer noch von größerer Bedeutung als alle technischen Errungenschaften - lässt sich nur in der Arbeit von Generationen gewinnen'. [77]a(S.291/2)

Der Mensch ist's, der sich die Technik zunutze macht, und nicht die Technik, die sich des Menschen bedient.

Besteht denn nicht letztlich die Freiheit des Menschen gerade darin, immer wieder alles in Frage stellen zu können, bis hin zum Augenblick der Entscheidung? Und eben - weil Möglichkeiten über/sehbar sind, erhält sich das Leben in seiner Vielfalt. Die Monotonie und darin die technische Perfektion ist in mehrfacher Hinsicht Nicht/Leben.

'Der Hintern des Teufels ist die Unruhe, der Hintern Gottes ist die Langeweile' schrieb schon Ernst Bloch in seinem 'Prinzip Hoffnung'. Denn wie sehr auch ein Mensch sich Perfektionist nennen mag oder meint, als solcher zu handeln, die Perfektion der Technik hat/ist un/menschliches Wesen.

Das zu erkennen, bedeutet Ablehnung gegenüber dem undurchdachten Technik-/Konsum, doch nicht gegen Technologie als solche.

Die Skepsis gegenüber dem richtigen Implantieren des bewussten Techno/Logos in den Bio/- und Psycho/Logos bleibt gerechtfertigt und hoffentlich noch lange aktuell.

Eine Skepsis auch, welchen Verlust der Mensch erleiden könnte, wenn er den nächsten Schritt auf dem Wege der Bewusstseinsvergrößerung und -Vertiefung geht.

Dass er einen solchen erleiden wird, ist außer Zweifel, was aber statt dessen eintritt, muss nicht notwendigerweise vom 'Zufall' abhängen.

VII. FREUNDSCHAFT

'Menschen, die zusammengehören, muss man nicht zusammenschmieden'

(Sigmund Freud)

"Freundschaft ist Freundschaft ist

Freude und Dankbarkeit

ist innere Stützung

ist liebevolle Treue

Zuneigung mit guten Erinnerungen

ist Wärme ist sinnvoll

ist ohne Furcht

lebhafte innere Vibration

bereitwilligste Hilfe

ist stetes lebendiges Erinnern

ist echte warme Menschlichkeit

das ruhelose Verlangen das ewige

oft uneingelöst uneinlösbar

einander sehen und miteinander

sprechen zu können

ist vor allem menschliche Wärme und

geistiger spiritueller Austausch

von Gedanken

ist Frage und Frage ist

Ant/Wort Gewogenheit

ist Anerkennung und Achtung

ist menschliche Verbindung

ist reden und schweigen können miteinander

in nie endender Kommunikation

ist Offenheit ist Verstehen

aufrichtige Anhänglichkeit und Gefühlswärme

ist Liebe und Freundschaft

ist eine 'Begegnung' ist

Freundschaft ist Freundschaft

ist Freundschaft - "

Karl Landsteiner (1868-1943)

Dem kleinen Kreis echter Freunde von Herta gehörten Menschen an, deren Herkunftsland überwiegend Europa, deren Grundton Originalität und Individualismus war. Fast alle waren außerordentlich gebildet, oftmals vielseitig begabte, immer aber geistig völlig unabhängige Leute, mit denen zu leben gewiss nicht allzeit leicht war.

Einer von ihnen, dessen Foto sich in Hertas Nachlassenschaft befand, war der Österreicher, Arzt und Wissenschaftler Dr. Karl Landsteiner (1868-1943), Hämatologe und Pathologe, der u.a. die menschlichen Blutgruppen entdeckt hatte, 'ein bescheidener, eher scheuer, jeder Publizität abholder, hilfsbereiter, ungemein belesener, exakter Wissenschaftler' (so etwa findet sich im Österr. Biogr. Lexikon, Bd.V, S. 434, Sp.l, seine Beschreibung). Sein besonders sprechendes Foto sei hier abgebildet, ungeachtet des Freundschaftsgrades, den die so viel Jüngere mit dem im selben Jahr wie Dr. Karl Bonhoeffer Geborenen verband. Auch die langjährige berufliche wie persönliche Freundschaft mit dem Psychiater Max Grünthal und seiner Frau Lola sei kurz erwähnt. Herta kannte Max Grünthal noch aus Berlin, auch er war emigriert. 'Lola hat Herta im Laufe der Jahre viel geholfen, sie ständig in den diversen Hospitälern besucht, und Herta praktisch sehr zur Seite gestanden' [15)]

Worte, die sich vor allem wohl auf die letzten Jahre beziehen.

Dass Hertas Empfindungen auf freundschaftlichem Gebiet sehr komplexe waren, zeigt eine Unterschrift wie 'with loving thoughts' eines anderen Freundes, der ihr einst eine 'Trostkarte' sandte, die sie ihr Leben lang aufhob. Es handelt sich dabei um ein in quasi-gotischen Lettern geschriebenes 'Gebet', mit der Quintessenz:

Lord, make me a channel of thy peace ...

For

it is by giving - that one receives

it is by self-forgetting - that one finds

it is by forgiving - that one is forgiven

it is by dying - that one awakens to eternal life.

(Der letzte Satz entsprach allerdings am wenigsten ihren eigenen Gedanken und Erwartungen). Neben spiritueller Bindung war sie ein sehr praktisch eingestellter Mensch.

Als perfekte Gastgeberin buk und kochte sie für ihre Gäste gern nach alten deutschen Rezepten. Auch und vor allem in Amerika.

'Usually I would visit her on Sunday afternoons, and she would serve me tea in glass glasses and good German cookies that she got at a very old fashioned bakery, she had gone to for several years. Before she got to weak to bake, she would make cookies and little cakes herself, for she found baking very therapeutic. Like everything she took up, she did it thouroughly and well'. [12]

Da Herta eine gute Briefschreiberin war (fast alle Korrespondenz verlief nota bene handschriftlich!), wusste sie sich über Jahre und Jahrzehnte Freundschaften zu erhalten, ohne dass persönliche Begegnung, wie sehr auch gewünscht, häufig hätte stattfinden müssen. Ihre durch und durch moralische Aufrichtigkeit, deren Stärke fast ans Naive grenzte, machte sie zu einer unbestechlichen Freundin, deren Respekt vor den Entschlüssen anderer so groß und deren Wertschätzung warmer, menschlicher Verbundenheit so hoch war, dass kleinere Reibungen, jeder Individualisten-Freundschaft inhärent, immer überbrückbar blieben. (Die Isolation des Alters allerdings erschwerte ihr dann häufiger diese emotionale Souplesse).

Sie schätzte kleine Gesten vor allem und in allem.

Wiewohl ihre großen, mageren langfingrigen Hände gern und oft ihre Worte gestenreich unterstrichen.

So erinnere ich mich unserer ersten Begegnung in einer Hotelhalle. Ein Blick, ein fast scheues Lächeln und die wenigen Worte: Kommen Sie, setzen Sie sich, Sie mögen doch - oder - ? von einer einladenden Handbewegung begleitet, vermittelten das Empfinden, als öffne sich eine Tür hinaus/hinein in eine bekannte Landschaft. Wir nahmen das Gespräch beinahe unmittelbar dort auf, wo wir - wie es schien - einmal aufgehört haben mussten - mit der Selbstverständlichkeit und Vertrautheit von Menschen, die sich kennen, ohne je zuvor und je wieder die Möglichkeit zu einer persönlichen Begegnung zu haben.

Erich Fromm war das Thema und die Freiheit des Menschen. Köstlich intensive Denkarbeit - parlando.

Da wir einige Wochen in demselben Hotel wohnten, konnte sich ganz allmählich auch Persönliches erschließen.

Sie gab, wie ihre Freundin Lotte schrieb, sich selbst nicht leicht. 'She was very outspoken and did not like small talk. People reacted to her either very positively as you did or there was no rapport at all'. [15]

Lotte.

Dieser längstjährigen 'Berliner Freundin' mögen ein paar Zeilen gewidmet sein.

Zusammen mit Herta machte sie 1938 die Überfahrt auf der 'Queen Mary'. Die damals 32-jährige Lotte lernte Herta erst an Bord kennen. Während Herta dann in Amerika blieb, kehrte Lotte nach sechs Wochen wieder nach Berlin zurück und immigrierte in die USA erst drei Monate später, also etwa August 1938.

Lotte Kaliski schrieb über sich selbst: 'My basic training was education. I studied mathematics and science and psychology in Germany and founded a 'Private Waldschule' in Berlin in 1932, which changed into a Jewish School in 1934, where we had exceptionally intelligent students, many of whom became very prominent in various fields in different countries'. [15] Lotte verließ 1938 Berlin, die 'Waldschule Kaliski' wurde 1939 von den Nazis geschlossen.

1947 gründete sie erneut eine Sonderschule, in New York-Manhattan, ' ... for so-called Exceptional Children, which included at that time the mentally retarded, the emotionally disturbed and the slow learners. In the meantime it has become 'fashionable' to label most children who have certain problems as children with 'learning disabilities.' [15] Endlich, 1978 konnte sie die Schule verlegen aus Manhattan 'to a beautiful estate in Riverdale, New York'. [15] 'The New Kaliski Country Day School, for childeren with learning disabilities' war der Name. Erst 1985 hat sie sich, 78-jährig, aus dem Schulbetrieb zurückgezogen.

Die beiden Frauen verkehrten oft miteinander, waren sie zusammen, sprachen sie stets Deutsch. Das Ende Hertas erforderte von Lotte als Mensch und Freundin außergewöhnlich viel Diplomatie, Freundschaft, Distanz und Güte, was ihr die eigene Gebrechlichkeit, sie war seit ihrem 6. Lebensjahre polio-behindert, auch einmal erschweren mochte.

Hertas kritisches Beobachtungsvermögen, das wirklich nichts übersah, 'and a tremendous obsessivness, the ability to focus very concentrated creativity on and about various subjects' [3] machten sie überaus empfänglich für soziale, situative und/oder höchst eigen/artige individuelle Störungen und Missverhältnisse. Ihre scharfe Treffsicherheit im Erkennen und Formulieren von Echt und Unecht, und ihre nahezu unfehlbare Intuition, Menschen und Situationen zu durch/schauen, ließen manch einen aus unbewusster Abwehr heftig negativ und sogar auch ungerecht, abweisend und/oder schroff reagieren.

Es beirrte sie kaum. Wohl bedauert sie manches Mal die Heftigkeit einer Gegenreaktion.

Geschäftlich war sie übrigens nicht anders.

"She was very persistent in dealing with anyone with whom she had business contacts such as landlord, Utility Company, workmen, banks etc. She often raised many issues with these people which we thought to be unimportant or unreasonable, but in the final analysis it turned out that in principle she was right and insisted in pursuing it.' [19)]

Andererseits gab sie denen, mit denen herzliche Freundschaft sie verband, das nicht unerhebliche Gefühl, etwas Besonderes zu sein. So wie ja Liebe auch – zu Recht - das Gefühl von Exklusivität vermittelt, da sie in erster Instanz ausschließend wirkt, erst in zweiter (all)umfassend. Immer war es eine Form der Identität mit dem Menschen um sie, die ihr die Möglichkeit zu kritischer Stellungnahme gab.

Große Nähe neben großer Distanz - dynamisches Kräftespiel, das ihrem Wesen zutiefst adäquat war.

Ihr nuanciertes Denken beließ zweckrationales Handeln neben sensibler Emotionalität ebenso wie stärksten Individualismus neben echtem sozialen Engagement.

Persönlich freundschaftliche Hilfen, die sie gab, waren oft praktischer Art 'to suggest subject ideas and people to talk to - usually concerning politics, which was her main-interest.' [12)]

In ihr lebte eine so unschlagbare geistige und emotionale Gewissheit, dass es den Außenstehenden wundert, von wie vielen Zweifeln und 'Hoffnungslosigkeiten/Depressionen' sie zeitweilig überfallen wurde.

Selbst sah sie den Zweifel als fruchtbares Element, - ihrem talmudischen Denken entsprießend.

Und selten oder nie hegte sie Zweifel an dem Individuum, das sie ansprach. Erst in hohem Alter begann sie selbst unter den gelegentlichen echten Depressionen und Dunkelheiten der Psyche zu leiden.

Doch war ihr Leben ein viel zu komplexes in emotionalem wie spirituellem Sinne, als dass Anweisen einer Ursache Aufschluss über ihr verborgenes Leid zu geben vermöchte.

Zeitlebens war und blieb sie ein außergewöhnlicher Mensch, 'was auffiel, war die enorme Lebendigkeit und die starke Sehnsucht über die Norm hinaus, das Leben zu begreifen.' [18]

'She was a very wise woman and I valued her friendliness and acute and natural insight which her training enhanced.' [10]

'Die großen differenzierten seelischen Fähigkeiten dieser Persönlichkeit haben mich immer von neuem beeindruckt.' [16]

Sie war menschlich, aus der Breite und Fülle des Leichten in umarmender Freiheit und Offenheit kommunizierend.

VIII. ASTROLOGIE UND PSYCHE

'Die Psychologie ist in der Astrologie enthalten. Doch ohne tiefenpsycho-
logische Erfahrung nützt Astrologie wenig'.

(Gret Baumann-Jung)

Ist es nur Krebsgeborenen eigen, sich fremd zu fühlen in der Umgebung, in die
er sich gestellt sieht?

'... not being part of your time - and therefore looking beyond your time and
dealing with ... a sense of knowing before ...' [3]

Sind das Gründe, sich als Psychiater/Neurologe mit der Astrologie zu befassen?
Oder waren die Eranos-Tagungen, an denen sie fast zehn Jahre teilnahm, Anlass
zu einem genaueren Studium der Astrologie? Oder ist es ganz einfach der
Wunsch nach Bewältigung der Gegensätze des Lebens?

In seiner 'Praxis der Psychotherapie' nennt Jund die Selbstvervollkommnurg
durch Selbsterziehung jenes Element, das im humanen Menschen die Synthese
darstellt von östlicher und westlicher Denkwelt. Die analytische Psychologie
'schreitet über sich selbst hinaus und tritt in jene große Lücke, welche bisher der
seelische Nachteil der abendländischen gegenüber den östlichen Kulturen
war'. [61]c (S.80)

Medizinische Behandlungsmethcde wird 'Methode der Selbsterziehung, urd
damit weitet sich der Horizont unserer Psychologie plötzlich ins Ungeahnte.
Den Ausschlag gibt (...) die menschliche Qualität. [61]c(S.80)

Dass Erich Fromm, Carl R. Rogers und vor allem Abraham H. Maslow in
Amerika die 'humanistische' Psychologie weiterentwickelten aus den Elementen
der Selbstverwirklichung, die in Europa bei Freud, doch vor allem bei Adler urd
Jung angesprochen und aufgebaut worden waren, nimmt kaum wunder. Therapie weniger auf Grund von Techniken, Theorie und Ideologie, sondern als Be-
ziehungselement. Oder wie Rogers es schreibt, dass nämlich der erfolgreiche
Therapeut derjenige Mensch ist, 'der es vermag, im betreffenden Augenblick
offen er selbst zu sein, soweit es ihm nur in den tiefsten, ihm zugänglichen
Schichten möglich ist. Nichts anderes ist von Bedeutung'. [74] (S.199)

Die Entwicklung des Menschbildes in Amerika gegenüber einer sehr ausge-
prägten Technologie, die stets grösser werdende Verzweiflung, der wachsende

Zynismus des Einzelnen, der aus Hilflosigkeit mitten auf dem Wege stehenbleibt und nicht mehr weiß, wie weiter und wohin, der eine echte Gefühlsbezogenheit als eigenes Erlebnis kaum mehr kennt, alle diese Aspekte machen menschliche Begegnung notwendig.

Gerade in jenen Jahren 1940 bis 1960 hat sich die Welt als Lebens/Geistes/-Raum so geweitet, begegneten außerdem Ost und West einander so bewusst in Amerika, in den psychoanalytischen Kreisen und in Europa, vor allem bei den Eranos-Tagungen - nach 1945 - , dass die Werte des 'humanen Menschen' neu formuliert werden mussten. Und konnten.

Kehren wir zurück zum Leben von Herta, zu ihren astrologischen Interessen und Fakten. Der Stand der Sterne bei Hertas Geburt am 24. Juni 1900 war ein höchst ungewöhnlicher.

'... a unique stage: Neptun conjuncts the sun', erklärte ihr der Astrologe ein letztesmal 1983, 'you have Neptun in the sun within a distance of about six degrees of each other in the circle (...) in fact you have them almost exactly one full season of the seasonal clock of me', fügte er hinzu, 'your birthday is June 24, 1900. '

Neptun takes about 42 years to move one complete season; that configuration seems to produce some of the more unusual lifetimes. (...) it's one of the most intuitive and most peculiar kinds of configurations that you could have, because of its tendence to take the lifetime and introduce the individual to a series of life-experiences, that are very much out of the mainstream ...

Usually when Neptun is next to the sun and birth there are a series of personally effects that only can be described as highly excentric and highly original. People who have this kind of configuration generally grow up very much isolated and disconnected from their appear, they find very little comfort in what their appears are doing usually, they find very little sense in the time in which they arrived. They are people who don't see the things the other people take for guaranteed and don't accept life as they find it, so they are the one who prove in experiments and turn stones over the road and do all those things that were very much out of character for people who are born in their time.

And generally they have the kinds of experiences both - in early childhood and in later life, that makes their lifetime something either inspiring or highly troubled, depending. It almost goes one way or the other.

... so - configurations like this for instance are excellent patterns to have for people who are in research'. [3]

Das alles klang gut - sie wusste es.

So wie sie wusste, dass sich aus dem Sonnenzeichen und dem Ascendenten eine Charakterstudie destillieren und herauslösen lässt, die trotz aller Universalität recht individuelle Grundzüge aufweisen kann, wie beispielsweise Linda Goodman in ihrem Buche 'Sun signes' zeigt.

Nimmt man Hertas Geburtsdatum, den 24.6., so ist sie eher Zwilling- denn Krebsgeborene: ihr hohes Denktempo, ihre geschliffene Ironie, ihre scharfblickenden Augen deuten darauf hin, mit dem Virgo-Zeichen als Ascendent. Virgo - das bedeutet: fragil und klein gebaut, unverheiratet, ein Mensch mit sanften, schönen Augen, reservierter Haltung und im Wesen ein Perfektionist. Unbekümmertes Gesellschaftsleben interessiert ebenso wenig wie Tagträumereien.

Grübeln hingegen ist dem Virgo-Menschen angeboren. Er macht einen selbstsicheren und kühlnüchternen Eindruck, doch bedrücken ihn häufig heftige Zweifel. Er ist ein höchst reizbarer Menschentyp mit einem äußerst empfindsamen Nervensystem - ein außergewöhnlich wählerischer Mensch mit hohen Ansprüchen. Hegt wenig Illusionen über Leben und Menschheit und kann sich mächtig ärgern über Plattitüden, Dummheit und/oder Schlamperei. Die Schärfe des Denkens kann bis in Haarspalterei reichen, nicht weil man Besserwisser ist, sondern aus einem Drang nach Vollkommenheit. Gern gibt und hilft der Virgo-Geborene, doch lehnt er Hilfe, die ihm geboten wird, bis hin zur Schroffheit ab. Auf keinen Fall will er abhängig werden, vor allem nicht im Alter, weder finanziell, noch geistig oder gar körperlich.

Die außergewöhnliche Kritik, die Virgo-Menschen anderen gegenüber haben, betrifft auch sie selbst. Er kann es nicht ändern, er 'sieht' überscharf.

Seine Beobachtungsgabe ist sein Kapital.

Mercur und Vulcanus bestimmen ihn.

Wie der Zwilling-Geborene hat auch der Virgo-Mensch ein tiefgewurzeltes Bedürfnis, seine wahren Motive und/oder Probleme zu verbergen.

Schreiben kann der Zwilling-Geborene im Allgemeinen gut. Schreibt er Bücher, sind diese oft dokumentarische Werke oder Biographien, doch wird er kaum je seine eigene Lebensgeschichte schreiben. Selten allerdings schreibt er gern Briefe und zwar, weil jede auf Papier gesetzte Meinung bereits morgen wieder in Zweifel gezogen werden könnte. Fast jeder Zwilling-Geborene spricht, liest und versteht mehr als eine Sprache, seine Zunge ist seine Waffe.

Man könnte den Zwilling-Geborenen einen Entdeckungsreisenden des Geistes nennen.

Im Grunde ist er ein einsamer Mensch, der seine tiefsten Emotionen nur mit sich selbst teilt. Die Luft ist sein Element. Er ist ein Fremdling auf Erden.

Der Krebsgeborene endlich ist als Gesprächspartner faszinierend, er hat eine lebendige Phantasie, ein gutes Erinnerungsvermögen und ein nahezu photographisches Gedächtnis. Jede Erfahrung prägt er sich tief ein und vergisst weder die Lektion, die das Leben ihn lehrte noch die, welche die Historie die Menschheit lehrte.

Der Krebsgeborene ist ein geistiger Archäologe, der stets nach unbekannten Ereignissen gräbt. (Psychiater ist also der richtige Beruf!)

Er ist vollkommen diskret.

Nur wenig Rätsel gibt es, die er nicht lösen kann, doch gibt er sich selbst niemals bloß. Eigentlich bleibt es immer ein Einbahnverkehr in emotionaler Zuwendung. Der typische Krebs spricht nicht gern über sich selbst. Er ist sehr intuitiv und vermag sehr aufmerksam zuzuhören.

Selten wird er urteilen.

Er sammelt Fakten. Er nimmt sie in sich auf und zieht - für sich selbst die Konsequenzen daraus. Allen Handlungen eines Krebses liegen Erfahrungen - eigene oder fremde - zugrunde: nie handelt er 'kopflos'. Bevor er spricht, ist jeder Gedanke längst zu Ende gedacht. Er handelt daher immer mit größtmöglicher Sicherheit.

Das Gefühlsleben des Krebs-Geborenen kann stärker sein als seine Konstitution, er kann selbst in schwere Depressionen verfallen, die zu Krankheiten führen können. Das bestgemeinte Wort kann er dann als 'herzlos' erfahren. Mitleid mit ihm haben verstärkt nur seine Melancholie.

Sie, die sich in Heiterkeit ein gutes Gefühl für Humor erhalten, können sehr alt werden.

Höchst empfindliche Organe sind Brust und Magen.

Soweit allgemeingültige, individuell schattierbare Charakterzüge, wie Linda Goodman sie für diese Art Krebs-Geborene festhielt.

Selbst wenn sich der Mensch als Individuum aus den Fakten der Sonnenzeichen zu achtzig bis neunzig Prozent analysieren lässt, so ist ein Geburtshoroskop natürlich etwas wesentlich anderes. Es ist sozusagen ein mathematisch exakt berechnetes Foto vom Stand der Sterne und der Planeten im Augenblick der Geburt.

Dass Sterne und Planeten in ihren Aspekten und in ihren Positionen, untereinander wie auf uns zu, die Seinsstruktur des einzelnen Menschen bestimmen, ist keine Sache des Glaubens.

Herta hatte sich in den fünfziger Jahren bereits ein Geburtshoroskop aufstellen lassen, zu dem neben dem Planetenstand der Ascendent ebenso gehört wie das Mondzeichen. Hertas Grundlagenkenntnis der Astrologie war dabei nicht unbeträchtlich.

Astrologie zu sehen als eine 'Kunst der Synthese', darin ähnelt sie durchaus der Psychologie. In einer zugleich mehr tastbaren und doch umfassenderen Weise übersteigt sie sich allerdings in der Prognostik. Herta schrieb 1976 an den Astrologen E. v. Xylander denn auch folgendes: Wenn man erst einmal glaube, dass das Horoskop 'eine makroskopische Entsprechung eines mikroskopischen menschlichen Schicksals sei, dann gelte dies natürlich nicht nur für den Augenblick der Geburt, sondern fortlaufend, durch das ganze Leben hindurch'. [7] Wenn sie in sich die innere Bereitschaft hätte, so fährt sie fort - im Konjunktiv! - zu glauben, dass die im Horoskop erfassten Vorgänge und Konstellationen Ewigkeitscharakter hätten, 'so dass das menschliche Leben, in anderer Form, über den Tod hinaus weitergeht', [7] dann würde sie diesen Glauben in sich entwickeln.

Ihre Skepsis und ihr wissenschaftliches, Beweise suchendes, sich auf Beweise stützendes Denken erlaubten ihr aber - offiziell – diese Bereitschaft nicht.

Sie wollte etwas von der Zukunft wissen, umso mehr, als die Konstellation, unter der sie geboren ist, an sich eine hohe frühe Mortalitätsrate aufweist. Nur wenige unter diesem Sternen/Planetenstand Geborene erreichen überhaupt ein so hohes Alter.

Und noch stets war's nicht in erster Linie ihr chronologisches Alter, das für sie essentiell war, sondern ihr 'fighting spirit' – ihr revoltierender, kämpferischer Geist. Als der Astrologe in New York 1983 auf einen Punkt in zwei Jahren hinwies, wurde Herta still , sagte dann: "Talk me about that point please, ... When you are talking about Neptun reaching winter, it's somehow a semi-theoretic question and I somehow know you're not going to answer it! ... Yes ... ? Isn't that at the same time opposite what you describe a new opportunity for growth and brake with the past, isn't that the time where the whole chart has reached full circle - and that means death?" [3]

Möglich wäre das schon, doch muss es nicht unbedingt hieraus folgen. Es ist dies ein Kreis, der sechs bis sieben Jahre bleibt und vielleicht erst dann gänzlich vervollständigt sein dürfte. 'And I tell you why: you were born with seven planets in this chart on one side of the wheel within 50 degrees of each other and 3 of them on the other. And the 3, they were together in the sky on the opposite side of the chart happened to be the Star-of-Bethlehem-pattern. Uranus, Jupiter and Saturn, they line up occasionally in the sky ..." [3]

Herta unterbrach alle Information: "That pattern ... is the guardian of distressal, isn't it?"

Die Antwort lautete: 'That's right!' [3].

In beinahe tragischer Weise versuchte Herta der Erkenntnis zu entweichen, die hell und überdeutlich in ihr brannte: Tod. Ende. Später im Jahr befragte sie das I-Ging-Orakel und erhielt dieselbe definitive Antwort: Ende. Tod.

Dass sie zum 'I Ging' griff, muss nicht erstaunen, sieht man ihr Leben eingebettet in die Geistesströmungen der und ihrer Zeit. Auch C.G. Jung konnte stundenlang in seinem Garten sitzend, das I-Ging befragen. Und Hermann Hesse, neben Rilke wohl ihr Lieblingsdichter, versenkte sich in die Weisheit des I-Ging in seinem 'Glasperlenspiel'. Dieses Alterwerk Hesses, 1943 erschienen, war die geistige Synthese seiner in 'Morgendlandfahrt', 'Steppenwolf' und 'Siddharta' entflochtenen Ideen menschlicher Selbstvervollkommnung.

'Das "I Ging" enthält alle Wirklichkeiten der Welt, es kennt keine räumlichen oder zeitlichen Grenzen'. [66]

Wirklichkeiten - Fakten - logische Beweismöglichkeiten - da war kein Glaube eingebaut, an den sich anzulehnen Entspannung hätte bedeuten können. Die Konsequenz ihrer kristallharten Skepsis zwang sie in eine stets unflexiblere

Position. Dennoch oder daher bäumte sie sich auf, wehrte sich, und observierte während ihrer Krankenhausbesuche noch mit sezierender Schärfe und Exaktheit die sie behandelnden Ärzte auf Ihre Menschlichkeit.

Wie unmenschlich ein Mensch auch sein mochte - es gab keinen Grund, den Tod zu wollen - weder den eigenen noch welch anderen Tod denn auch.

Inzwischen aber drang ihre Erkenntnis durch bis in den reinen, innersten Geist/ Kern, hatte nicht alles seine Bewandtnis?

Die Schatten-clusters, in all den diversen Jahren, vom Astrologen benannt, stimmten - es waren ihre emotional schwersten Jahre, in denen sich ihr Bewusstsein stets mehr erweiterte und verfeinerte. Vor allem jener letzte große Schatten, der sich später im Körper dematerialisierte: Wie sagte doch ihr Astrologe? 'Stress makes music with the body in a more dramatic sense! ... a great feeling struck --- 1968/69?'.

Es hatte, ja sie gestand es sich ein, ein bitteres Zerwürfnis zwischen dem Studienfreund und ihr gegeben, die so lange verborgenen Emotionen waren jäh und auch für sie unerwartet herausgebrochen in einem Gespräch - beide waren sie zutiefst erschreckt gewesen, und enttäuscht, von sich wie vom andern. Man war sich wieder gut, später, gewiss - nicht so wie vorher, anders, nun ja, doch gut.

Sein vollkommen unerwarteter Tod setzte einen absoluten Punkt. Oder war's eine unnehmbare Felswand? War s Licht, das blendete?

"Ich brauche viel Zeit des Alleinseins, zur Einkehr und Besinnung. Ich habe bewegende innere Erlebnisse gehabt, die ich verarbeiten muss". [5]

Ein sicherer Grund, sich mit Astrologie zu befassen, sind Grenzerfahrungen.

Maslows Denken dürfte hier als wissenschaftlicher Ausgangspunkt durchaus als eine Erweiterung von Jungs Ideen angesehen werden, eine methodische Entwicklung der Seele und ihrer Funktionen nachzuweisen.

Der Begriff 'Seele' ist bei Maslow weiter gefasst als bei Jung und gleichzeitig detaillierter beschrieben.

'Grenzerfahrungen scheinen *außerdem* (kursiv im Original) im Bereich des Seins zu leben; der Poesie, Ästhetik, der Symbole, der Transzendenz, der 'Religion' von der mystischen, persönlichen, nicht institutionellen Art, und der Enderfahrung'. [67]b(S.196).

Dabei ist die selbstverwirklichende, grenzerfahrende Person 'in gewissen grundlegenden Weisen wie ein Fremder in einem fremden Land' [67)b(S.196/97)]. Wie sagte doch gleich der Astrologe: 'not being part of your time ...'. und er fuhr fort: '... people with this sort of configuration seem to have a sense of not having been part of this existence like they got course here by accidentally they feel in very many ways alien to the environment they arrived into and have simply made the best of it with whatever tools they have been given'. [3)]

Hier stößt Erkenntnis von innen auf Erkenntnis von außen, Psychologie auf Astrologie und macht den Menschen jäh transparent. Nicht der Neurologe ist mehr gefragt, noch der Psychiater, der Krankheiten 'reduziert' auf Körper, Umgebung und/oder situative Probleme, sondern der Mensch, der zu einer Zusammenschau imstande ist. So wie man als Kind durch eine Brille schaute, in der ein Glas rot, das andere grün war und wodurch die Abbildungen Tiefe und Dimensionen erhielten, so ist's vielleicht, wenn man auf der Suche nach Erkenntnis zu gleicher Zeit von innen und von außen sehen kann: Alle Materie erweist sich dann als das, was sie beim direkten Anblick nicht ist: als durchsichtig.

Wesentlich handelt es sich hier wohl um ein Übersteigen der Materie durch den Geist - wobei die Astrologie mit mehr und anderen Symbolen arbeitet als die Psychologie.

Es ist kaum erstaunlich zu nennen, dass C.G. Jungs Tochter Gret sich fast ausschließlich mit der Astrologie befasst(e) und auf meine Frage, ob Jungs Symbolik mit der Astrologie zusammenhänge, nicht abweisend, wohl korrektiv reagiert.

'Die Psychologie ist in der Astrologie enthalten' [9)] schrieb G. Baumann-Jung. Herta hatte mit ihr in den fünfziger Jahren einige Male Kontakt gehabt, auf Grund der Berührungspunkte Jungs mit der Astrologie und ihrem eigenen, lebendigen Interesse an erweiterter Prognostik.

Geht man davon aus, dass 'all das, was die Psychotherapie mit der klinisch erfassbaren Symptomatologie, d.h. mit medizinischen Feststellungen gemeinsam hat, zwar nicht als irrelevant, aber doch in dem Sinne als nebensächlich gilt, als das medizinische Krankheitsbild ein vorläufiges ist' , [61)c (S.99)] dann ergibt sich wie von selbst, dass das eigentliche Bild das psychologische ist, das mit einem großen Teil in den philosophischen Bereich, mit einem ebenso großen Teil in den Bereich der Physik und Bio/Chemie reicht, dass aber darüber hinaus eine Transzendenz des Denkens stattfindet, die spielenderweise Verbindungen zu knüpfen imstande ist zwischen Sinnlichem und Übersinnlichem mit Hilfe von Symbolen.

Wie nun der Psychoanalytiker im kleinen arbeitet, so der Astrologe im größeren und großen Rahmen.

'Um dem Wesen des Psychischen näher zu kommen, genügen die Vorstellungen der medizinischen Sphäre nicht'. [1]c (S. 99).

Man mag Astrologie als einen Versuch betrachten, mit mehr als 2 Augen zu sehen, mit mehr als einer Verstandesquelle/Verstehensquelle zu denken - er erinnert in vielleicht schlichter Bildsprache an Seetiere, die aus dem Wasser herauszukommen versuchten, um Landtiere zu werden, so nun vom Landwesen der Versuch des Hinüberwechselns zum kosmischen Wesen.

Dass Herta sich in New York für Psychologie, Psychoanalyse und Psychotherapie entschied, anstatt eine akademische Karriere aufzunehmen, kennzeichnet den doppelten Bruch in ihrer Lebenslinie auch in dem Sinne, dass bis dahin beide Ströme - Psychiatrie/Neurologie und Psychologie - in gleicher Fülle und Lebendigkeit in ihr anwesend waren, dass sie aber dann, um das 40. Lebensjahr herum, der denkenden-philosophischen, der religiös-suchenden Seite in sich mehr Raum gab, wohl um die immensen Widersprüche, mit denen sie jene Jahre 1933-1940 überrollt hatten, zu meistern. Um in Übereinstimmung mit dem eigenen Selbst zu gelangen, war die Privatpraxis durchaus eine geeignete Lösung.

Sie konnte die Ideen Jungs, vor allem, in der Praxis erproben und durchdenken.

Auch das Denken über Astrologie, Kosmos und Mensch suchte Verbindungswege zwischen Innen und Aussen.

So hat der Ascendent im Horoskop 'vor allem mit dem Ich (Jung) zu tun. Unser bewusstes Ich ist meist mit dem ASC identisch' [9]

Die Persona ist oft sowohl mit dem Ascendenten und dem Sonnenzeichen verbunden, 'diese Dinge muss man jeweils empirisch prüfen' [9].

Das Selbst hingegen 'entspricht nicht der Sonne, obgleich das viele Astrologen behaupten. Das Selbst ist Etwas, was noch hinter dem Horoskop ist. Die Kräfte, auch die Sonnenkräfte, die uns durchs Horoskop mitgegeben sind, müssten wir in den Dienst unseres Selbst stellen ... Das Selbst ist ja das, was Meister Eckhard so schön mit "göttlichem Funken" benannt hat'. [9]

Wenn Meister Eckhard eine geistige/innere Nähe zur indischen Denkart zeigt, wie Coomaraswamy [85] (S.22) meinte, dann dürften wir gewiss eine 'Nahtstelle' im psychologischen und metaphysischen Denken Hertas aufgefunden haben, hin auf dem Wege zur Astrologie. Denn so wie der Begriff der Gottheit jede Psychologie übersteigt [85] (S.25), so übersteigt auch die Intuition jedes Wissen. Nur - im tagtäglichen Leben gilt die Intuition nichts, es sei denn, sie werde bewiesen.

"Intuition is nothing unless it gets proved". [3]

Die buddhistische Philosophie erklärt den Ich-Gedanken als solchen für illusorisch [85] (S.44). Das wahre Ich-Problem hat sich längst wieder aus der Psychologie gelöst und in die Metaphysik eingefügt. Die bloße Psychologie ist für die Existenz des Menschen zu wenig, um sich gesichert zu fühlen. Das muss ein Positives sein.

'Wir müssen schon ein größeres Feld der Wirklichkeit betreten, auf dem prajna-Intuition mit ins Spiel kommt. (...) Prajna-Intuition kommt aus sich selbst und kehrt in sich selbst zurück. Das Ich oder Selbst, das sich unserem rationalistischen Zugriff fortwährend entzog, wird schließlich eingeholt von der prajna-Intuition, die nichts anderes als das Selbst ist'. [85] (S.45/46)

Es ist das intellektuelle, analytische Vermögen, das, wenn es die Oberhand bekommt, ruhelos vorwärtsdrängt und allgemeingültige Lösungen sucht, wo höchstens persönliche Teilantworten möglich sind [5].

Der wirklich befreiende schöpferische Akt vollzieht sich nicht im Intellekt. Zu dieser Überwindung der Ich-Grenze, zu ihrer Beseitigung war Herta in hohem Masse befähigt, da sie eine sehr starke Identität war/hatte.

Andererseits findet sich gerade im Überschreiten eine verstärkte Emotionsansammlung. Emotion aber, auch auf höchstem Niveau, bewirkt 'ein Absinken der Bewusstseinsschwelle. Das Unbewusste ist konstelliert und damit besteht die Möglichkeit akausaler Phänomene'. [60]b (S.16ff).

Dadurch könnten I-Ging-Orakel auch eine solche Wahrheit verkünden, 'die der inneren Situation des Fragenden entspricht'.

Da C.G. Jung die sinnvolle Entsprechung von inneren und äußeren, subjektiven und objektiven Gegebenheiten über Raum und Zeit hinweg als Synchronizität bezeichnete, 'ein Erklärungsprinzip, welches das Kausalprinzip notwendig ergänzt' [60]b (S.17), wobei er ausdrücklich vermerkt, dass Synchronizität nur dann annehmbar ist, wenn die Kausalität undenkbar sei, verstärkt auch dieser

Gedanke Hertas Suche nach Erklärung und Beweisen. Denn: 'Wo immer eine vernünftige Ursache nur denkbar ist, wird die Synchronizität zu einer höchst zweifelhaften Angelegenheit'. [61)h (S.518)].

Dass Herta also über alles Denken hinaus den Weg über die Astrologie fand und nahm - diese auch final einsetzte, vor allem gegen Ende des Lebens, als die Krankheiten sie fast zerbrachen - bleibt als geistige Entwicklung logisch. Umso mehr als sie sich - auf der Suche nach Vervollkommnung - lange und intensiv mit den östlichen Philosophien auseinandergesetzt hatte. Die Eranos-Tagungen waren dabei nur eine Station auf diesem Wege.

Sie bestätigten unzweifelhaft die persönliche Richtigkeit des einmal eingeschlagenen Weges, dessen Intellektualität nun nicht mehr im rein Analytischen, Zerlegenden bestand, um zur Erkenntnis zu gelangen, sondern dessen scharfsinnige Analyse in emphatischen Überlegungen eine Verbreiterung der Handlungs- und Behandlungsbasis brachte. Das Unkonzipierbare - in der Intuition längst konkretisiert - öffnet sich in eine weitere, tiefere Dimension, in der Tod behaust ist, und Wissen, Sicherheit, basiert auf erlebbaren, nicht mehr ins Wort übersetzbaren Momenten.

Vorlesungen von Erich Neumann (1950) 'Über den Mond und das matriarchale Bewusstsein', (1953) über 'die Bedeutung des Erdarchetyps für die Neuzeit', (1956) über den 'Schöpferische(n) Mensch(en) und die 'Große Erfahrung" in Fortsetzung der Symbol- und Archetypengedanken C.G. Jungs haben Herta intensiver in eine breite Welt-Sicht und Mensch-Sicht geführt. Vorträge Portmanns über biologische Probleme und ihre Relation zu philosophischen Gedankengängen mögen Anlass zu weiterer geistiger Exaktheit einerseits, zum Relativieren andererseits gewesen sein. Ein Vortrag von Gershom Scholem (1955) über die 'Seelenwanderung und Sympathie der Seelen in der jüdischen Mystik' hat sie, als Jüdin, nicht unberührt gelassen. Umso mehr als ihr Interesse stärker ausgerichtet war auf das religiös-spirituelle Denken des Ostens denn auf jene parapsychologische 'Welle', die sich im westlichen Kulturkreis ankündigte.

Ihr gesamtes Denken mündete in ein Wissen vom Menschen, von seiner Stellung in der Welt und der Natur in dieser Welt, ohne dass sie je den Ehrgeiz gehabt hätte, zu sagen: Ich weiß! - Nein, ihre innere Bescheidenheit blieb bis zum Ende hin verblüffend. Es galt, eine 'andere Wirklichkeit' zu erforschen, die es auch gibt, für die aber nur die wenigsten ein offenes Auge haben. Was man in der Astrologie empirisch prüfen kann, muss als Ergebnis empirisch beweisbar sein können. Wobei nicht notwendigerweise dieselbe kausale oder finale Logik gilt wie in anderen Formen empirischer Untersuchung.

Das Leben, das 'sich auf einer raumzeitlichen Existenzebene abspielt (dem Bewussten) und zugleich auf einer außer-raumzeitlichen Existenzebene (dem Unbewussten)' [60)b (S.19)] steht dem Tod in seinen anderen, unkonzipierbaren Dimensionen, in denen bekannte Begriffe von Zeit und Raum nicht anwendbar sind, nicht entgegen. [5)] A. Jaffe meinte dazu: 'Man könnte auch sagen, der Mensch transzendiere seine Endlichkeit, worüber er sich jedoch in den seltensten Fällen Rechenschaft ablegt'. [60)b (S.19)]

Mit dem Synchronizitätsprinzip hatte Jung selbst den psycho/logischen Zusammenhang überschritten und verlassen zugunsten eines metaphysischen Denkens. Er begab sich, mit W. Pauli , in ein Grenzgebiet von Physik und Psychologie, als welcher Pauli auch die Parapsychologie bezeichnete: '... eine geheime Affinität von Mikrokosmos und Makrokosmos und eine universale Ordnung, ein ursacheloses Angeordnetsein der inneren und äusseren Welt' [60)b (S. 24)] .

Herta suchte ihr Leben lang die Reinheit des Geistes, das heißt ein Sich-Frei-Fühlen im Geiste von allen Dingen, unverstört durch die Vorstellungen von Geburt und Tod und damit weit hinausreichend über den Bereich der Psychologie.

Mag sie dabei 'das Schauen ins Land der letzten Wirklichkeit' [85) (S.47)] gemeint haben oder einfach eine weitere, breitere, offenere Wirklichkeit, die unsere tagtäglichen Realitäten übersteigt, doch eine dem Menschen durchaus erreichbare sein könnte - das bleibe dahingestellt.

Ein Noch-nicht-Verstehen aber ist kein Grund zum Glauben.

'Das brennende Holz verwandelt sich in Asche'

I Ging

Ob ein weiser Mensch keine Spuren hinterlasse, denen zu folgen sei?

Seine menschlich schönste war, seine ihm ähnlichste wird immer sein:

- B e g e g n u n g -

Bergen NH, im Oktober 1985

wenda focke

Herta 1983

Weg nach innen

Wer den Weg nach innen fand,
Wer in glühndem Sichversenken,
Je der Weisheit Kern geahnt,
Dass sein Sinn sich Gott und Welt
Nur als Bild und Gleichnis wähle:
Ihm wird jedes Tun und Denken
Zwiegespräch mit seiner eignen Seele,
Welche Welt und Gott enthält.

Hermann Hesse

3. Teil

Appendix

Appendix   A

- mit ausdrücklicher Zustimmung des Springer-Verlages, Heidelberg
 (Manuskript aus dem Jahre 1947)

1. FÜHRERPERSÖNLICHKEIT UND MASSENWAHN

K. Bonhoeffer

Der Psychiater kennt eine Form der geistigen Erkrankung, die als induziertes Irresein bezeichnet wird. Es handelt sich dabei darum, dass ein psychisch Kranker seine Umgebung mit seinen Wahnbildungen so beeinflusst, dass diese selbst dem Wahne verfällt. Die Aufgabe ist in einem solchen Falle im Interesse der Therapie zunächst, den primär Erkrankten festzustellen, was keineswegs immer ganz einfach ist wegen der oft weitgehenden Identität der Wahnidee und der Übereinstimmung des Affektes. Weiterhin sind die Besonderheiten der Psyche der beiden Beteiligten zu klären, die die Übernahme des Wahnes verursacht haben. Es zeigt sich dabei, dass es sich bei dem Übertragenden meist um stark affektbetonte Vorstellungskomplexe handelt, die mit großer Überzeugungskraft vorgetragen werden und für den Inhalt bei dem Induzierten ein für die Suggestion empfänglicher Boden vorliegt.

Es ist nun kein Zweifel, dass sich auch im Leben der Völker, vor allem in revolutionären Zeiten, Erscheinungen finden, die in ihrem psychischen Mechanismus diesem Vorgang beim Einzelindividuum entsprechen. Auch bei einer solchen, weite Volkskreise erfassenden psychischen Masseninfektion hat sich die Untersuchung auf die beiden Seiten zu erstrecken, die aktive führende Persönlichkeit und die psychische Zusammensetzung der geführten Masse. Wenn man sich an die nach unserer heutigen Erfahrung als relativ harmlos zu bezeichnende Revolutionswelle nach dem letzten Krieg im Jahre 1918/19 erinnert, so war es interessant, zu sehen, wie groß damals der Anteil psychopathischer Persönlichkeiten unter den führenden Männern der Räterepublik war. Es hat wohl kaum einen Psychiater gegeben, der nicht einen alten Bekannten aus seinen früheren Klinikinsassen plötzlich in irgendeiner führenden Stellung gesehen hat. Eine sorgfältige, aus jener Zeit stammende klinische Untersuchung aus der Münchener Revolutionszeit ergab, dass es sich bei diesen psychopathischen Führerindividuen im wesentlichen um vier Typen gehandelt hat: ethisch Defekte, Hysterisch-Pseudologische, Fanatiker und Manisch-depressive, zumeist von guter geistiger Begabung, gesteigerter Affektivität und Kritiklosigkeit gegenüber der eigenen Person und der übernommenen

Aufgaben. Hinzuzufügen wäre diesen Typen noch die Gruppe der paranoischen und paranoiden eigentlichen Wahnkranken. Die Geschichte zeigt, dass sich eine solche eigenartige Wechselbeziehung zwischen psychopathischer Führerpersönlichkeit und psychischer Masseninfektion bei allen revolutionären Umwälzungen findet. Ich will darauf im einzelnen nicht eingehen.

Wie verhält es sich in dieser Beziehung bei der nationalsozialistischen Revolution mit der Persönlichkeit Hitlers und seiner Massengefolgschaft im deutschen Volk? Zunächst Hitler selbst. Ich bin im Laufe der Hitlerherrschaft vielfach gefragt worden, ob es richtig sei, das ich zu Hitler gerufen worden sei und ob ich ihn für geisteskrank hielte. Die erste Frage musste ich wahrheitsgemäss verneinen. Ich habe Hitler nie gesehen. Ich zweifle auch, dass ein Berufspsychiater jemals zu ihm gerufen worden ist, jedenfalls nicht zu Beurteilung seines Geisteszustandes. Die Gründe dafür liegen auf der Hand. Jeder in Hitlers Umgebung, der seinen Geisteszustand angezweifelt und eine psychiatrische Beurteilung verlangt hätte, würde wohl mit Sicherheit seinen Kopf riskiert haben. Dass Hitler selbst das Bedürfnis nach einer solchen Beurteilung gehabt hat, ist nach der Art solcher Persönlichkeiten und nach seiner Selbsteinschätzung in seinen öffentlichen Äußerungen recht unwahrscheinlich. Eine gewisse Neigung, sich mit psychiatrischer Diagnostik zu befassen, geht allerdings aus seiner Bereitschaft hervor, mit der er den gegnerischen Führern in einer eines führenden Staatsmannes wenig würdigen Weise in diffamierender Absicht psychiatrische Diagnosen anzuhängen liebte.

Zur zweiten Frage mußte ich sagen, dass für den Psychiater imallgemeinen der Grundsatz gilt, sich über den Geisteszustand eines lebenden Menschen nur dann verantwortlich zu äussern, wenn man ihn selbst untersucht oder mindestens gesprochen hat. Berichte von Dritten können natürlich wichtige, unter Umständen entscheidende diagnostische Hinweise enthalten; aber die Erfahrung lehrt, dass die psychiatrische Untersuchung gelegentlich ein überraschend anderes Bild ergibt, als es nach der Darstellung der Umgebung erscheint. Bei der Fülle von Gerüchtbildungen um die Person Hitlers ist doppelte Vorsicht bei der Urteilsbildung geboten. Wenn es noch möglich werden wird, die beiden Ärzte, die in den letzten Jahren in Hitlers engster Umgebung waren, zu hören, werden vielleicht noch manche klärenden Einzelheiten an den Tag kommen. Auch bei den Nürnberger Verhandlungen gegen seine näheren Mitarbeiter werden sich vielleicht noch neue psychiatrisch wichtige Daten ergeben. Eine sichere Diagnose ist nicht bloss vom psychiatrischen Gesichtspunkte aus von Interesse, es ist auch für die Beurteilung seiner großen Gefolgschaft im deutschen Volke nicht gleichgültig, ob sie sich von einem schweren Psychopathen oder von einem wirklich Geisteskranken durch zwölf Jahre hat führen lassen. Eine genaue Kenntnis der Jugendentwicklung und der Pubertätsjahre Hitlers wäre wichtig für die Frage, ob in diesen Jahren etwa ein psychischer Krankheitsschub, wenn auch nicht grober Art, sich abgespielt hat. Über einige Jahre scheint es ganz an sicheren Mitteilungen zu fehlen. Als gesichert kann immerhin gelten, dass die Jugendentwicklung unstet war, dass er im Berufsleben vielfach wechselte und Misserfolge hatte. Die Daten über seine Familie und seine Aszendenz sind unsicher. Die bei seiner Einbürgerung als Braunschweigscher Regierungsrat aufgenommene Personalakte ist nach der Machtübernahme beseitigt und durch andere Lesarten ersetzt worden. Dass er als Soldat trotz vierjähriger Dienstzeit und Eisernem Kreuz erster Klasse nicht über den Gefreiten hinauskam, ist auffällig und könnte wohl von seinem früheren Hauptmann, dem späteren Adjutanten, der sich aber Hitlers Einfluss durch Übernahme einer Ausland- stellung entzog, aufgeklärt werden. Während der Militärzeit spielte sich dann jene mysteriöse vorübergehende, angeblich durch eine Verschüttung verursachte Blindheit und ein visionäres "religiöses" Erlebnis ab, über das er selbst in einer Regensburger öffentlichen Ansprache berichtet haben soll. Der Zustand wurde ärztlicherseits als hysterische Reaktion beurteilt. Vielfach referiert sind seine Wutanfälle, in denen er seine Haltung so weit verloren haben soll, dass er sich zur Erde geworfen und in die Teppiche gebissen haben soll. Für den Psychiater nicht uninteressant ist das mir von einem zuverlässigen, gelegentlichen Tisch- gast Hitlers berichtete Verhalten Hitlers im privaten Gespräch am Kaffeetisch. Er pflegte am Gesprächspartner vorbei zusehen, gegen die Wand und das Fenster zu sprechen und seine Worte mit rhythmischen Vor- und Rückwärts- beugen des Rumpfes und der Arme zu begleiten. Eine eigenartige Geschmacks- richtung und Neigung zur Stereotypie tritt in seiner sich durch Jahre hinziehende Gepflogenheit hervor, sich allabendlich zwei Filme vorführen zu lassen, so dass sich allmählich Schwierigkeiten ergaben, das erforderliche Filmmaterial zu beschaffen. Auch in seinen Reden machte sich, wie mir scheint, mit den Jahren, abgesehen von dem oft auffälligen Mangel an staatsmännischer Stellungnahme zu dem, was im Augenblick not tat, ein stereotypes Haften an seiner eigenen Person und an der Geschichte seiner Partei bemerkbar. Wenn als Grund für seine vegetarischen Lebensweise seine Tierliebe angeführt wird, so liegt darin ein eigenartiger Widerspruch; denn auf die Gattung Mensch erstreckte sich diese Liebe jedenfalls nicht. Er sei von einem Blutrausch besessen, sagte ein ihm Nahestehender. Das erste erschreckende Licht auf diese Seite seines Wesens warf mir sein Zustimmungstelegramm, das er bei der brutalen Potembaschen

Mordaffäre an den Mörder abgehen ließ. Dass er die Hinrichtung der drei in dem bekannten vor dem Kriege spielenden Spionageprozesse zum Tode verurteilten Frauen filmen liess und sich diesen Film, wie es heisst, dreimal vorführen liess, dass er auch den gefilmten Erhängungsakt der Attentäter des 20. Juli mehrfach zu sehen verlangte und auch der Befehl ausgab, dass er auch den Soldaten an der Front vorgeführt werden solle, ist glaubwürdig bestätigt. Die Skrupellosigkeit, mit der er Todesurteile verhängte, für Begnadigungen und Amnestie kein Ohr hatte, ist bekannt. Hierher gehört auch die Äußerung bei der Belagerung von Petersburg, dass er im Falle eines Übergabeangebots der zernierten Stadt dieses ablehnen und die zwei Millionen Einwohner verhungern lassen werde. Man kann danach nicht im Zweifel sein, dass es Hitlers eigenstem Wesen entsprach und nicht nur Ausfluss sadistischer Lust seiner untergeordneten, verbrecherischen Organe war, wenn Millionen von Juden, Polen und auch Deutsche in den Konzentrationslagern zu Tode gemartert wurden.

Diese Gefühlsroheit war auf das engste verbunden mit einem Defekt des Gefühls für Recht und Vertragstreue, mit einem offenbaren Mangel an Selbstkritik, an staatsmännischer Mässigung und klarem Überblick über die internationalen Machtverhältnisse und die Bedeutung ethischer Werte. Auf der anderen Seite zeigte er eine ungewöhnliche Befähigung, sich den primitiven Masseninstinkten anzupassen und diese mit rhetorischem Geschick und mit moralischer Phraseologie sich dienstbar zu machen.

Dieses Talent schuf ihm ja den Weg zum Aufstieg. Ich beschränke mich auf diese Daten. Es kann sich hier ja nicht um eine Gesamtwürdigung der Person Hitlers, sondern nur um die Hervorhebung einiger psycho-pathologisch bemerkenswerter Daten handeln, die lückenhaft sind und notgedrungen an der Oberfläche bleiben müssen. Die Entscheidung, ob man es mit einem ethisch Defekten, fanatischen und pseudologischen Psychopathen oder mit einem aus dem Umkreis des Schizophrenen Kommenden wirklich wahnkranken Paranoiden zu tun hat, muss bis zur Aufdeckung weiteren Materials offen bleiben.

Bedeutungsvoller für die Beurteilung des deutschen Volkes und seiner Zukunft ist die Frage, wie es möglich geworden ist, dass ein Regiment, in dem in solcher Weise unmenschliche Brutalität, Rechtsbruch jeder Art, absichtliche Vernichtung wertvollen für die Zukunft Deutschlands unentbehrlichen Menschenmaterials, Korruption und maßlose Überheblichkeit zutage trat, sich im deutschen Volk zwölf Jahre halten und über eine Millionengefolgschaft gebieten konnte. Man wird sich dieses Problem sehr ernsthaft zu überlegen haben. Man kann vielleicht verstehen, dass das durch die anfänglichen politischen Erfolge

Hitlers geweckte Vertrauen, die skrupellose Propaganda in Radio, Film, Presse und in den Parteiversammlungen, die demagogisch geschickte, ablenkende und zugleich aufreizende Hetze Hitlers und seines Trabanten Goebbels gegen Plutokraten, Juden, Reaktionäre, Kirche, gegen die sogenannten Intellektuellen und satten Bürger, verbunden mit der überheblichen, der Masse und den Jugendlichen schmeichelnden Tiraden von der Herrenrasse der Deutschen in den unreifen und ungebildeten Teilen des Volkes den wahnhaften Dünkel induzierten, dass das deutsche Volk zu der Aufgabe berufen sei, die politische und kulturelle Führung in der Reihe der übrigen Völker zu übernehmen. Es handelt sich dabei um die Gruppe der fanatisierten und der ernsthaft der Nazisuggestion Verfallenen. Ihr steht ein zweite, vielleicht größere Gruppe gegenüber, die ohne eigentliche politische Stellungnahme, dem äusserem Druck des Terrors folgte in der Befürchtung, die Stellung zu verlieren, die Familie der Not auszusetzen, oder aus Bequemlichkeit und Opportunitätsgründen irgendwelcher Art mitlief. Die jahrelange Absperrung jeder objektiven Nachricht über das, was wirklich bei der Führung vorging, hielt das Volk in Unwissenheit und festigte bei den Induzierten den Größendünkel und erschwerte Aufklärung. Wer dies Jahrzehnt des Terrors nicht miterlebt hat, wird sich schwer eine Vorstellung von der Schwierigkeit einer wirksamen Gegenaktion machen können. Die organisierte Durchsetzung der Bevölkerung mit bespitzelnden und denunzierenden Parteifunktionären, die Prämierung des Denunziantentums, die unterirdische Tätigkeit des Sicherheitsdienstes und der Gestapo, das Grauen vor dem Konzentrationslager und den Folterungen und die niederträchtige Institution der Sippenhaftung erschwerte einen wirklichen Zusammenschluss grösserer Kreise zum Sturz des Systems in der Zivilbevölkerung in unerhörter Weise. Die heroische Haltung des Einzelnen führte - man kann wohl sagen ausnahmslos - ins Konzentrationslager, ins Zuchthaus oder unmittelbar in den Tod. Erwähnt sei noch, dass die nationalsozialistische Propaganda in geschickter Weise in Deutschland den Eindruck verbreitete, dass die Regierung Hitlers in England, USA und Frankreich angenehm und geachtet sei.

Bei all dem bleibt die Frage offen: Gab es wirklich keinen Weg, die katastrophale Entwicklung aufzuhalten? Die Zahl derer, die den kulturwidrigen Charakter der Bewegung, die mit ihr verbundenen Gefahr für die Zukunft Deutschlands früh erkannten und das Kommen eines deletären Krieges voraussahen, war doch in der geistig arbeitenden wie in der werktätigen Schicht nicht gering. Nach der Zerschlagung der Gewerkschaften blieb immer noch ein geschlossenes Machtmittel in dem Militär. Dieses zu gewinnen, war die Hoffnung der in der bürgerlichen Welt aktiv gegen den Nationalsozialismus arbeitenden Männer. Es schien dies auch nicht aussichtslos, denn die Gegnerschaft zahlreicher leitender Offiziere gegen das herrschende System war unzweifelhaft.

Trotz einzelner Anläufe versagten die führenden Generale des Frontheeres, und damit war das tragische Ende besiegelt.

Es tut dringend not, sich darüber klarzuwerden, ob es innere, dem deutschen Volke eigentümliche Eigenschaften sind, die diese Massenverderbnis weiter Volkskreise zustande kommen liessen, und welcher Art diese sind. Ein deutschschweizerischer Psychotherapeut hat vor kurzem in einem Interview diese Frage dahin beantwortet, es bestehe bei dem Deutschen eine allgemeine psychische Minderwertigkeit. Er sei auf einem Entwicklungsstadium der Unreife stehengeblieben. Hinter der deutschen Sentimentalität und "Gemütlichkeit" stecke Härte, Gefühllosigkeit und Mangel an Seele. Derartige Verallgemeinerungen sind erfahrungsgemäss von zweifelhaftem Erkenntniswert, und es würde an Hand der deutschen und europäischen Geistesgeschichte und der gegebenen Einzelbegründung ihre Anfechtbarkeit wohl nachzuweisen sein. Das mag an anderer Stelle geschehen. Richtig ist aber wohl, dass in Deutschland ein Menschentypus der nicht fertig Gewordenen und der im gewissen Sinne auf einer Art Pubertätsniveau stehen Gebliebenen nicht ganz selten ist. – Ob er anderwärts sich nicht in ähnlicher Weise auch findet, lasse ich dahingestellt. - Jedenfalls habe ich gefunden, dass die Zahl der Deutschen, für die ihre Soldatenzeit, die Studentenjahre, ihre Korporationszugehörigkeit auch späterhin der Mittelpunkt ihres Erlebens bleibt, verhältnismässig gross ist und dass man bei ihnen auch häufig eine nicht ausgereifte Begeisterungsfähigkeit findet. Richtig ist es wohl auch, wenn man beim Deutschen in einer gewissen Freudigkeit zum Gehorsam eine Bereitschaft zur Massensuggestion sieht. Es ist wohl nicht zweifelhaft, dass beim Deutschen im öffentlichen Leben auch ausserhalb des Militärs das Verhältnis vom Vorgestzten und Untergebenen, des Befehls und des Gehorsams eine grössere Rolle spielt als in den westlichen Ländern. Dass diese geistige Haltung anlagemässig bedingt ist, ist fraglich, wahrscheinlich ist wohl, dass es ein Züchtungsergebnis der durch die letzten Jahrhunderte gehenden militaristischen Erziehung des gesamten Volkes ist. Ob diese durch die gefährdete geographische Lage Deutschland geboten war, steht hier nicht zur Erörterung. Jedenfalls begünstigte sie den Verzicht auf eigenes Urteil und eigene Verantwortlichkeit. "Zivilcourage" und "Kadavergehorsam" sind wohl nicht zufällig deutsche Wortbildungen.

Es mag auch die vielfach gehörte Klage nach dem Fehlen politisch führender Köpfe in Deutschland damit in Zusammenhang gebracht werden. Man wird aber bei dieser Frage vor allem auch auf den schweren Aderlass an Menschengut, den Deutschland im Kriege 1914 bis 1918 erfahren hat, hingewiesen. Man weiß, dass sechzig Prozent von den eindreiviertel Millionen in jenem Krieg Gefallenen zwischen dem neunzehnten und neunundzwanzigsten Lebensjahre standen, dass es sich dabei um gesunde, Zukunftsversprechende Jugend gehandelt hat und dass anderseits unter den Überlebenden die psychopathischen Individuen nach Art der militärischen Auslese einen nicht zu unterschätzenden zahlenmäßigen Anteil hatten, der hinsichtlich der sozialen Qualitäten und der Erbmasse zu erheblichen Bedenken Anlass gab. Es mag in dieser Tatsache eine gewisse Erklärung für die Qualität der Naziführerschaft wie für die ihrer Massengefolgschaft gegeben sein.

Endlich sei noch auf einen wesentlichen äußeren Faktor für die ungeheure Ausdehnung der Massensuggestion hingewiesen. Es ist in der Geschichte der revolutionären Masseninfektion zum erstenmal, dass alle modernen technischen Mittel zur Massenwirkung und Nivellierung des geistigen Niveaus in Radio, Kino und Lautsprecher in einem Umfange den führenden Kreisen zur Verfügung standen, der der früheren Zeit, auch noch in den Jahren 1918 bis 1919, unbekannt war. Es mag einem durch jahrelange Notzeit geschwächten Volke als Milderung der Schuld angerechnet werden, wenn es durch diese von allen Seiten und alltäglich einstürmende Propaganda mehr und mehr dem Massenwahn verfällt.

2.   RAINER MARIA RILKE (German poet, died in the early Twenties)

From his diary entry dated December 13, 1899
Translated and excerpted from the German

Herta Seidemann

If there is a measurable time allotted to each period of living death (as there is to life) then a great number of days of my recent life have to be discounted. They have been days spent underground, in a putrid, rotten environment. But that is such a Christian thought: to transform everything intolerable into something comforting. This is the oldest philosophy, and I do not believe in it.

Such days do not belong to either life or death, but rather to an "In-Between" land, - spirit, - God, the disguised frightening God figurehead. What he seems to be out for is: hopelessness, suffocation of the soul. And, when this suffering were to stay without getting lifted, then entangled confusion, indecision, perplexity does not amount to an "I". One is separated from outside voices and the inner sllence. One assumes a dead weight being forced to fall into an empty well or pond, foul, morass filled with rotten animals. What can one be called in such an "In-Between" existence? There must be inumerable such people living and perishing in insane asylums. Such an existence is living death, suspended in a restative container of uncertainties and rottenness. One tries to make an effort to lift oneself out of it with ever decreasing strength and trust motivated by nausea of the mind and soul, affixed to stone. One tries to rise - and falls back; to walk and stands still. It beccmes an heroic act to lift ones head from a horizontal position to only see anything or anyone. One grows modest because of evilness, like a dog with guit, flat, without feeling and incapacitated by constant fear. Fear of the presence and of what might be if one had the power to bring about a change of what is intolerable. Out of distrust – one flatters, one crawls around every accident of a day's events, accepts it äs if it were an invited guest expected but unwelcome. Disappointment is disguised, denied, betrayal prevails, one daydreams with the attitude of a child or a prostitute longing of the pleasures of the night.

One feels attacked, shouted at, crushed as if ugly policemen were smashing one down. One is buried in the mud or turns on stones, the hands are smelly, sticky, by touch spoil everything that was joyful, appreciated - even sacred. Everything becomes ugly, vulgar, falls into an unclean fire, gets consumed in mistreated hours of day and night. Fear, floods and curses are the content of the hours that do not move. Can anyone overcome such an existence? And "overcome" is an arrogant word for trying to prevent the sand from sticking to one' s feet or falling away from them. Life and death is ruled by God.

This "In-Between" land has no God with power, presence, space and time and a sense of eternity. Thus, God can only listen to the heartbeats of frightened pseudo-humans removed from all connections and communications, excluded from all that is meaningful and purposeful. Occasionally, one tries to knock on something or someone. But it is as unreal as this: A Speech from the throne by a madman in an insane asylum forcing the other inmates into panic and the guards and nurses to respond with a brutal smile.

Appendix   B

<u>ZEITTAFEL</u>

1900	Am 24.Juni in Breslau geboren, Karlsstrasse 43, als 6. Kind des Kaufmanns Max Seidemann und seiner Frau Luise Rosenthal.
1918	Beginn des Medizinstudiums an der Breslauer Universität, ab 1921 bei Prof. Dr. Robert Wollenberg.
1925	Tod des Vaters, kurz vor Hertas Approbation.
1925	Staatsexamen, Dissertation, Psychiater/Neurologin.
1926	Studium der Psychoanalyse bei Frieda Reichmann in Heidelberg. Studium der Soziologie und Philosophie bei Erich Fromm und Medizinische und Kinder-Psychoanalyse bei Dr. August Homburger in Heidelberg.
1927/33	Studium der Psychiatrie und Neurologie am psychiatrischen Institut in Berlin, Mitarbeiterin unter/von Prof. Dr. Karl Bonhoeffer an der Charite, Analyse u.a. bei Hanns Sachs.
1930	Lernt Karen Horney erstmals in Berlin kennen.
1930	Am 29.Juni Tod von Dr. August Homburger.
1932	Publikation der mit Dr. Heinrich Scheller gemeinsam verfassten Habilitationsschrift.
1933/36	Emigration in die Schweiz, arbeitet unter Dr. H.M. Maier als Psychiater/Neurologin am Burghölzli in Zürich.
1936	Die Arbeitserlaubnis in der Schweiz wird nicht verlängert, Rückkehr nach Deutschland, wohin ist nicht sicher belegt, Berlin oder Brestau.
1938	Emigration in die USA mit der 'Queen Mary'.
1938/41	Ärztin im Montefiore-Hospital, New York, arbeitet als Assistentin von Prof. Dr. Kurt Goldstein, lernt in Boston bei Dr. Schwab Electroencephalographie.
1941/42	Tod der Mutter und der Schwester Frieda mit deren Mann und 2 Kindern im Konzentrationslager Auschwitz.
1942	Treffen mit Karen Horney durch Vermittlung von Erich Fromm, kurzfristige Zusammenarbeit.
1942	Am 16. August Tod von Dr. Robert Wollenberg.
ab 1942	Privatpraxis, arbeitet zeitweilig mit Dr. Leonore Fabisch, Psychotherapeutin, Schülerin von C.G. Jung.
1943	Amerikanischer Staatsbürger, Wohnung bis zum Lebensende in der Lexington Avenue 1349 in New York, Stadtmitte.

1943	Tod Professor Dr. Karl Landsteiners.
1947	Grosse Reise durch die Rocky-Mountains und durch Canada.
1948	Erste Europareise nach dem Krieg in die Schweiz.
1948	Am 10. Dezember stirbt Prof. Karl Bonhoeffer.
1948/58	Reisen zu den alljährlichen ERANOS-Tagungen in Ascona, Schweiz.
1949/50	Gespräche mit Dr. Marie-Louise von Franz und Dr. Jolande Jacobi.
1952	Treffen mit Carl Gustav Jung.
1952	Am 4.Dezember stirbt Karen Horney.
1950/60	Reisen nach Griechenland, Italien und in die Türkei mit Prof. H. Scheller, einige kurze Deutschlandbesuche.
um 1960	Treffen und Gespräche mit C.G. Jungs Tochter Gret Baumann und Dr. Ernst von Xylander, beide Astrologen.
1961	Am 6. Juni stirbt C.G. Jung.
1971	Tod des Bruders Hans, in Israel.
1972	Unerwarteter Tod des Freundes Dr. Heinrich Scheller am 19.12.
1973	Tod des Bruders Arthur in England.
1974	Erste Lungenkrebssymptome.
1975	Interview mit Prof. Dr. Uwe H. Peters, Universität Köln.
1975	Lungenkrebsoperation im Juni, im Memorial Hospital New York.
1978	Ihr Lieblingsbruder Kurt stirbt.
1979	Juli/August letzter Europa-Besuch im Südschwarzwald.
1979	Herbst, schwerer Unfall auf der Fifth Avenue.
1980	Am 18. März stirbt Erich Fromm.
1983	Im Januar, letztes grosses Interview mit ihrem Astrologen in New York.
1983	Im März, Interview und Video-Aufnahmen im Memorial Hospital.
1983	Im August, Augenoperation.
1983	Im November, neuer Lungentumor, ambulante Behandlung.
1984	Mitte Februar wird sie hospitalisiert.
1984	Am 21. März stirbt Herta an Lungenkrebs Im Memorial Hospital in New York und wird auf dem Jüdischen Friedhof in Long Island begraben.

QUELLENHINWEISE

Alle Fotos sind aus der Nachlassenschaft von Dr. Herta Seidemann persönlich mit Ausnahme des Fotos von Dr. August Homburger (dafür danke ich Herrn Prof. Dr. Müller-Küppers) und des Fotos von Dr. Robert Wollenberg (dafür danke ich Herrn Prof. Dr. W. G. Niederland).

Die nachfolgenden Nummern entsprechen den Nummerierungen im Text.

I	**Eigenes Material von Herta Seidemann selbst.**
1.	Cassette- Interview: 'Reasons given ...' 1983, Orig. New York - Dr. J.C.B. Holland.
2.	2 Video-Interviews 1983, H. Seidemann/J. Holland, Orig. New York - idem.
3.	Cassete-Interview, Astrolog 1983, Orig. New York - Mr. H. R. Slonim.
4.a	Notizen zu einem Vortrag 1982/83, Orig. New York - Mr. H. R. Slonim.
4.b	Fear of Death - Notizen 1982/83, Orig. New York - Mr. H. R. Slonim.
5.	Briefe an Verfasserin - Orig. in Holland.
6.	Brief an C.G. Jung - Orig. in Zürich.
7.	Briefe an Dr. E.V. Xylander - Orig. in Holland.
8.	Briefe an Freunde - anonym - Orig. in Holland.
II	**Briefe an Herta Seidemann**
X	Prof. Dr. Karl Bonhoeffer, Orig. New York - Dr. J.C.B. Holland.
XP	Paula Bonhoeffer, Orig. New York - Dr. J.C.B. Holland.
XZ	Prof. Dr. Jürg Zutt, Orig. New York - Dr. J.C.B. Holland.
III	**Briefe von anderen - Herta Seidemann betreffend**
9.	Gret Baumann - Jung. Feldmeilen.
10.	H. Anonym.
11.	Dr. Kathleen Foley, New York.
12.	Valerie Gladstone, New York.
13.	M. Anonym.
14.	Dr. J.C.B. Holland, New York.
15.	Lotte Kaliski, New York.

16.   G. Anonym.

17.   Prof. Dr. C.A. Meier, Zürich.

18.   Henny Rückert, München.

19.   Hans Seidemann, New York.

20.   Howard R. Slonim, New York.

21.   Dr. Ernst von Xylander, München.

IV   Briefe von anderen – nicht nur Herta Seidemann betreffend

22.   Prof. Dr. Eberhard Bethge, Wachtberg-Villiprott b. Bonn.

23.   Prof. Dr. Herta Lange, Berlin.

24.   Dr. Marianne König-Scheller, München.

25.   Prof. Dr. Manfred Müller-Küppers, Heidelberg.

26.   Prof. Dr. Uwe Henrik Peters, Köln.

27.   Prof. Dr. Hans Sattes, Würzburg.

28.   Töchter Prof. Dr. Karl Bonhoeffers - a.Sabine Leibholz-Bonhoeffer.

                                               - b.Susanne Dress-Bonhoeffer.

BIBLIOGRAPHIE

Die Nummern entsprechen der Nummerierung im Text, die Seitenzahl steht im Text selbst hinter den Nummern vermerkt.

29. Hilda Abraham	Karl Abraham, Sein Leben für die Psychoanalyse, Kindler Tb 2213, 1976.
30. Alfred Adler	Der Sinn des Lebens, Fischer Tb 6179, 1980.
31. Jean Améry	a. über das Altern, Revolte und Resignation, Klett-Cotta, 1977.
	b. Unmeisterliche Wanderjahre, Klett-Cotta, '71
32. Günther Anders	Die Antiquiertheit des Menschen, Band 1 + 2, Verlag C.H. Beck, 1981/83.
33. Hannah Arendt	Vom Leben des Geistes, Band 1+2, Piper Verlag, 1979.
34. Isaac Asimow	Veränderungen, 71 Aspekte der Zukunft, Heyne Tb 7223, 1983.
35. Nico Baayens	Het denkende ding, 't Spectrum, 97, 1981.
36. Walter von Bayer	August Homburger -Arzttum und soziale Verantwortung, in: Heidelberger Jahrbü. '74, Sonderdruck XVII.
37. Simone de Beauvoir	: Das Alter, rororo tb 7095, 1978.
38. Hans Bender	Parapsychologie, ihre Ergebnisse und Probleme, Fischer Tb bdw 6316, 1977.
39. Karl Bonhoeffer	a. Nervenärztliche Erfahrungen und Eindrücke, Springer. Berlin, 1941.
	b. Lebenserinnerungen, Herausg.: Zutt/Straus/Scheller, Springer intern.'69.
40. Elias Canetti	a. Das Gewissen der Worte, dtv 1377, 1978.
	b. Masse und Macht, Fischer Tb 6544, 1981.
41. Noam Chomsky	a. Reflexionen über die Sprache, Stw 185, '77
	b. Sprache und Geist, Stw 19, 1970.
42. Helene Deutsch	Selbstkonfrontation, Kindler Tb , 1973.
43. Hans Dieckmann	Träume als Sprache der Seele, Goldmann Psych., bd. 9527, 1972.
44. Norbert Elias	a. De Geschiedenis van Norbert Elias, in: Vrij Nederland, A.J.H.v. Voss/v.Stolk, dec. 1984.
	b. über die Einsamkeit der Sterbenden, BS 772, 1984.
45. Jerome D. Frank	Die Heiler, dtv/Klett-Cotta, 1985.

46. Sigmund Freud
a. Abriss der Psychoanalyse, Fischer Tb 6034, 1979.
b. Massenpsychologie, Fischer Tb 6054, 1980.
c. Die Traumdeutung, Fischer Tb 428/429, 1980.
d. Über Träume u. Traumdeutungen, Fischer Tb 6073,'80.

47. Edrita Fried
Der intensive Mensch, Kindler Tb 2211, 1972.

48. Erich Fromm
a. Anatomie der menschlichen Destruktivität, rororo 7052, 1977.
b. Zen-Buddhismus und Psychoanalyse, Stb 37, 1977.
c. Öle Revolution der Hoffnung, Klett-Cotta im Ullstein, Tb 39026, 1981.
d. Psychoanalyse und Ethik, Ullstein Tb 3507, 1978.

49. Robert Gaupp
Robert Wollenberg, in: Zeitseh.f.ger.Neurol.u. Psychiatrie, Berlin 1942.

50. Kurt Goldstein
a. Der Wiederaufbau des Organismus, Einführung in die Biologie unter besond. Berücks. der Erfahrungen am kranken Menschen, Den Haag 1934/1963.
b. Psychologische Analysen hirnpathologischer Fälle, Leipzig 1920.
c. Zur Theorie der Funktion des Nervensystems, 1925.
d. Über das Problem den Angst, 1929.
e. Human Nature in the Light of Psychopathology, Cambridge, Mass.,1940, New York 1963.
f. Aftereffects of Brain Injuries in War, their Evaluation and treatment, the Application of Psychological Methods in the Clinic, New York 1942.
g. Abstract and Concrete Behavior, an Experimenta Study with Special Tests, Evanston, Illinois, 1941.
d. Über das Problem den Angst, 1929-
e. Human Nature in the Light of Psychopathology, Cambridge, Mass.,1940, New York 1963.
f. Aftereffects of Brain Injuries in War, their Evaluation and treatment, the Application of Psychological Methods in the Clinic, New York 1942.
g. Abstract and Concrete Behavior, an Experimental Study with Special Tests, Evanston, Illinois, 1941.

51. Linda Goodman
Zonneklaar – Astrologische Karakterschetsen, Bigott + van Rossum 1970.

52. Georg Groddeck
a. Verdrängen und heilen, Kindler Tb 2140,'74.
b. Der Mensch als Symbol, Kindler Tb 2174,'76.

53. Gotthard Günther   Das Bewusstsein der Maschinen, agis 1963.

54. Jürgen Habermas   Erkenntnis und Interesse, STw 1, 1981.

55. Hansjörg Hemminger: Kindheit als Schicksal, Rowohlt, 1982.

56. Paul Henle   Sprache, Denken, Kultur, STw 120, 1975.

57. August Homburger   a. Lebensschicksale geisteskranker Strafgefangener, Berlin - Springer, 1912.

b. Vorlesungen über Psychopathologie des Kinderalters, Wiss. Buchgesellschaft Darmstadt 1972

58. Karen Horney   a. Neue Wege in der Psychologie, Kindler Tb 2029, 77. b. Neurose und menschliches Wachstum, Kindler Tb 2143, 1975.

59. Jolande Jacobi   a. Die Psychologie von C.G. Jung, Fischer Tb 6365, ´82 b. Vom Bilderreich der Seele, Walter-Vlg, Sonderausg.

60. Aniela Jaffe   a. C.G. Jung: Erinnerungen, Träume, Gedanken, Walter Verlag, 1979 b. Synchronizität und Kausalität in der Parapsychologie, Eranos 1973, vol.42, E.G. Brill, Leiden 1975.

61. Carl Gustav Jung   a. über die Psychologie des Unbewussten, Fischer Tb 6299. b. Über psychische Energetik und das Wesen der Träume, Walter-Verlag 1971. c. Praxis der Psychotherapie, Ges.W.Bd.16, Walter V. 9171. d. Bewusstes und Unbewusstes, Fischer Tb 6058, 1981. e. Der Mensch und seine Symbole, Walter-V., Sonderausg. f. Alon, Untersuchungen zur Symbolgeschichte, Zürich 1951. g. Aufsätze zur Zeitgeschichte, Zürich 1946. h. Synchronizität als Prinzip akausaler Zusammenhänge, in: Naturerklärung und Psyche, Jung/Pauli, Zürich 1952.

62. Arnold Keyserling   Der Körper ist nicht das Grab der Seele, sondern das Abenteuer des Bewusstseins, Im Waldgut 6, 1972.

63. Elisbeth Kübler-Ross: Lessen voor Levenden, Ambo, 1981.

64. Hugo Kükelhaus   Organismus und Technik, Gegen die Zerstörung der menschlichen Wahrnehmung, Fischer altern., 1984.

65. Sabine Leibholz-Bonhoeffer   Vergangen, erlebt, überwunden, GTB-Siebenstern, ´83

66. Da Liu — Das Münzorakel des I-Ging, Ullst.Sb 34079, 1981.

67. Abraham Maslow — a. Psychologie des Seins, Kindler Tb 2195,'81.

b. Motivation und Persönlichkeit, rororo sb 7395, ·84.

68. Hans Mayer — Wir Aussenseiter, Rimbaud-Presse, 1983.

69. Erich Neumann — a. Ursprungeschichte des Bewusstsetns, Kindler Tb 2042, 1968.

b. Die Grosse Mutter, Walter-Vlg. Sonderausg. 1985.

70. Uwe-Henrik Peters — a. Anna Freud - ein Leben für das Kind, Fischer Tb 5625, 1984.

b. Hölderlin - wider die These vom edelen Simultanen, Rowohlt, das neue buch, 1982.

71. Ludwig Pongratz — Haupstströmungen der Tiefenpsychologie, Kröner, ´83.

72. Adolf Portmann/ Rudolf Ritsema/ Henry Corbin — Vom Sinn der Eranos-Tagungen, Eranos Foundation, 1978.

73. Theodor Reik — Hören mit dem dritten Ohr, Fischer Tb 6766, 1983.

74. Carl R. Rogers — Therapeut und Klient, Grundlagen der Gesprächspsychotherapie, Fischer Tb 42250, 1983.

75. Jack L. Rubins — Karen Horney -Sanfte Rebellin der Psychoanalyse, Fischer Tb 562A, 1983.

76. Hanns Sachs — a. Die Verspätung des Maschinenzeitalters, in: IMAGO, Wien 1934, XX.Bd., S.78-94.

b. Freud, Meister u. Freund, Ull. Materialien 35143,´83

77. Heinrich Scheller — a. Zur Geschichte der Psychiatrie an der Berliner Uni., in: Studium Berolinense, 1960, Gedenkschrift.

b. K. Bonhoeffer zum 100. Geburtstag, Springer, 1969

78. Herta Seidemann/ Heinrich Scheller — a. Zur Frage der optisch-räumlichen Agnosie, (Zugleich ein Beitrag zur Dyslexie) in: Monatsschrift für Psychiatrie und Neurologie, Bd. LXXXI, Herausg. K. Bonhoeffer, Karger-Berlin, 1932.

Herta Seidemann — b. Zusammenstellung von Methoden, Merkfähigkeitsstörungen festzustellen, bes. Gedächtnisstörungen für jüngste Ereignisse, Dissertation 1925, Breslau.

79. Gershom Scholem — Von Berlin nach Jerusalem, Bs 555, 1978.

80. Alphons Silbermann — Was ist jüdischer Geist? Zur Identität der Juden, Edition Interfromm 167, Zürich 1984.

81. Manès Sperber — Alfred Adler oder das Elend der Psychologie, Klett-Cotta, im Ull. Tb 39074, 1983.

82. Harry Stack-Sullivan/ Josef Rattner — Psychologie der zwischenmenschlichen Beziehungen, Fischer, Bdw 6771, 1983

83. Erwin Straus — 'Nekrolog Homburger', in: Allgem. Zeitschrift für Psychiatrie und psychischgerichtl. Medizin, W. de Gruyter + Co, Berlin 1931.

84. Hermann Stutte — August Homburgers Bedeutung in der Geschichte der Kinderspsychiatrie, in: Heidelberger Jahrbuecher 1974, Bd XVIII, Sonderdruck.

85. Daisetz T. Suzuki — Der westliche und der östliche Weg, Weltperspektiven, Ull. Materialien 35059 ,1984

86. Simon Vestdijk — Het wezen van de angst, een psychologische Studie, De Bezige Bij - Amsterdam 1968.

87. Frederic Vester — a. Neuland des Denkens, dtv 10220, 1984. b. Denken, lernen, vergessen, dtv 1327, 1978.

88. Gerhard Wehr — C.G. Jung, rororo Bildmonographie 152,

89. Eckart Wiesenhütter — Traum-Seminar, Kindler tb 02152, 1975.

90. G. Zeller — Nachwort zu: Karl Bonhoeffer zum 100. Geburtstag, Springer Berlin-Heidelberg-New York, 1969.

91. Jürg Zutt — Nekrolog auf Karl Bonhoeffer, in: Der Nervenarzt, 20. Jahrg., 6 Heft Juni 1949, S. 241-244.

92. Zeitschrift für Kinderpsychiatrie, 37. Band 1931, Heidelberg.

Die Gedichte von Hermann Hesse sind aus: 'Vom Baum des Lebens - ausgewählte Gedichte' - Insel-Bücherei nr 454, 1951.

'Die Tagebücher aus der Frühzeit' von Rainer Maria Rilke sind ebenfalls im Inselverlag erschienen.

Bücher von Wenda Focke im Hartung-Gorre Verlag
http://www.hartung-gorre.de/Focke.htm

Wenda Focke, **Das Unfassbare hat ein Gesicht.**
Überlegungen zu (Un)Menschlichkeit, Verletzung und Kreativität
1. Aufl. 2022; 126 Seiten, € 19,80. ISBN 978-3-86628-761-7

Wenda Focke, **Ist Krieg normal? oder: Quo vadis, homo sapiens?**
Dringliche Fragen
1. Aufl. 2020; 94 Seiten, € 18,00. ISBN 978-3-86628-679-5

Wenda Focke, **Der Wert des Menschen – ein Traum?** Essay
1. Aufl. 2018; 60 Seiten, € 16,00. ISBN 978-3-86628-616-0

Wenda Focke, **geliebt und gefürchtet.** Über den Einfluss der Väter
auf die Kreativität von Michelangelo Buonarotti und Franz Kafka
1. Aufl. 2015; 142 Seiten, € 18,00. ISBN 978-3-86628-555-2

Wenda Focke, **Endlichkeit schenkt größte Freiheit.** Essays
1. Aufl. 2014. 188 S., €18,00. ISBN 978-3-86628-490-6

Wenda Focke, **Diese Demenz muss nicht sein.** Ein Essay.
1. Aufl. 2011. 132 S., € 14,80. ISBN 978-3-86628-407-4

Wenda Focke, **Diese uralte besungene Welt. Fré Focke —**
Komponist und Pianist. Skizzen eines Künstlerlebens
1. Aufl. 2010. 156 S., € 24,00. ISBN 978-3-86628-356-5

Wenda Focke, **Goldstaub vom Weltenspiegel der Erfahrungen.**
Russische Poeten im 20. Jahrhundert. Boris Pasternak, Marina Zwetajewa,
Ossip Mandelstam, Anna Achmatowa , Joseph Brodsky.
1. Aufl. 2009. 230 S., € 24,00. ISBN 978-3-86628-290-2

Wenda Focke, **… und hat keinen Namen.** Gedichte. 2007 - 2008
1. Auflage 2009. 80 Seiten, € 9,95. ISBN 978-3-86628-267-4

Wenda Focke, **Dieses Wunder voller Leben.**
4 Essays über Virtualität versus Wirklichkeit. Mein Körper und Ich – eine
Freundschaft? Körpererinnerungen. Universale Körpersprache.
1. Auflage 2008, 150 Seiten; € 16,00. ISBN 3-86628-224-9

Wenda Focke, **... dies Hoffnungsfremdland ...**
Leben und Werk von Heinrich Mann, Klaus Mann, Elisabeth Kübler-Ross,
Annemarie Schimmel, Susan Sontag, Sándor Márai, Antoine de Saint-Exupéry.
1. Auflage 2007, 178 Seiten; € 16,00. ISBN 3-86628-175-7

Wenda Focke, **Die zerbrechliche Welt der menschlichen Angelegenheiten.**
Über Leben und Alterswerk der europäischen Schriftstellerinnen Ricarda Huch,
Virginia Woolf, Tania Karen Blixen, Marina Zwetajewa, Vittoria Colonna,
Marguerite Yourcenar, Hannah Arendt, Simone de Beauvoir, Ingeborg
Bachmann, Grete Weil.
1. Auflage 2005, 302 Seiten; € 19,80. ISBN 3-86628-038-X

Wenda Focke, **Rainer Maria Rilke - schwerelos irdisch.**
Drei Essays über Lou Andreas-Salomé, Marina Zwetajewa, seine Engel.
1. Auflage 2005, 84 Seiten; € 14,80. ISBN 3-89649-984-X

Wenda Focke, **Traumlandschaften.**
Über die Träume blind geborener älterer Menschen.
1. Auflage 1999, 128 Seiten. € 14,83. ISBN 978-3-89649-433-7

Wenda Focke, **Barfuss nach Oudenaarde**. Brief-Essays an Jean Améry.
1. Auflage 1984, 188 Seiten. € 12,78. 978-3-923200-30-6